WEGWEISER

NATURGARTEN

WEGWEISER

NATURGARTEN

ANLEGEN • BEPFLANZEN • GESTALTEN

Wiert Nieuman • Florrie Hillenius-Gehrels
Kees van Wissen • Jan Huisenga
Arnoud van den Berg

Fachberatung:
Susan Berry

Mit Illustrationen von
Danker Jan Oreel • Gerald Driessens
Frits-Jan Maas • Karel Mauer

GONDROM

Ein Verlag der Weldon Owen Group of Companies, Sydney and San Francisco

Die europäische Ausgabe wurde entwickelt von
Uniepers B.V. Abcoude, Niederlande

Originaltitel: *Natural Gardening*

Übersetzung aus dem Englischen: Andreas Held (Kapitel 1–3),
Dr. Coralie Wink (Kapitel 4)
Redaktion und Satz der deutschen Ausgabe:
Garten-Redaktion Robert Sulzberger, Freising
Covergestaltung: HildenDesign, München
Coverabbildung: Royalty Free/Corbis

ISBN 3-8112-2591-X

5 4 3 2 1

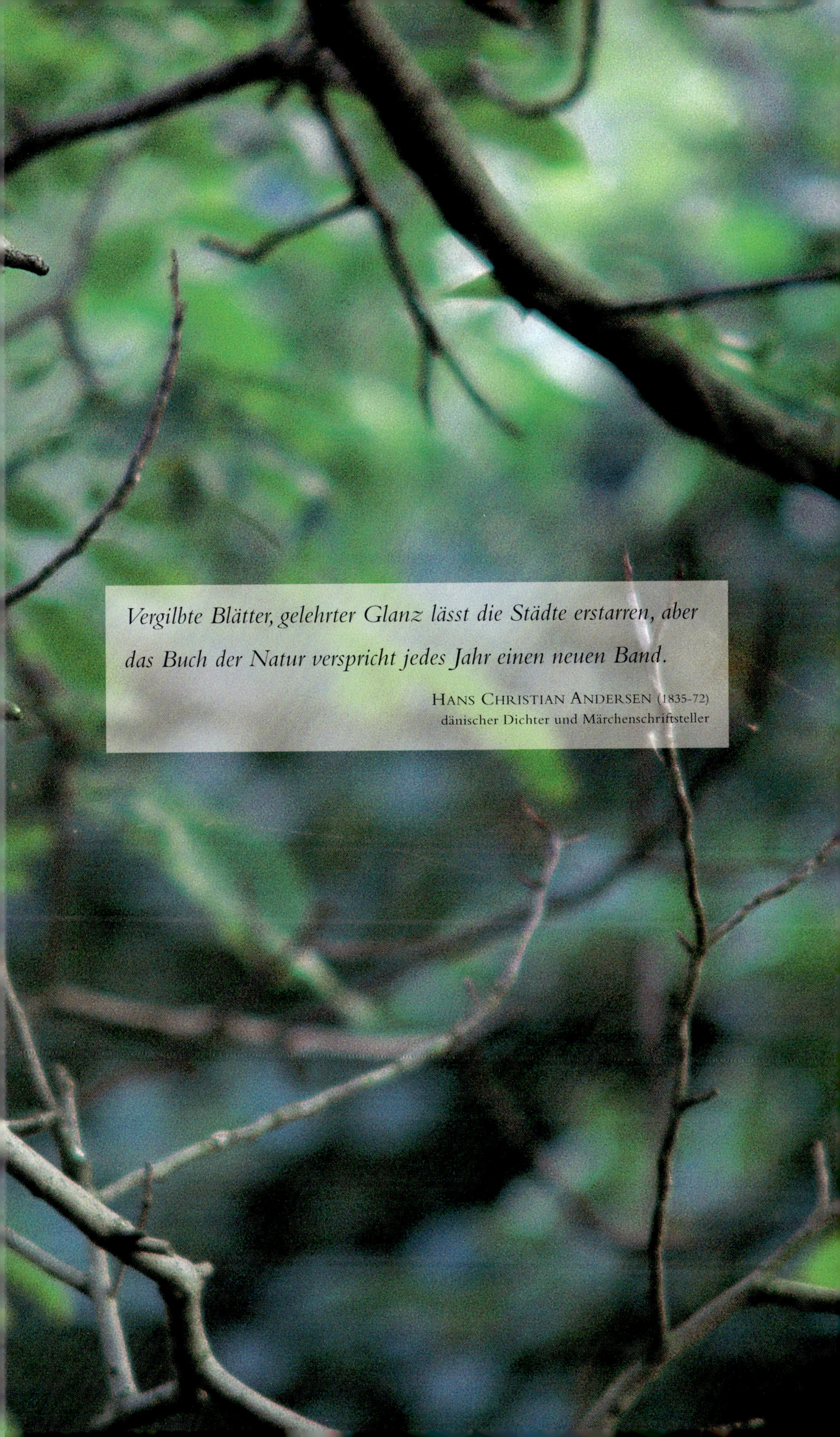

Vergilbte Blätter, gelehrter Glanz lässt die Städte erstarren, aber das Buch der Natur verspricht jedes Jahr einen neuen Band.

HANS CHRISTIAN ANDERSEN (1835–72)
dänischer Dichter und Märchenschriftsteller

Inhalt

Vorwort

Naturnahe Gärten waren nie wichtiger als heute, da alljährlich neue wissenschaftliche Beweise hinzu kommen, wie schädlich sich Pestizide auf unsere natürliche Umwelt auswirken. Naturgemäß zu gärtnern sollte aber nicht nur für diejenigen ein Muss sein, die ernsthaft um die Erhaltung der Natur besorgt sind; ebenso wenig ist es nur etwas für Puristen.

Naturgemäß zu gärtnern und dabei zu lernen, die mannigfaltigen Möglichkeiten der Natur zum eigenen Vorteil zu nutzen, andererseits die Natur aber auch, wo es möglich ist, hilfreich zu unterstützen – das ist zu Beginn des 21. Jahrhunderts sicherlich die sinnvollste Vorgehensweise für einen angehenden Gärtner. In den letzten Jahren wurden zwar große Bemühungen unternommen, immer bessere Ergebnisse bei der Züchtung zu erzielen, beispielsweise Pflanzen mit größeren Samen oder prachtvolleren Blüten hervorzubringen. Aber mittlerweile beginnen die Menschen, den beschaulicheren Charme von Pflanzenarten mit zwangsläufig kleineren Blüten und blasseren Farben schätzen zu lernen.

Dies lenkt den Blick auf andere Merkmale der Pflanzen – etwa ihre Blätter, ihre Wuchsform oder ihre Attraktivität für Tiere – und somit gewinnt Ihr Garten unweigerlich das an Harmonie, was er an oberflächlichen Eindrücken einbüßt.

Ganz gleich, ob Sie auf dem Land leben, in einem Vorort oder inmitten einer Großstadt – Sie haben immer die Möglichkeit, einen Garten anzulegen, der mit der Natur in Einklang steht.

Sie müssen nur die für Ihre Verhältnisse geeigneten Pflanzen auswählen, die ohne allzu viele gärtnerische Eingriffe selbstständig gedeihen. Dazu müssen Sie zunächst feststellen, welche Bedingungen herrschen: wie der Boden beschaffen ist, welche mikroklimatischen Verhältnisse vorliegen, wie hoch die Niederschlagsmenge und wie lange die Sonnenscheindauer in Ihrem Garten ist.

Dieses Buch bietet Ihnen reichlich Gelegenheit, einerseits etwas über die Flora und Fauna Ihrer Umgebung zu lernen, sich andererseits diese Erkenntnisse effektiv zunutze zu machen und dadurch Ihr unmittelbares Umfeld aufzuwerten. Wenn Sie Pflanzen auswählen, die von Natur aus in der Umgebung vorkommen, haben Sie mit diesen nur halb so viel Arbeit, weil Sie sich weitaus weniger um deren Wohlergehen kümmern müssen. Große Flächen mit nur einer einzigen Pflanzenart können hierbei genauso attraktiv sein wie bunt zusammengewürfelte Anpflanzungen vieler unterschiedlicher Kultursorten und sind zudem viel einfacher zu pflegen.

Nicht alle in diesem Buch behandelten Pflanzen sind ursprünglich in Deutschland heimisch, aber alle haben gelernt, in unserem Klima zu überleben. Es ist nun unsere Aufgabe als Gärtner, die richtige Auswahl aus jenen Pflanzen zu treffen, die sich am besten an unser Klima und unsere Bodenverhältnisse angepasst haben. Dieses Buch vermittelt Ihnen daher nicht nur wertvolle praktische Tipps, sondern auch die nötigen Anregungen, um mit der Natur, statt gegen sie zu arbeiten.

SUSAN BERRY

Vögel und Blumen ... ihre Lieder und Düfte sind geflügelte und vielfarbige Erscheinungsformen des Garten Eden.

TEXEIRA DE PASCOAES (1878-1952)
portugiesischer Dichter und Philosoph

KAPITEL EINS

ANLAGE *eines* NATURGARTENS

GÄRTNERN *mit der* NATUR

Ein Naturgarten ist für Menschen und Tiere gleichermaßen attraktiv.

Naturerlebnis, Erholung und Bewegung – was uns ein Garten alles bieten kann, ganz gleich ob groß oder klein, in der Vorstadt oder auf dem Land, ist nicht zu unterschätzen. Wenn wir naturgemäß gärtnern, eröffnen wir uns unzählige Möglichkeiten. Es schafft eine Verbindung zwischen dem Menschen und seiner Umwelt. Dabei kann man die natürlichen klimatischen Verhältnisse ausnutzen – Sonne und Schatten, Böden und Topographie – und auch die heimische Tierwelt einbeziehen. So lässt sich mit einfachen Mitteln das Beste aus jedem Gartenstandort machen.

Im Gegensatz dazu sind heute die meisten Landschaften von eintöniger Gleichförmigkeit, geprägt von dem Gedanken, die Natur zu beherrschen – nicht von ihr zu lernen und sie einzubeziehen. Durch Zerstörung der Natur kommt die heutige Gesellschaft kaum noch mit der ursprünglichen Vegetation in Kontakt. Der zunehmende Verlust von Lebensräumen hat viele heimische Tier- und Pflanzenarten an den Rand der Ausrottung gebracht. Durch den Einsatz giftiger Chemikalien wurden Land, Wasser und Luft erheblich verschmutzt.

DIE EINSTELLUNG ÄNDERT SICH

Zu Beginn des 21. Jahrhunderts setzt sich in ganz Europa eine neue Einstellung durch, was den Umgang mit unserer Umwelt angeht. Naturgemäßes Gärtnern ist überall auf dem Vormarsch; selbst der organische Landbau hat mittlerweile auf dem Massenmarkt Anerkennung gefunden. Indessen greifen immer mehr Privatgärtner zu ungiftigen Methoden der Schädlingsbekämpfung und nehmen sich die Zeit, sich über die Vorteile der Kompostierung zu informieren. Auch das Interesse an regional typischer, an natürliche Vorbilder angelehnter Gartengestaltung lebt wieder auf.

DIE NATUR ALS VORBILD

Ein Garten ist definitionsgemäß etwas Künstliches, das aber natürliche Elemente beinhaltet. Pflanzen und Tiere harmonieren von Natur aus mit der Landschaft. Gärten,

DIESER HOLZTELLER *aus dem 16. Jahrhundert (oben) zeigt die Heuernte im Juli. Die Kuckucks-Lichtnelke (*Lychnis flos-cuculi*, rechts) wächst auf fast allen Böden.*

IM WINTER *bieten Sträucher Gartenbesuchern wie der Rotdrossel (links) Zuflucht. Durch Arbeiten mit der Natur (unten) einen prachtvollen Garten zu schaffen, ist eine wahre Freude.*

die auf einem solchen Vorbild aufbauen, sind umweltfreundlicher und weniger verschwenderisch im Verbrauch wertvoller Ressourcen. Sie sind auch problemloser zu pflegen, weil einheimische Pflanzen im Allgemeinen besser an die Verhältnisse angepasst und damit widerstandsfähiger gegen Schädlingsbefall und Krankheiten sind. Wenn wir über die heimische Flora Bescheid wissen, werden wir auch ermessen können, welche aus anderen Gebieten eingeführten Pflanzen sich eignen.

Wird ein Garten so angelegt, dass er Tiere anzieht, dann kann er rasch zur Heimat von Vögeln, Säugetieren, Reptilien, Amphibien sowie Bienen, Schmetterlingen und anderen Insekten werden. Berücksichtigt man bei der Anpflanzung jahreszeitliche Veränderungen, so kann man die Gärten dadurch für das Auge interessanter, für den Gärtner das ganze Jahr über vielfältiger und für erwünschte Tiere anziehender machen sowie gleichzeitig Probleme mit unerwünschten Tieren verringern.

Das Bestreben, in Einklang mit der Natur zu leben, besteht unvermindert. Ein wichtiger Bestandteil dieses Bestrebens ist es, das Wesen der ursprünglichen Naturlandschaft zu ergründen. Dieses Buch befasst sich mit der Suche nach natürlichen Landschaften und der faszinierenden Tierwelt, die man in einem Naturgarten beobachten kann.

Zum Einstieg

Dieses Buch sollte nicht Ihr einziges Gartenbuch sein: Als Einführung in das Thema stellt es eher die grundlegenden Prinzipien als die tägliche Praxis naturgemäßen Gärtnerns dar. Viele sonstige Bücher (siehe Seite 274/75) gehen ausführlicher auf die Gestaltung eines attraktiven, funktionellen Gartens ein, während andere in allen Einzelheiten die gärtnerischen Pflege- und Erhaltungsmaßnahmen erläutern.

Unser Buch will Sie einladen zu erkennen, dass Gartenarbeit dann am meisten Freude bringt, wenn sie im Einklang mit der Natur erfolgt – und nicht in Konkurrenz zu ihr. Ganz gleich, wie groß der Garten ist: Naturgemäßes Gärtnern macht Spaß, ist erholsam, sinnvoll und steckt voller Überraschungen.

EINE MISCHUNG *aus Wildblumen und Kultursorten (rechts) bildet eine bezaubernde Abgrenzung zu einem Wald.*

MERKMALE *der* PFLANZEN

Pflanzen bilden im Naturgarten die Bühne, das Wetter sorgt für den jahreszeitlichen Szenenwechsel, Tiere sind die Akteure und Menschen das in die Handlung einbezogene Publikum.

Mit all ihrer Vielfalt bilden Pflanzen die Grundlage für die Gestaltung der Gärten. Sie lassen sich grob in solche mit Gefäßen und solche ohne einteilen. Die höher entwickelten Gefäßpflanzen verfügen über spezialisierte Leitgewebe zum Transport von Wasser und Nährstoffen. Dadurch weisen sie eine größere Vielfalt an Formen auf und sind somit für den Gärtner von weitaus größerer Bedeutung als gefäßlose Pflanzen wie Algen und Moose.

Gefäßpflanzen vermehren sich entweder mit Hilfe von Sporen (Farne und ihre Verwandten) oder Samen. In beiden Gruppen gibt es wertvolle Gartenpflanzen, die sich aufgrund ihrer Fortpflanzungs organe systematisch einteilen lassen. Die ältesten Samen tragenden Pflanzen bezeichnet man als Nacktsamer (Gymnospermen), obwohl ihre Samen in der Regel an verholzten oder fleischigen Zapfen sitzen. Die bekanntesten Nacktsamer sind Kiefern und Tannen sowie Ginkgo, Wacholder und Eiben.

Die Bedecktsamer (Angiospermen) oder Blütenpflanzen bilden die größte und vielfältigste Gruppe des Pflanzenreichs und umfassen über 250 000 Arten, die von Gräsern bis zu Bäumen und von Kakteen bis zu Seerosen reichen. Die von Blütenpflanzen produzierten Samen sind in fleischige, papierartige oder verholzte Früchte eingeschlossen. So werden die empfindlichen Samen geschützt und können von der Elternpflanze verbreitet werden.

Die oberirdischen Teile von krautigen Pflanzen sterben bisweilen bei Frost oder in Dürreperioden ab. Holzpflanzen hingegen entwickeln ein ausdauerndes Gerüst, dessen Zellulosegewebe durch die Einlagerung von Lignin verhärtet ist.

TRICKS ZUR BESTÄUBUNG

Wie fast alle Tiere sind auch Pflanzen zur Fortpflanzung darauf angewiesen, dass sich Männchen und Weibchen vereinigen. Dazu haben sie eine Reihe von Strategien entwickelt, um die Bestäubung zu sichern. Nacktsamer,

VIELFALT: *Wenn Sie eine Mischung aus ein- und mehrjährigen, immergrünen und Laub abwerfenden Arten pflanzen (unten und rechts), schaffen Sie unterschiedliche Lebensräume und sorgen für einen ständigen Szenenwechsel.*

ZUR BESTÄUBUNG *müssen Pollenkörner von den männlichen Staubbeuteln auf die weibliche Narbe einer anderen Blüte der selben Art übertragen werden. So können die Samenanlagen befruchtet werden, und die Samenproduktion beginnt.*

MANCHE PFLANZEN *sind für die Verbreitung ihrer Samen auf den Wind angewiesen (links). Bei anderen sind die Samen von schmackhaften Früchten umgeben und werden von Tieren, vor allem Vögeln, weiter getragen (oben).*

Gräser und viele Waldbäume setzen durch den Wind große Mengen Pollen frei; so erhöhen sie die Chance, dass tatsächlich Pollenkörner auf weiblichen Blüten der gleichen Art landen. Viele Pflanzen locken jedoch mit ihren Blüten Tiere an, damit diese die Bestäubung übernehmen. Leuchtende Farben, Düfte, Farbmuster oder auffällige Formen, die Geschlechtspartner imitieren, ziehen Tiere wie Schmetterlinge und Bienen an, die dann den Pollen von den männlichen zu den weiblichen Blütenteilen transportieren. Zur "Belohnung" erhalten die Besucher dafür nährstoffreichen Pollen, Nektar oder Blütengewebe.

Die Verbreitung der Samen

Damit sich eine Pflanze erfolgreich vermehren kann, müssen einige Samen auf fruchtbaren Boden fallen und keimen. Ihre Ausbreitung der Samen erfolgt auf unterschiedlichste Weise, etwa durch den Wind oder auch durch Tiere. Einige Samen bleiben im Fell vorüberziehender Tiere hängen, beispielsweise die Samen der Klette.

Lebenszyklen

In der Gärtnerei werden Gräser und krautige Arten oft anhand ihres Lebenszyklus eingeteilt. Bei einjährigen (annuellen) Pflanzen läuft der gesamte Lebenszyklus von der Keimung über die Blüte und Samenproduktion bis zum Absterben komplett innerhalb einer Wachstumsperiode ab. Zweijährige keimen in der ersten Saison, blühen und fruchten dann aber erst in der zweiten Wachstumssaison, bevor sie absterben. Mehrjährige (perennierende) Pflanzen weisen eine längere Lebensspanne auf. Diese Pflanzen entwickeln sich in der Regel langsamer als einjährige, können aber alljährlich wieder blühen und Samen ansetzten.

Mehrjährige krautige Arten werden auch als Stauden bezeichnet. Bäume, Sträucher und Lianen zählen ebenfalls zu den Mehrjährigen, nur dass ihre Triebe rasch verholzen und Stämme bilden, die von einer schützenden Borke umgeben sind. Sie können entweder Laub abwerfend oder immergrün sein.

Laub abwerfende Pflanzen trotzen harten Umweltbedingungen (wie kalten Wintern oder extremer Hitze) durch das Abwerfen ihrer Blätter; bessern sich die Verhältnisse dann wieder, sprießen die Blätter von Neuem. Immergrüne Bäume und Sträucher hingegen besitzen robuste, nadel- oder lederartige Blätter, die auch in schlechten Zeiten an der Pflanze verbleiben.

Die Pflanzennamen

Nur mit der botanischen Benennung lassen sich Pflanzen eindeutig identifizieren.

DIE CHARAKTERISTISCHE *Blatt- und Fruchtform von* Quercus macrocarpa *(links) kennzeichnen diese Pflanze als Vertreter der Eichen-Gattung.*

Den Meisten von uns sind nur die deutschen Trivialnamen der Pflanzen vertraut. Leider können diese bisweilen Probleme bereiten. So bezeichnet man die Gattung *Pelargonium* beispielsweise als Geranie, während die echten *Geranium-Arten* als Storchschnabel zu benennen sind. Für manche Pflanzen gibt es zahlreiche verschiedene und für wieder andere überhaupt keine Trivialnamen, was weiter zur Verwirrung beiträgt.

Botanische Namen

Daher bestand die Notwendigkeit, eine einheitliche Form der Benennung zu finden. Diesem Problem nahm sich der schwedische Botaniker Carl von Linné (*Linnaeus*) im 18. Jahrhundert an und ersann ein wissenschaftliches Klassifikationssystem. In seinem System erhielt jede Pflanze einen zweiteiligen (*binomialen*) botanischen Namen aus lateinischen oder griechischen Bezeichnungen. Der erste Teil bezeichnet die Gattung der Pflanze, in der sie mit einer Gruppe ähnlicher Arten zusammengefasst ist; der zweite Teil, der Artname, gibt eine genauere Definition der Pflanze. So bilden beispielsweise Eichen die Gattung *Quercus* mit mehr als 400 Arten, die alle die charakteristischen Eicheln als Früchte hervorbringen. Wollen wir eine bestimmte Eiche benennen, so fügen wir dem Gattungsnamen noch den Artnamen hinzu, wie beispielsweise bei *Quercus robur*, der Stiel-Eiche.

Pflanzenfamilien sind Gruppierungen aus mehreren Gattungen mit ähnlichen Blüten- und Fruchtmerkmalen. Die Eichen werden zusammen mit Buchen (*Fagus*) und Edelkastanien (*Castanea*) in die Familie der Buchengewächse (Fagaceae) gestellt. Diese umfasst sechs Gattungen und mehr als 600 Arten, die alle mehr oder weniger herabhängende, Wind bestäubte Kätzchenblüten und nussartige, von einer harten Schale umgebene Früchte aufweisen.

Der botanische Name einer Pflanze sagt in der Regel etwas über sie aus: etwa wer

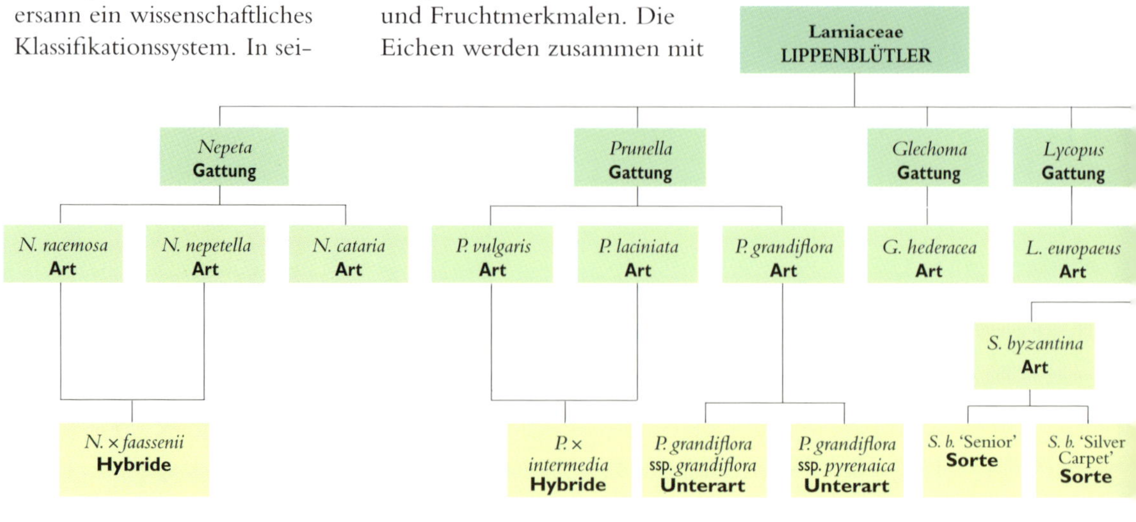

sie entdeckte, wo sie in der Natur wächst, wie sie aussieht und so weiter. Viele Pflanzen tragen die Namen berühmter Botaniker. Die Gattung *Magnolia* beispielsweise wurde nach Pierre Magnol benannt, einem französischen Botaniker aus dem 17. Jahrhundert. *Stachys byzantina* ist eine Ziest-Art, die ursprünglich aus der Türkei („Byzanz") stammt. Andere Namen, wie *Digitalis purpurea*, der Rote Fingerhut, beschreiben Eigenschaften der Pflanzen, wie etwa Blütenform (lateinisch *digitus* = Finger) oder Blütenfarbe (*purpurea* = purpurrot).

Weitere Unterteilungen

Bisweilen unterteilen Botaniker Pflanzen, die in typischen Merkmalen variieren, weiter in Unterarten, Varietäten und Formen. So gibt es von *Sedum telephium*, der Großen Fetthenne, verschiedene Unterarten, etwa die Subspezies (ssp.) *fabaria* (Berg-Fetthenne).

Hybriden sind das Ergebnis einer Befruchtung zwischen zwei Arten und werden durch ein Multiplikationszeichen dargestellt. *Mentha × verticillata* (Wirtel-Minze) ist zum Beispiel das natürliche Kreuzungsprodukt von *M. aquatica* (Wasser-Minze) und *M. arvensis* (Acker-Minze).

Viele Gartenpflanzen sind Kultursorten, die wegen ihres Aussehens, ihrer Größe oder Robustheit vermehrt werden. Einige Sorten wurden in der Natur gefunden, während andere durch Selektionieren der besten Sämlinge bei einem Züchter entstanden sind. Sie werden durch einen Zusatz in einfachen Anführungszeichen bezeichnet, zum Beispiel *Achillea millefolium* 'White Queen'.

WAS SAGEN NAMEN AUS? *Manchmal klassifizieren Botaniker Pflanzen neu.* Viola sororia *'Priceana' (oben) hieß ehemals* V. papilionacea var. priceana. *Der Klatschmohn (links) heißt wissenschaftlich* Papaver rhoeas, *während die Jungfer im Grünen (unten) den Namen* Nigella damascena *trägt.*

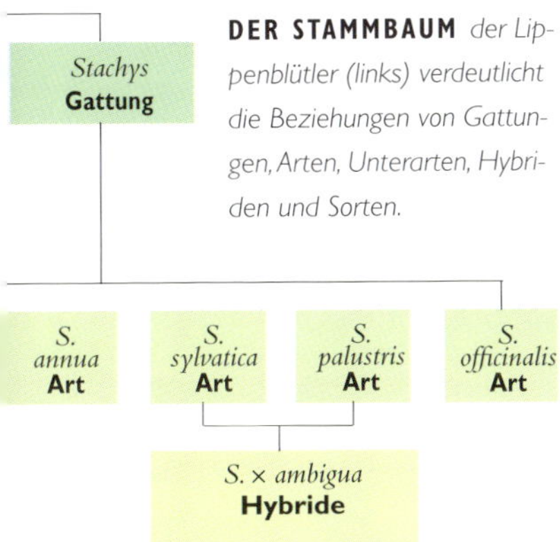

DER STAMMBAUM *der Lippenblütler (links) verdeutlicht die Beziehungen von Gattungen, Arten, Unterarten, Hybriden und Sorten.*

Einheimische *oder* Exoten?

Jede Wildpflanze kommt irgendwo natürlich vor. Darum ist es wichtig, welche Pflanzen an Ihrem Standort von Natur aus wachsen.

Jede heimische Pflanze ist integraler Bestandteil einer Lebensgemeinschaft von Pflanzen und Tieren, die man zusammen mit ihrer Umwelt als Ökosystem bezeichnet. Einige dieser Pflanzen haben sich zu Generalisten entwickelt: Sie gedeihen unter den unterschiedlichsten Bedingungen und sind in weiten Teilen des gesamten Kontinents zu finden. Andere hingegen sind Spezialisten, die nur unter bestimmten Klima- und Bodenverhältnissen wachsen und sich oftmals auf ein eng umgrenztes natürliches Verbreitungsgebiet beschränken. Daher ist es von entscheidender Bedeutung, die natürliche Verbreitung einer Pflanze zu kennen, um sagen zu können, ob sie sich für den eigenen Garten eignet.

Einheimische Arten

Als heimisch bezeichnet man solche Pflanzen, die ohne Eingreifen des Menschen von Natur aus in einem bestimmten Gebiet vorkommen. Jedoch gibt es auch hier gewisse Abstufungen. *Erinus alpinus* (Alpenbalsam) stammt beispielsweise aus Nordeuropa, kommt aber nur in den Alpenländern und in den Pyrenäen vor; in diesen Regionen ist die Pflanze wiederum auf sonnige Felsen und Felsspalten beschränkt. Andere Pflanzen wachsen nur auf den sauren Böden von Torfmooren. Man findet sie zwar in ganz Europa, aber überall nur an wenigen Orten. Die Tatsache, dass eine Pflanze heimisch ist, sagt somit wenig darüber aus, was sie wirklich braucht. Stellt man jedoch fest, in welchem speziellen Lebensraum sie vorkommt, so erhält man dadurch Informationen über ihre Anforderungen an Boden und Klima.

PFLANZEN, DIE SICH LEICHT AUSBREITEN, *wie der Blut-Weiderich (unten links) und die Wiesen-Wucherblume oder Margerite (rechts), sehen in einem Naturgarten attraktiv aus – aber nur wenn es gelingt, ihre Ausbreitung unter Kontrolle zu bringen.*

HEIMISCHE UND EINGEFÜHRTE *Pflanzen lassen sich zu Trockenblumen-Arrangements kombinieren (oben). Eine der attraktivsten Pflanzen für Schmetterlinge ist der Chinesische Sommerflieder (*Buddleja davidii*, rechts). Löwenzahn (unten rechts) gilt als Unkraut, obwohl er eine wichtige Nektarquelle für Bienen und Schmetterlinge darstellt.*

Bisweilen brachten auch Reisende Pflanzen aus fernen Regionen mit. Diese als „Exoten“ oder „Fremdarten“ bezeichneten, eingeführten Pflanzen fanden oftmals geeignete Bedingungen vor, gediehen prächtig und entwickelten sich teilweise zu den bekanntesten und beliebtesten Gartenpflanzen. Einige besonders anpassungsfähige Arten breiteten sich in der Umgebung aus, verwilderten und wurden so zu „eingebürgerten“ Arten.

Für und Wider

Im Allgemeinen ist es einfacher, Arten anzupflanzen, die in Ihrer Umgebung natürlich vorkommen, als fremdartige Spezies – weil erstere bereits an die lokalen Klima und Bodenverhältnisse angepasst sind. Wahrscheinlich sind sie dadurch auch widerstandsfähiger gegenüber Schädlingen und Krankheiten. Einheimische Pflanzen können jedoch auch selten sein, weil sie sehr spezielle Bedürfnisse haben (etwa einen bestimmten Mineralgehalt des Bodens), die in einem Garten schwer zu befriedigen sind. In einer bestimmten Region heimische Pflanzen werden also nicht zwangsläufig in allen Gärten in diesem Gebiet gedeihen.

Viele der eingeführten Pflanzen sind hingegen recht anpassungsfähig und eignen sich mitunter genauso gut für den Garten wie in der Umgebung vorkommende Arten. Um zu verhindern, dass solche Exoten aus Ihrem Garten verwildern, sollten Sie Arten meiden, die große Mengen windverbreiteter Samen produzieren, vor allem wenn Ihr Garten an unerschlossene Naturräume grenzt. Erkundigen Sie sich bei einem Naturschutz-Verband nach einer Liste entkommener Fremdarten, die in ihrem Gebiet nicht angepflanzt werden sollten.

Die Mehrzahl der im zweiten Teil des Buches (ab Seite 98) beschriebenen Pflanzen kommt von Natur aus in der Umgebung vor, der sie zugeordnet sind; einige wenige Exoten bleiben nachweislich auf den Garten beschränkt und breiten sich nicht in die Umgebung aus. Die Pflanzen wurden jeweils danach ausgewählt, ob sie wertvolle Lebensräume für Tiere schaffen oder sich als besonders anpassungsfähig unter verschiedensten Bedingungen erwiesen haben.

Woran erkennt man ein Unkraut?

Man könnte nahezu jede Pflanze als Unkraut betrachten, wenn sie an Stellen wächst, an denen sie nicht erwünscht ist. Selbst einige unserer einheimischen Pflanzen werden zu Unkräutern, wenn sie sich auf landwirtschaftlichen Flächen ausbreiten oder das Aussehen eines Blumenbeets verschandeln.

Dennoch sollte man nicht vergessen, dass sämtlichen Unkräutern ein gewisser Wert zukommt, weil sie rasch den Boden bedecken und damit die Gefahr der Erosion verringern. Viele spielen zudem eine wichtige Rolle als Nektarlieferanten für Schmetterlinge und andere Insekten oder als Nahrungspflanzen für deren Larven.

WETTER *und* KLIMA

Der erfahrene Gärtner weiß die klimatischen Verhältnisse genau einzuschätzen und plant seinen Garten so, dass er aus den herrschenden Bedingungen das Beste macht.

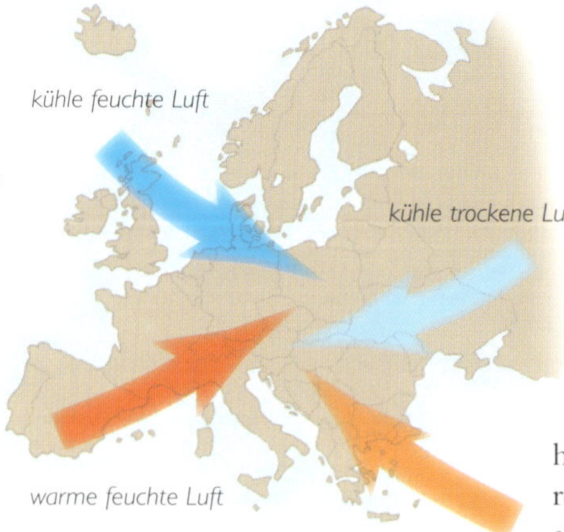

DIESE KARTE *zeigt die Herkunft der Luftmassen, die das Klima beeinflussen (links). Iimmergrüne Bäume und Sträucher (oben rechts) eignen sich für kalte Regionen am besten.*

Zwar wirken sich alle Aspekte des Klimas auf das Wachstum aus, am wichtigsten und am leichtesten messbar sind jedoch Temperatur und Niederschlag. Diese stehen in Beziehung

- zum Breitengrad – die Entfernung vom Äquator bestimmt, in welchem Winkel die Sonnenstrahlen auf die Erdoberfläche auftreffen, und somit auch die Strahlungswärme;
- zum Wind – die Herkunft einer beweglichen Luftmasse beeinflusst Niederschläge und Temperatur;
- zur Höhe – in großen Höhen ist die Sonneneinstrahlung intensiver, nächtliche Temperaturen sind niedriger, und die Wachstumsperiode ist kürzer;
- zum Meer und großen Gewässern, die Quellen für Niederschläge sind und Temperaturunterschiede mildern.

KLIMATYPEN

Auf der Grundlage von Temperatur- und Niederschlagsverhältnissen können wir eine Reihe verschiedener Klimatypen unterscheiden. Die große Landmasse Europas lässt sich in eine Zone mit maritimem oder Seeklima (in Meernähe), mit Übergangsklima und mit kontinentalem oder Landklima (im Binnenland) unterteilen. Diese Unterteilung berücksichtigt allerdings nicht die außerordentlich wichtigen saisonalen Veränderungen der Regenfälle oder der Temperatur. Pflanzen aus kälteren Regionen benötigen im Winter eine Ruheperiode, für die in milderen Klimaten eine viel geringere Chance besteht. Umgekehrt sind hochsommerliche Temperaturen nicht gut für Pflanzen, die an kürzere, kühlere Sommer gewöhnt sind. Daher ist für den Gärtner eine Klimakarte sehr nützlich, die auch die jahreszeitlichen Veränderungen von Temperatur und Niederschlag berücksichtigt. Die Klimakarte nach Köppen klassifiziert das Klima auf diese Weise.

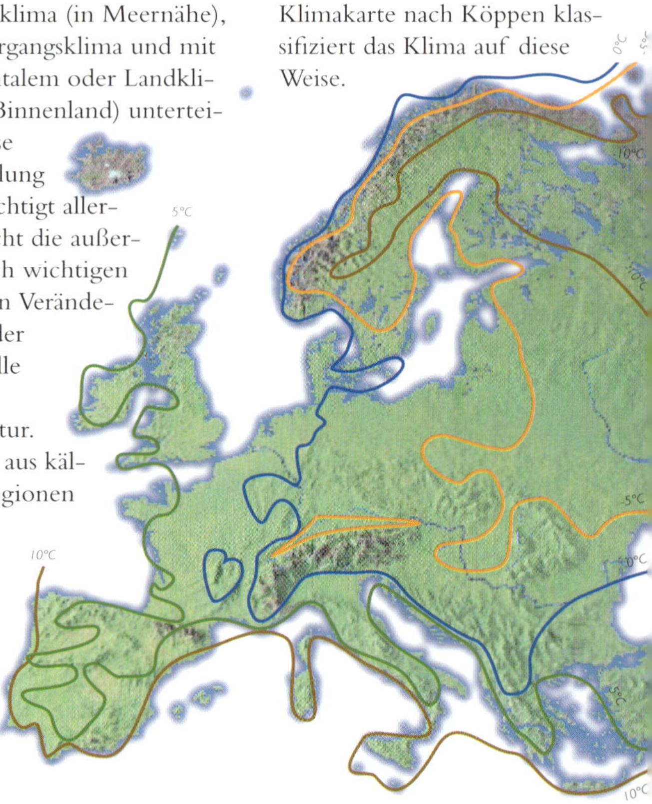

DIE TEMPERATUR *ist einer der bedeutendsten Klimafaktoren für eine Pflanze. Diese Karte (rechts) zeigt die Durchschnittstemperaturen im Januar (Januar-Isotherme).*

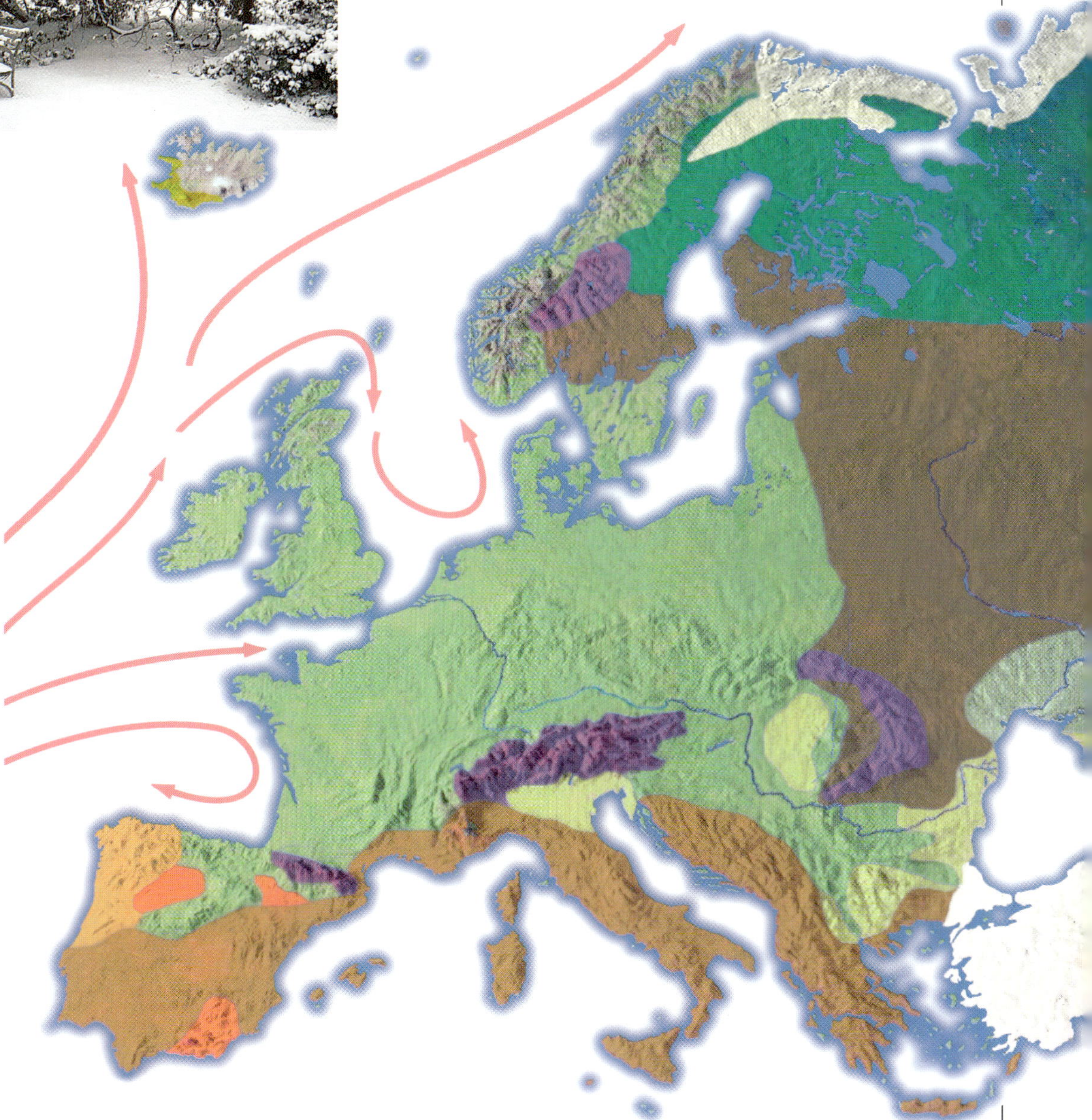

DIE KLIMAKLASSIFIKATION *nach Köppen (oben) berücksichtigt Veränderungen der Temperatur und der Niederschläge im Laufe der Jahreszeiten und steht in engem Zusammenhang mit den natürlichen Vegetationszonen.*

MIKROKLIMA

Unter Mikro- oder Kleinklima versteht man kleinräumige Abweichungen von den generellen Verhältnissen durch natürliche Faktoren oder menschliche Eingriffe. Aufgrund dieser Variationen können Gartenpflanzen bisweilen an Orten wachsen, an denen dies normalerweise nur unter Schwierigkeiten oder gar nicht möglich wäre. Solche natürlichen Faktoren sind beispielsweise Unterschiede in Höhenlage oder Hangneigung. Nach Norden weisende Hänge erhalten weniger oder gar kein Sonnenlicht und sind daher kühler als Südhänge. Gebirgszüge bewirken große Unterschiede in den Niederschlägen, weil die feuchte Luft auf der einen Seite aufsteigt und sich somit abkühlt. Die kältere Luft vermag die Feuchtigkeit weniger gut zu halten, und es regnet. Auf der anderen

- *warmes Steppenklima*
- *kaltes Steppenklima*
- *warme, trockene Sommer*
- *kühle, trockene Sommer*
- *warm, ganzjährig Niederschläge*
- *kühler, ganzjährig Niederschläge*
- *kurze, kalte Sommer*
- *warme Sommer, ganzjährig Niederschläge*
- *kalte Sommer, ganzjährig Niederschläge*
- *Tundraklima, wärmster Monat < 10°C*
- *Hochgebirgsklima*
- *warmer Golfstrom*

Seite des Gebirgszugs sinkt die nun trockenere Luft wieder ab und erwärmt sich. Diesen Effekt bezeichnet man als „Regenschatten". Dafür gibt es in Europa zahlreiche Beispiele. In der Rheinebene fallen weniger Niederschläge und die Durchschnittstemperatur liegt um mehrere Grad höher als in den Gebieten der Umgebung.

Bei Nacht kühlt sich die Luft über den Bergen ab, wird schwerer und sinkt in die Täler. Am frühen Morgen kann es folglich in einem Tal frostig und neblig sein, während einige hundert Meter weiter oben die Sonne scheint und es mehrere Grad wärmer ist.

Wassermassen verringern die Temperaturunterschiede in angrenzenden Regionen. Im Winter ist es ein wenig wärmer, im Sommer ein wenig kühler. Dies bewirken nicht nur Meere und Flussmündungen, sondern auch – in kleinerem Maßstab – Seen oder sogar Teiche.

Auch Wälder sorgen für ein mildes Klima. Die täglichen Temperaturschwankungen von Luft und Boden sind hier geringer als in offenen Landschaften, und auch Licht und Wind wirken sich weniger stark aus. Zudem mindern Bäume die Schwere der Regenfälle, weil sie das Wasser zurückhalten, so dass es nicht gleich abfließt. Schnee bleibt länger liegen und bildet eine Decke, die Pflanzen vor extrem niedrigen Temperaturen schützt.

Sogar der Mensch kann das Klima beeinflussen. Städte sind deutlich wärmer als die umgebende Landschaft, und hohe Gebäude können einen „Regenschatten"-Effekt im Kleinen erzeugen.

SOWOHL DIE ALLGEMEINEN *klimatischen Verhältnisse als auch spezifische Abweichungen davon, so genannte Mikroklimate, sind wichtig für die Auswahl der Pflanzen für Ihren Garten.*

Bedingungen nutzen

Gebäude und Bäume wirken sich auf das Kleinklima aus, und das sollte man beim

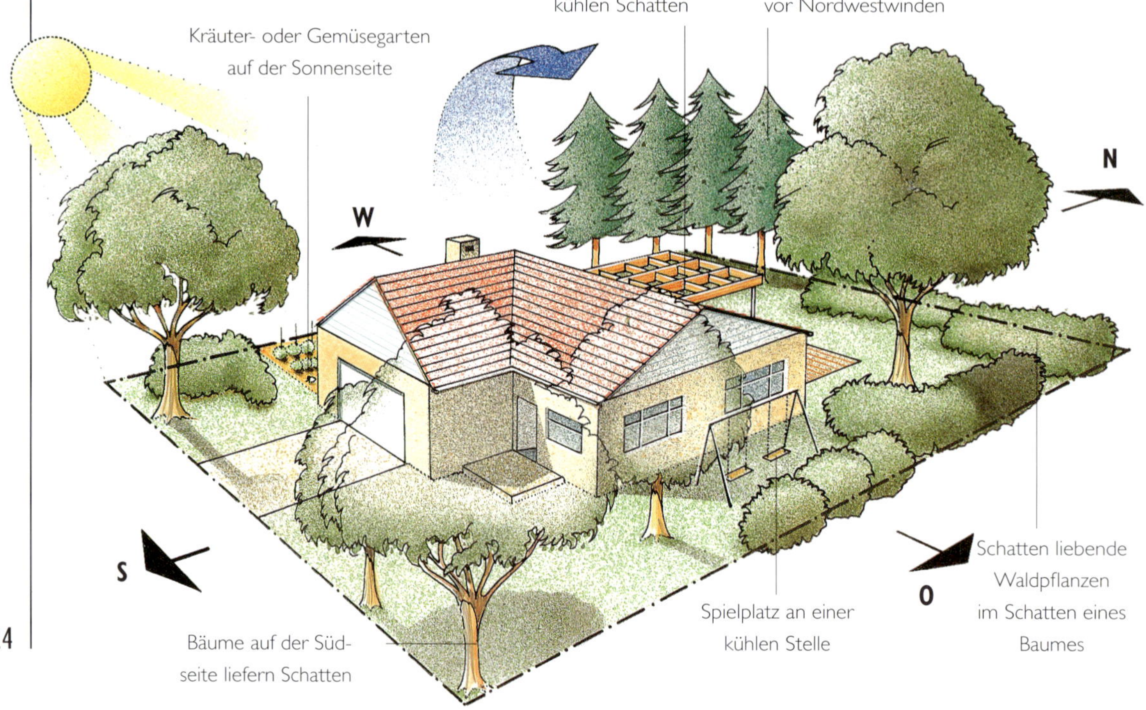

BERÜCKSICHTIGEN SIE *bei der Auswahl der Pflanzen für Ihren Garten die jahreszeitlichen Veränderungen, dann haben sowohl Sie als auch die hier lebende Tierwelt im Sommer wie im Winter stets Freude an Ihrem Garten.*

Anlegen eines Gartens berücksichtigen. Die Nordseite eines Hauses bietet Schatten und kühle Standorte. Süd- und Westseite sind sonnig und mitunter sehr trocken. Pflanzen auf der Ostseite profitieren von der Morgensonne, liegen jedoch bereits am Nachmittag im Schatten.

Teiche können als Wärmepuffer fungieren und die Temperatur in ihrer unmittelbaren Umgebung geringfügig beeinflussen. Wasser, das ständig in Bewegung ist wie bei einem Bach, wirkt sich insbesondere im Winter mildernd aus.

Mit Überlegung platzierte Bäume liefern dann und dort Schatten, wo Sie ihn haben möchten. Laub abwerfende Bäume ermöglichen Sonneneinstrahlung im Winter und im zeitigen Frühjahr (besonders wichtig für früh blühende Arten), bieten aber dennoch im belaubten Zustand während der Sommermonate kühlenden Schatten. Hecken und Uferbewuchs eignen sich vor allem in Küstenregionen als Windschutz und wirken sich auf die Lufttemperatur in ihrer Umgebung aus.

Laub abwerfende Bäume und Sträucher verhindern Schneeverwehungen und tragen somit dazu bei, dass sich eine gleichmäßige, vor Kälte schützende Schneedecke im Garten ausbreiten kann. Immergrüne Bäume und Sträucher bieten zusammen mit den Überresten anderer Pflanzen im Winter Schutz für Tiere und keimende Pflanzen.

NIEDERSCHLÄGE

Man sollte unbedingt wissen, wie viel Regen man in seinem Garten erwarten kann. Die meisten Pflanzen wachsen während der wärmeren Monate und nehmen in dieser Zeit die meiste Feuchtigkeit auf. Fällt nicht genügend Regen, kann es erforderlich sein, sie zusätzlich zu bewässern. Dies ist abhängig von der Niederschlagsverteilung in der Herkunftsregion der Pflanzen.

In der Umgebung des Mittelmeers fällt der meiste Regen im Winter und zeitigen Frühjahr. Aus diesem Gebiet stammende Pflanzen sind an Sommer-Trockenheit angepasst und blühen in der Regel in den kühleren, feuchteren Monaten. Pflanzen aus mediterranen Regionen sollten also so ausgewählt werden, dass ihr Wasserbedarf den vorherrschenden Niederschlägen entspricht.

ANPASSUNGSFÄHIGE GEBIRGSPFLANZEN

Hoch oben in den Bergen ist die Sonneneinstrahlung stärker und enthält einen höheren Anteil ultravioletter Strahlen. Die Sommer sind kurz. Der Schnee schmilzt rasch und wäscht oftmals die dünne Humusschicht weg. Es ist sehr windig, und die Pflanzen haben nur wenige Möglichkeiten zu wurzeln. Damit Gebirgspflanzen erfolgreich im Garten gedeihen, muss man die Bedingungen mit dünnen Bodenschichten und ungehindertem Wasserabfluss nachahmen.

DAS ALPEN-HELMKRAUT *(*Scutellaria alpina*, oben) hat sich ideal an die klimatischen Bedingungen im Gebirge angepasst.*

ENTWICKLUNG *eines* GARTENPLANS

Planung und Gestaltung sind die Grundsteine eines gelungenen Gartens, gleich welcher Größe.

Einen neuen Garten zu planen oder einen alten umzugestalten, kann einerseits eine Herausforderung bedeuten und Spaß bereiten, andererseits aber auch kompliziert und recht entmutigend sein. Ein schwerer Fehler ist es, sich Pflanzen zuzulegen, ohne zu wissen, welche auf dem vorhandenen Gelände am besten gedeihen und wohin man sie pflanzen sollte, um den gewünschten Effekt zu erzielen. Daher ist es wichtig, sich zunächst mit den Verhältnissen in Ihrem Garten vertraut zu machen: mit Sonne, Schatten, feuchten Bereichen, windigen Standorten und so weiter.

Wenn Sie genügend Zeit haben, ist es am besten, einen kompletten Jahreslauf zu beobachten, bevor Sie irgendwelche weiteren Schritte unternehmen. Dabei werden sich zahlreiche Gelegenheiten bieten, die Tierwelt und die klimatischen Verhältnisse zu studieren. Ist Ihre Ausgangsbasis nur eine kahle Fläche, so werden eine dünne Grasnarbe und eine Mulchschicht dafür sorgen, dass sich weder Staub noch Schlamm bilden. Nehmen Sie sich Zeit: Die Freude an der Gartenarbeit liegt größtenteils in der kreativen Gestaltung.

DIE UNMITTELBARE UMGEBUNG

Als ersten Schritt bei der Gestaltung eines Gartens sollten Sie einen Blick in die Umgebung werfen. Finden Sie heraus, welche natürlichen Lebensräume noch existieren, aus welchen einheimischen Arten sich die Pflanzengesellschaft zusammensetzt und welche Tierarten vorkommen. Schauen Sie sich weiterhin gut gestaltete Gärten im Umkreis an. Stellen Sie fest, welche Pflanzen unter ähnlichen Verhältnissen, wie sie bei Ihnen herrschen, am besten gedeihen. Fotografieren Sie die Gärten und Pflanzen, die Ihnen am besten gefallen. Besuchen Sie einen botanischen Schaugarten in ihrer

Nichts ist so vorausblickend wie das Gärtnern.

RENATE RUBINSTEIN (1929–92), holländische Schriftstellerin

PFLANZEN SIE *für alle Jahreszeiten (rechts) – so machen Sie das Beste aus ihrem Gelände. Wasser (oben) ist ein beruhigendes Element; selbst im Kleingarten einer Großstadt (ganz oben).*

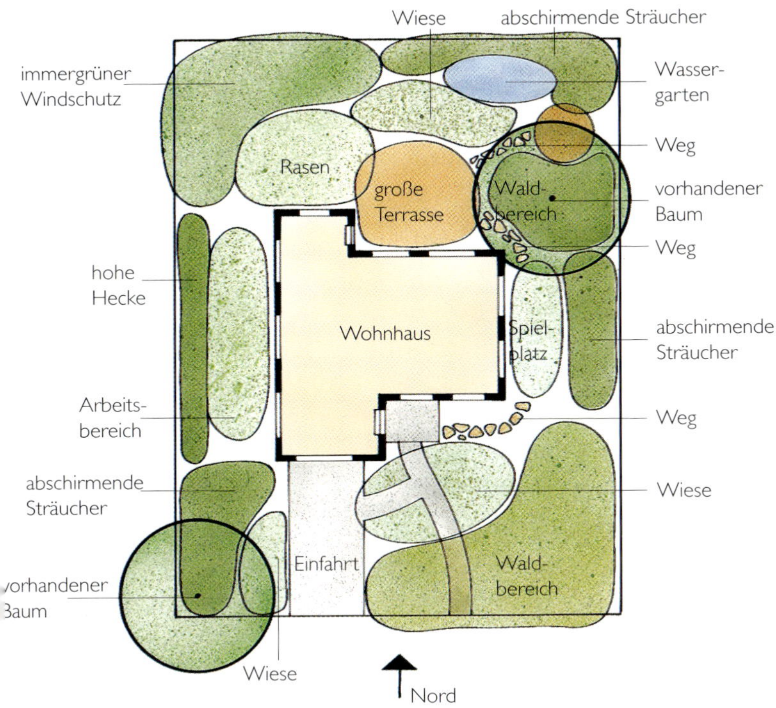

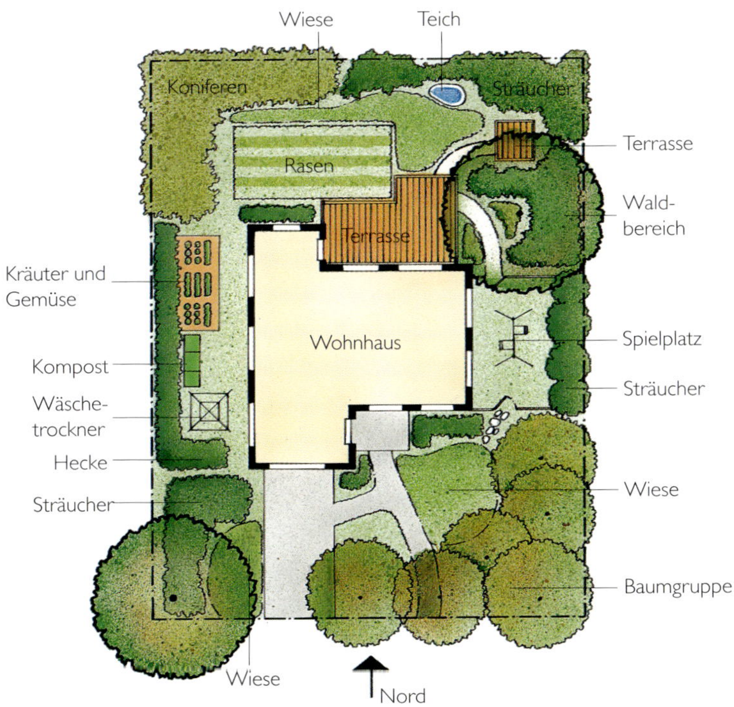

DAUERHAFTE ELEMENTE

- Bauliche Elemente wie Mauern, Zäune, Terrassen, Gebäude
- Gepflasterte Flächen wie Wege, Terrassen, Einfahrten
- Wasserleitungen
- Sichtschutz nach innen oder außen
- Vorhandene Bäume, Sträucher oder andere Pflanzen
- Teiche, Bäche, sumpfige Bereiche, Entwässerungsgräben
- Höhenunterschiede
- Bodentypen
- Mitwohnende Haus- und Wildtiere

SAISONALE ELEMENTE

- Vorherrschende Winde
- Verteilung von Sonne und Schatten
- Flächen, wo sich leicht Frost bildet und Schnee liegen bleibt
- Höchst- und Tiefsttemperaturen
- Verteilung und Abfluss der Niederschläge
- Wildtiere als Besucher

PLÄNE ZEICHNEN, *in denen jedes Element eingezeichnet ist:. Eine erste grobe Aufsicht mit Umrissen (oben) kann man später zu einem Entwurf (links) ausarbeiten.*

Nähe und forschen Sie nach Spezialgärtnereien, in denen heimische Pflanzen erhältlich sind. Denken Sie aber stets daran, dass Ihre Nachbarn vielleicht nicht begeistert sind von einem Wildpflanzen-Garten. Es kann durchaus sein, dass sie befürchten, dass „diese Unkräuter" zu einer Plage werden. Wählen Sie daher Arten aus, die sich nicht leicht vermehren, und laden Sie von Zeit zu Zeit ihre Nachbarn ein, damit Sie ihnen etwas über Ihren Garten und Ihre Pflanzen erzählen können.

BESTANDSAUFNAHME

Selbst wenn Sie vorhaben, sich von einem Gartenarchitekten beraten zu lassen, wird es sich auszahlen, die Planung zunächst selbst auszuarbeiten. Beginnen Sie damit, von Ihrem Garten eine Bestandsaufnahme zu machen. Ausgangspunkt hierfür ist eine maßstabsgetreue Skizze; dazu benötigen Sie Maßband, Lineal, Stift, Millimeterpapier und Pauspapier sowie eine stabile Zeichenunterlage, auf der sie die Zeichnung fixieren können. Nach Fertigstellung Ihrer Grundskizze legen Sie ein Blatt Pauspapier darauf und zeichnen permanente und saisonale Elemente des Geländes ein (siehe Kasten) oder notieren diese.

Themen und Bereiche

Nehmen Sie sich die Zeit, eine Wunschliste der verschiedenen Betätigungsmöglichkeiten zu erstellen, die Sie und andere Familienmitglieder im Garten wünschen, etwa Gemüse- oder Schnittblumen-Beete, eine Terrasse zum Sitzen, eine Schaukel oder ein Schwimmbecken.

Vielleicht möchten Sie Ihren Garten auch unter ein oder mehrere Themen stellen, etwa einen Garten mit einer einzigen Farbgebung. Auch dies wirkt sich nachhaltig auf die Gestaltung Ihres Gartens aus.

Grobplanung

Sobald sie festgelegt haben, wie viel Raum die verschiedenen Elemente einnehmen sollen, können Sie damit beginnen, diese Flächen auf dem Plan Ihres Geländes unterzubringen. Am besten legen Sie dazu Pauspapier auf den Grundplan. Zeichnen Sie nun alle gewünschten Bereiche als Umrisse in der erforderlichen Größe ein; vergessen Sie dabei nicht Notwendigkeiten wie die Mülltonne, die Unterbringung für Gartengeräte, eine Wäscheleine und einen Komposthaufen. Überlegen Sie, welche Pfade des Gartens am meisten begangen werden, und sehen Sie hierfür Wege oder Stufen vor. Außerdem sollten Sie festlegen, wie hoch die Bepflanzung zum Schutz vor unerwünschten Blicken sein sollte.

Zeichnen Sie mindestens zwei solcher Umrisspläne auf Pauspapier und entscheiden Sie sich dann für den besten, den sie anschließend zu einem Entwurf ausarbeiten. Dieser sollte in groben Zügen alle Elemente enthalten, die Sie gerne in

EIN GARTEN SOLLTE RUHIGE *Flecken zur Erholung und zum Ausruhen bieten – für Mensch und Tier.*

Ihrem neuen Garten haben möchten.

AUSARBEITUNG DER DETAILS

Für die detaillierte Ausarbeitung sowohl der baulichen Elemente als auch der Pflanzung können Sie einen Gartenarchitekten zu Rate ziehen – oder das Problem selbst in Angriff nehmen. Über Entwurf und Bau der meisten Elemente gibt es zahlreiche Bücher.

Nehmen Sie sich die Zeit, Prioritäten zu setzen. Den meisten Leuten macht zwar das Anpflanzen am meisten Spaß, aber im Idealfall sollten die baulichen Elemente schon vor Beginn der Pflanzarbeiten vorhanden sein. Führen Sie also zunächst alle Maßnahmen durch, für die Sie viel Arbeitsfläche oder Zufahrtsmöglichkeiten für Maschinen benötigen. Passen Sie auf, dass hierbei nicht die oberste Bodenschicht verdichtet oder abgetragen wird. Planen und verlegen Sie alle wichtigen Wasserleitungen. Überlegen Sie, wie Sie die Bewässerung Ihres Gartens lösen wollen, und gewährleisten Sie, dass ihr Bewässerungssystem einfach zu handhaben ist.

BLICK AUF DIE UMWELT

Im Naturgarten sollten Sie sorgfältig darauf achten, dass er nicht unnötig auf die Umwelt einwirkt. Vermeiden Sie den Einsatz von Giften, wo immer möglich. Verwenden Sie nur Baumaterialien, die frei von Schadstoffen sind. Ziehen Sie die Verwendung von Harthölzern in Betracht, die von Natur aus Fäulnis resistent sind, oder von Holz, das mit ungiftigen Mitteln behandelt ist. Verwenden Sie Recycling-Holz, aber keine alten Eisenbahnschwellen, wenn diese nach Teer riechen, denn solche Konservierungsmittel sind für alle Lebewesen giftig.

Überlegen Sie, die Wegeflächen mit Schotter, Splitt oder Natursteinpflaster durchlässig zu gestalten, und vielleicht auch die gute alte Regentonne aufzustellen, um das Wasser aufzufangen. Gebrochene Kunststeine aus Beton sind ein preiswerter Ersatz für teure Natursteine.

ANNEHMLICHKEITEN

Garten ist ein Ort, an dem Menschen dem Stress des Alltags entfliehen und mit der Natur in Berührung kommen. Denken Sie stets daran, dass der Garten Ihnen genauso sehr dienen soll wie den Tieren, die sie anzulocken hoffen. Schaffen Sie also auf jeden Fall einen gemütlichen Sitzplatz, von dem aus Sie die Umgebung genießen können. Legen Sie einige Pflanzungen vor dem Fenster an, damit Sie sich auch vom Haus aus an der Tierwelt erfreuen können. Schließlich können Sie nach Belieben einige schöne Skulpturen im Garten aufstellen, die vielleicht sogar Tieren als Futterplatz oder Tränke dienen können.

NÜTZLICH UND ATTRAKTIV: *Ein Weg mit Rindenmulch und Eisenbahnschwellen als Stufen an einem schattigen Hang (oben).*

FACHKUNDIGE HILFE

Einen Garten anzulegen kann einerseits ein interessantes Unterfangen sein, andererseits aber auch sehr viel Zeit und Energie kosten. Scheuen Sie sich also nicht, fachkundige Hilfe bei einem Gartenarchitekten zu erfragen. Er ist in allen Aspekten der Gartengestaltung und des Landschaftsbaus geübt und kann Gärten entwerfen, die jeglichen ästhetischen Ansprüchen genügen. Bisweilen legt er die Gärten auch selbst an und bepflanzt sie, in der Regel wird dies jedoch von einem Landschaftsbau-Betrieb übernommen. Alternativ können Sie auch einen Landschaftsgärtner damit beauftragen, einen Garten nach ihrem Entwurf anzulegen. Sofern er aus der Umgebung kommt, wird er mit den Verhältnissen vor Ort ebenso vertraut sein wie mit den infrage kommenden Wildpflanzen. Weiteren Rat können Sie sich bei speziellen Gartenorganisationen holen; das gilt auch für Empfehlungen, welche Arten sich eignen.

MIT PFLANZEN GESTALTEN *nach der* NATUR

Aus optischen wie aus praktischen Gründen ist es wichtig, die richtige Pflanze an die richtige Stelle zu pflanzen.

Der letzte Schritt beim Entwurf eines Gartens ist das Erstellen eines Pflanzplans. Dieser bildet die Grundlage für die Auswahl von Pflanzen für bestimmte Zwecke: Pflanzen, die unansehnliche Bereiche verdecken oder Blicke einrahmen sollen, Bäume, die Schatten spenden, oder Bodendecker, die einen Hang stabilisieren sollen, Pflanzen für feuchte, heiße oder trockene Stellen. Berücksichtigen Sie stets die Größe und wählen Sie nur dann große Pflanzen aus, wenn Sie genügend Platz zur Verfügung haben. Auch hierfür können Sie wieder Pauspapier auf den Grundplan und den endgültigen Entwurf legen.

Jede Pflanze in Ihrem Plan sollte einen Zweck haben, und dieser Zweck sollte den Ausschlag geben, ob eine kleine oder große, eine ein- oder mehrjährige Pflanze, ein Strauch, eine Kletterpflanze oder ein Baum ausgewählt wird. Ziehen Sie für jede Pflanze einen Kreis, dessen Durchmesser der Größe der ausgewachsenen Pflanze entsprechen sollte. Wenn Sie nun mehrere Arten notieren, die dem gezogenen Kreis entsprechen, können Sie letztendlich die beste für jede Situation auswählen. Zum Schutz vor unerwünschten Blicken eignen sich am besten immergrüne Sträucher, möglicherweise auch kleine Bäume mit niedrig ansetzenden Ästen, aber kaum mehrjährige Stauden; ist der Platz nur schmal, so tun es Kletterpflanzen am Spalier.

SKULPTUREN *können als Blickfang dienen und zusätzlich eine Nistgelegenheit bieten.*

EINE NATÜRLICH WIRKENDE PFLANZUNG

In der Natur wachsen Pflanzen selten in geraden, regelmäßigen Reihen. Eine natürliche Wirkung lässt sich jedoch nicht erreichen, indem man nach dem Zufallsprinzip anpflanzt. Vielmehr muss man dazu bestimmten Gestaltungsprinzipien folgen, die das natürliche Auftreten der Pflanzen widerspiegeln. Beachten Sie daher beim Zusammenstellen Ihrer Pflanzen folgende Punkte:

- Stellen Sie die Pflanzen zu Gruppen zusammen;
- bilden Sie davon wiederum mehrere Gruppen;
- kombinieren Sie verschieden große Pflanzen;
- variieren Sie die Abstände zwischen den Pflanzen.

Beim Anpflanzen von Gruppen sollten Sie die Zahl der Pflanzen nach dem Zufallsprinzip auswählen. Besonders eindrucksvoll ist dies bei großen Pflanzen zu

PFLANZEN SIE *Bäume und Sträucher (ganz links oben), die hoch genug werden, um Zäune zu verdecken und unerwünschte Blicke fernzuhalten, bevorzugt immer grüne Arten.*

UM PFLEGEMAẞNAHMEN *auf ein Minimum zu beschränken, sollten Sie die Pflanzen nach ihrem Feuchtigkeitsbedarf zusammen stellen (oben und unten).*

sehen: Drei gleich große Fichten im gleichen Abstand voneinander sehen langweilig und ausgesprochen unnatürlich aus; haben Sie jedoch eine unterschiedliche Größe und verschiedene Abstände, so vermitteln sie den Charme eines Fichtenwäldchens.

Platzieren Sie Pflanzengruppen neben Findlinge oder Baumstümpfe, in die Ecke einer Mauer oder an eine Wegbiegung. Auf diese Weise erzielen Sie die natürlichste und schönste Wirkung in Ihrem Naturgarten.

Sukzession im Garten

Die Natur braucht oft Jahrzehnte oder sogar Jahrhunderte, um das Endstadium in ihrer Entwicklung zu erreichen. Dieser als Sukzession bezeichnete Prozess erfolgt in der Regel durch stufenweise Übergänge von einer Pflanzengesellschaft zur nächsten. Auf einer zunächst kahlen Fläche sprießen als Erstes Pionierpflanzen, zumeist einjährige Arten, deren Samen vom Wind herangetragen werden.

Den etwas langlebigeren Pflanzen folgen Sträucher. Als Nächstes tauchen schnell wachsende Bäume auf und verdrängen die Sträucher, machen aber bald selbst wieder Platz für größere, noch langlebigere Bäume des letzten Sukzessionsstadiums, das man als Klimaxgesellschaft bezeichnet.

Diesen Prozess kann man im Naturgarten nachahmen, wenn der Standort zu Beginn relativ kahl ist. Pflanzen Sie zunächst schnell wachsende Bodendecker aus einjährigen Blumen und Gräsern, um den Boden zu stabilisieren, zusätzlich aber auch mehrjährige Pflanzen und Sträucher zwischen die Jungbäume, die schließlich zu einem Wäldchen heranwachsen sollen.

WASSER SPAREN

Eine der effektivsten Lösungen, um den Wasserverbrauch in einem Garten zu reduzieren, ist die Anpflanzung von Arten, die an Trockenheit angepasst sind. Angesichts der steigenden Wasserkosten und der wachsenden Bevölkerung wird das Sparen von Wasser zu einer ernst zu nehmenden Angelegenheit. Im Abschnitt „Lebensräume im Garten" (ab Seite 98) wird der Wasserbedarf städtischer Regionen berücksichtigt. Wählen Sie für trockene, sandige Böden trockenheitsliebende Arten aus oder treffen Sie ihre Auswahl unter Pflanzen für offene Flächen. Unter Umständen kann man auch Pflanzen steiniger Standorte oder aus Gebieten mit gutem Abfluss verwenden.

Standortgerechte Pflanzenauswahl

Ein großes Vergnügen bereitet die Auswahl der Pflanzen, die dem Garten schließlich seinen Charakter verleihen sollen.

Widerstehen Sie der Versuchung, im nächstgelegenen Gartencenter vorbeizufahren und eine Wagenladung Pflanzen in voller Blüte mitzunehmen, damit Ihr Garten sofort erblüht. Sie sollten nur solche Pflanzen kaufen, die Sie auf ihrem Bepflanzungsplan eingezeichnet haben. Allerdings finden sich einige unserer besten einheimischen Pflanzen nur selten im lokalen Pflanzenhandel. Deshalb sollten Sie die Suche nach den richtigen Pflanzen als angenehmen Teil Ihrer Aufgabe betrachten. Auf heimische Pflanzen spezialisierte Organisationen verkaufen häufig ausgezeichnetes Pflanzenmaterial zu angemessenen Preisen – oft genug Arten, die woanders nicht erhältlich sind.

Wo Sie die benötigten Pflanzen finden

Bei weitem am einfachsten ist es, die Pflanzen bei einer örtlichen Gärtnerei zu kaufen. Im Normalfall sind sie je nach Jahreszeit als Wurzelware (ohne Erde an den Wurzeln), als Ballenware (mit Wurzelballen, der von Gaze oder Sackleinen zusammengehalten wird) oder als Containerware (mit Wurzelballen in einem Gefäß) erhältlich. Laub abwerfende Bäume und Sträucher werden Ende des Winters, wenn sich ihre Ruheperiode dem Ende zuneigt, oft als Wurzelware verkauft. Man muss sie dann unverzüglich pflanzen oder vorübergehend einschlagen. Ballenware setzt man ebenfalls am besten im zeitigen Frühjahr, bevor die Sonne den Wurzelballen austrocknen kann. Heute verkauft der Gartenhandel die meisten Pflanzen in Gefäßen. So sind sie während der gesamten Wachstumsperiode erhältlich und können jederzeit umgepflanzt werden. Denken Sie aber daran, dass Frühling und Herbst die besten Jahreszeiten zum Pflanzen sind.

INTERESSANTE PFLANZEN *wie die Schachbrettblume (ganz oben) verleihen dem Garten Charakter. Ein erhöhtes Beet (links) rückt zarte Pflanzen besser ins Blickfeld. Keramik und Pflastersteine bilden eine schöne Ergänzung für einen farbenfrohen Garten (oben).*

Die meisten Gärtnereien verkaufen nur bekannte und beliebte Pflanzen, die sich leicht in großen Mengen vermehren lassen. Weniger bekannte einheimische Pflanzen sind meist nur in kleineren, spezialisierten Gärtnerei-

DAS ANPFLANZEN *von Bäumen (rechts) wird oft von Behörden gefördert. Verschiedene Organisationen unterstützen die Verwendung heimischer Arten.*

en erhältlich. Fragen Sie andere Gartenbesitzer nach solchen Betrieben in Ihrer Umgebung (siehe Seite 276).

Durch Katalogbestellung erhalten Sie Zugang zu mancher Spezialgärtnerei, die per Postversand vertreibt. Die dort angebotenen Pflanzen sind häufig klein. Die größte Auswahl besteht zumeist bei Mehrjährigen und Zwiebelpflanzen. Sie werden oft mit blanker Wurzel versandt. Da nicht jeder Versender zuverlässig ist, sollten Sie zunächst nur eine kleinere Menge Pflanzen kaufen.

Weitere Quellen für ausgefallene Pflanzenarten sind botanische Schaugärten und Arboreten, die oft regelmäßige Pflanzenverkäufe veranstalten, um Geld für ihre Projekte herein zu bekommen. Normalerweise verkaufen sie in ihren Sammlungen vermehrte Pflanzen; daher sollten Sie solche Gärten auswählen, die sich auf einheimische Pflanzen spezialisiert haben.

Naturgarten-Organisationen

In fast allen Ländern gibt es mittlerweile Gesellschaften oder Vereinigungen, die sich mit dem Studium der natürlichen Umwelt beschäftigen. Manche tun dies auf nationaler, andere auf lokaler Ebene. Diese Organisationen haben größtenteils Lehrcharakter; sie veranstalten Exkursionen, Vorträge und Kurse und stellen gute Quellen dar, um sich darüber zu informieren, welche Pflanzen sich für einen Naturgarten eignen. Manche verkaufen zudem Samen von Wildpflanzen.

Weitere Ansprechpartner sind Naturschutzverbände Pflanzenliebhaber-Gesellschaften oder solche, die sich für die Erhaltung bedrohter Pflanzen einsetzen. Mitunter verkaufen auch diese Pflanzen oder Samen, die zumeist zu angemessenen Preisen erstanden werden können. Allerdings ist die Auswahl begrenzt. Bei Vortragsabenden bieten Mitglieder oftmals Pflanzen zum Tausch oder zur Abgabe an. Aber selbst wenn Sie nicht direkt Pflanzen von solchen Organisationen beziehen können, lohnt sich eine Mitgliedschaft dennoch. Die Mitglieder wissen eine Menge über die Wildpflanzen in Ihrer Umgebung und können daher Ratschläge erteilen, welche Pflanzen verfügbar sind und wie man diese am besten bekommt.

ENTNAHME AUS DER NATUR

Die Entnahme von Pflanzen aus der Natur ist durch strenge Bestimmungen geregelt, die verhindern sollen, dass den vielen vom Aussterben bedrohten einheimischen Pflanzen auch noch Gefahr durch Raubbau droht. Graben Sie daher nie Pflanzen in der Natur aus, sofern sie nicht an einem Ort wachsen, an dem sie ohnehin vernichtet werden, etwa durch Straßenbau oder auf einem Bauplatz. Selbst in diesen Fällen sollten Sie zuvor die Erlaubnis des Grundstücksbesitzers einholen.

Die gleichen Bestimmungen gelten für Gärtnereien. Die meisten bieten nur von kultivierten Pflanzen vermehrte einheimische Arten an. Erkundigen Sie sich nach der Herkunft der Pflanzen; sofern sie aus der Natur stammen, sollten Sie besser woanders kaufen.

NATURSCHUTZVERBÄNDE UND NATURGARTEN-VEREINE *sind eine reichhaltige Quelle für Pflanzen aus Ihrer Region. Der Erlös aus dem Verkauf dieser Pflanzen wird zur Vermehrung und Erhaltung von Wildpflanzen verwendet.*

Wildpflanzen selbst vermehren

Es gehört zu den dankbarsten Aufgaben, aus Samen oder Stecklingen neue Pflanzen zu ziehen.

Zwar ist es entschieden einfacher, den Garten mit gekauften jungen Pflanzen zu bestücken, aber für einen Naturgarten muss man mit ziemlicher Sicherheit bei einigen Arten auf Samen oder Ableger zurückgreifen. In vielen Fällen wird man die entsprechenden Pflanzen nach einiger Suche im Garten eines Nachbarn, auf einem Ödlandgrundstück in der Nähe oder in einem Versandkatalog für Saatgut entdecken.

Neue Pflanzen aus alten ziehen

Mit ein wenig Probieren und Studieren können Sie praktisch kostenlos aus den Gärten Ihrer Freunde neue Pflanzen beziehen. Vielleicht möchten Sie auch die wenigen in einer Gärtnerei gekauften Pflanzen vermehren und so deren Zahl erhöhen. Zur vegetativen Vermehrung gibt es viele Möglichkeiten: die Bewurzelung von Spross-, Wurzel- oder Blattstecklingen, das Absenken von Trieben, die Teilung von Wurzelstöcken oder das Abtrennen von Ausläufern von einer Elternpflanze.

Der richtige Zeitpunkt ist für Stecklinge, Absenker und Teilung sehr entscheidend, während man Ausläufer das ganze Jahr über abtrennen kann. Erkundigen Sie sich im botanischen Garten oder in Ihrem Gartencenter, welche Technik sich für die Art, die Sie vermehren möchten, am besten eignet, oder ziehen Sie ein Gartenbuch zu Rate (siehe Seite 274).

Anzucht aus Samen

Die Anzucht aus Samen lernen ist in manchen Fällen der einzige Weg, bestimmte Wildpflanzen für den Naturgarten zu erhalten. Erfreulicherweise bieten mittlerweile immer mehr Samenfirmen Saatgut heimischer Pflanzen an. Das Einverständnis des jeweiligen Grundstücksbesitzers vorausgesetzt, ist es auch zulässig, eine begrenzte Zahl von Samen in der Natur zu sammeln. Generell sollte man jedoch nicht mehr als zehn Prozent der vorhandenen Samen entnehmen und den Rest zur Aufrechterhaltung einer stabilen natürlichen Population an der Pflanze belassen.

Vergewissern Sie sich, dass die Samen, die sie sammeln möchten, schon ausgereift sind. Um sie zum Keimen zu bringen, sollte man wissen, wie die Samenruhe in der Natur aufgehoben wird, und diesen Vorgang vor der Aussaat nachahmen. Samen

DAS TEILEN DER WURZELSTÖCKE *mehrjähriger Pflanzen (oben) ist eine günstige Vermehrungsmethode. Die Aussaat (rechts) ist die billigste Möglichkeit, zu einer großen Zahl von Pflanzen zu kommen.*

EIN „KALTER KASTEN" *(ganz links) ist ein unbeheiztes Treibhaus. Sämlinge und Stecklinge sollte man in Gefäßen ziehen (links), bevor sie ins Freiland kommen. Viele heimische Pflanzen lassen sich für die Vase schneiden (oben).*

benötigen Feuchtigkeit, Wärme, ein Wachstumsmedium (Erde) und bisweilen Licht, um zu keimen. Manche keimen fast unverzüglich aus, wenn sie auf feuchte Erde gelangen. Andere bleiben noch einige Zeit im Ruhezustand. Diese Samenruhe wird durch eine Vielzahl von Umweltbedingungen natürlich unterbrochen; so wirken beispielsweise kalte Wintertemperaturen bei Arten, die aus nördlichen Regionen mit kalten Wintern stammen. Durch Stratifikation, das heißt, indem man die Samen eine Zeit lang Kälte und Feuchtigkeit aussetzt, lässt sich der Winter simulieren und die Keimruhe brechen. An den Ufern von Gewässern wachsende Arten muss man oft auf nasse Erde aussäen. Ihre Samen sollten nicht austrocknen und daher recht bald nach der Ernte gesät werden.

Die Samen von zahlreichen ein- oder mehrjährigen Wildblumen kann man direkt im Garten aussäen. Mit der Aussaat einiger Stauden und Zwiebelpflanzen sowie der meisten Gehölze beginnt man am besten in kleinen Gefäßen. Die Aufzucht erfordert viel Licht. Ein sonniges Fensterbrett im Haus oder eine zusätzliche Leuchtstoffröhre können genügen. Die besten Bedingungen bietet ein so genannter „kalter Kasten" (ein unbeheiztes Frühbeet) oder ein Treibhaus.
Die Sämlinge muss man anschließend auf einzelne Töpfchen verteilen (pikieren) und eine Zeit lang weiterwachsen lassen, bis sie groß genug und die Witterungsverhältnisse geeignet sind, um sie in den Garten zu versetzen.

GENETISCHES URGESTEIN

Durch das Bestreben, immer größere Blüten und Gemüse zu züchten, sind ausgesprochen hübsche und wertvolle Formen der gleichen Arten, von denen einige sogar bei uns heimisch sind, in Vergessenheit geraten. Glücklicherweise bemüht man sich mittlerweile weltweit, diese ursprünglichen Wildarten zu erhalten. Dazu muss man im Garten Samen von den Pflanzen sammeln und an neue Züchter weiter verteilen. Am robustesten sind gewöhnlich diejenigen Pflanzen, die am besten an die herrschenden Bedingungen angepasst sind; sie bringen auch die meisten Samen hervor. Viele dieser ursprünglichen Wildarten sind in diesem Buch beschrieben. Wenn man sie aus Samen statt durch Stecklinge oder Teilung des Wurzelstockes vermehrt, bleibt auch die genetische Vielfalt erhalten; diese ist von enormer Bedeutung und gewährleistet Robustheit und Anpassungsfähigkeit. Ein gesunder Naturgarten setzt sich nicht aus genetisch identischen Klonen zusammen, sondern aus einer Vielfalt samenvermehrter Pflanzen.

GRUNDLEGENDES *zum* BODEN

Ein gut strukturierter, nährstoffreicher Boden fördert das Pflanzenwachstum im Naturgarten.

Der große Kreislauf des Lebens beginnt und endet im Boden. Alle Pflanzen brauchen zum Leben Nährstoffe und Wasser aus dem Boden. Die Pflanzen wiederum liefern Nahrung für andere Lebewesen, von Bakterien über Insekten bis hin zu Vögeln und Säugetieren einschließlich des Menschen. Alle diese Organismen werden nach dem Tod letztendlich wieder zu Erde und liefern damit erneut anderen Lebewesen Nahrung, darunter Aasfressern und Rotteorganismen. Diese zersetzen das tote Gewebe in seine chemischen Grundbestandteile – die essentiellen Nährstoffe, die dann wieder weiteren Generationen von Pflanzen und Tieren die Grundlage zum Leben liefern. Es ist also ein grundlegendes Ziel in einem Naturgarten, zum Nutzen all dieser Organismen für einen gesunden Boden zu sorgen.

BODENTYPEN

Böden lassen sich auf zweierlei Weise klassifizieren: nach der Körnung, also der Größe der Mineralpartikel des verwitterten Gesteins, oder nach der Struktur dieser Krümel, die von organischem Material zusammengehalten werden. Das Volumen der Poren zwischen den Bodenpartikeln ist ebenfalls von Bedeutung, speziell für die Belüftung des Bodens und für die Fähigkeit, die Feuchtigkeit zu speichern, in der die Nährstoffe gelöst sind.

Böden mit feiner Körnung sind beispielsweise Ton- oder Schluffböden, die beide aus sehr kleinen Partikeln bestehen. Aufgrund ihrer geringen Größe haften die Bodenpartikel dicht aneinander, so dass nur kleine Poren verbleiben, die Wasser aufnehmen und halten. Die flacheren Tonpartikel sind äußerst dicht gepackt, so dass Wasser nur sehr langsam einsickert. Grobkörnige Sandböden hingegen sind sehr wasserdurchlässig und enthalten nur wenig Nährstoffe, weil

FRUCHTBARER, ORGANISCHER BODEN *(oben) bildet die wichtigste Grundlage der natürlichen Nahrungskette (unten). In der Natur wird ständig alles recycled.*

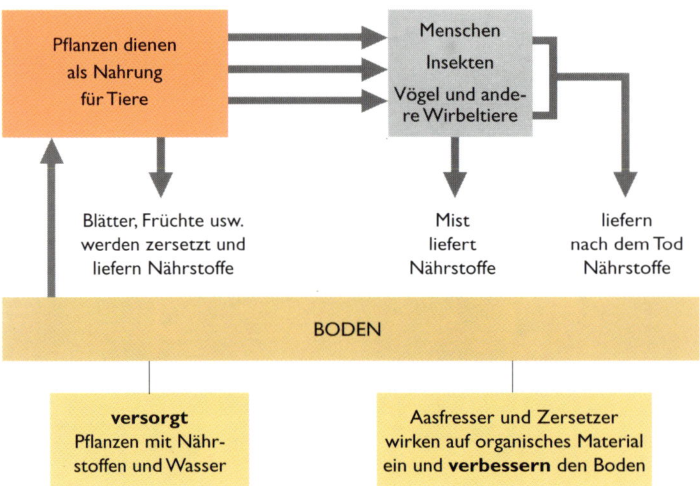

REGENWÜRMER

Regenwürmer leisten wertvolle Arbeit zur Verbesserung der Bodenqualität. Sie ernähren sich größtenteils von organischem Material und scheiden Kotbällchen aus, welche den Boden bereichern. Denn die enthaltenen Nährstoffe sind im Humus gebunden und können leicht von Pflanzenwurzeln aufgenommen werden. Durch ihre Wühltätigkeit belüften Regenwürmer den Boden auch und verbessern seine Wasserdurchlässigkeit. Bei reichlichem Nahrungsangebot vermehren sie sich rasch; unter idealen Bedingungen können in einem Hektar Boden weit über eine Tonne Regenwürmer enthalten sein. Auch im Komposthaufen sind Regenwürmer nützlich, weil sie die Rotte beschleunigen.

DURCH KOMPOSTIERUNG *kann man organisches Material (unten) wieder in den Kreislauf zurückführen. Der Kompost sollte von Zeit zu Zeit umgegraben werden. Wenn er vollständig verrottet ist, kann man ihn in ein Gartenbeet einbringen (links).*

diese vom Wasser ausgewaschen werden.

Nur wenige natürliche Böden weisen lediglich eine Körnung auf. Die meisten enthalten eine Mischung verschiedener Korngrößen, so etwa bei sandigem Ton und schluffigem Sand. Am besten ist eine Kombination aus Sand, Schluff und Ton, die man als Lehm bezeichnet. Die unterschiedlichen Porengrößen eines Lehmbodens sind einerseits wasserdurchlässig, halten aber andererseits eine gewisse Feuchtigkeit im Boden zurück und damit auch genügend Nährstoffe für ein gutes Gedeihen der Pflanzen.

UMGESTÜRZTE BAUMSTÄMME *(unten) kann man der Rotte überlassen; so werden sie schließlich zum Bestandteil des wertvollen Humus.*

Die Tätigkeit zersetzender Organismen trägt dazu bei, die Bodenpartikel zu Krümeln zusammenzukleben, die dem Boden seine charakteristische Struktur verleihen. Durch diese Krümel entsteht ein Boden mit kleinen Poren, in denen sich Wasser und gelöste Nährstoffe sammeln, aber auch mit großen Poren, die luftdurchlässig sind. Ein gesunder, gut strukturierter Boden kann bis zu 50 Prozent organisches Material enthalten, was zu kräftigen, robusten Pflanzen führt.

BODENVERBESSERUNG

Zunächst einmal müssen Sie Ihren Boden beurteilen: Bilden sich Pfützen oder versickert das Wasser rasch? Lässt er sich leicht umgraben oder ist er steinhart? Mit einfachen Tests kann man feststellen, ob einem Boden Nährstoffe fehlen oder ob er zu sauer oder zu alkalisch ist. Holen Sie sich bei einem Bodenlabor Rat, wie man eine fachkundige Probe vornimmt. Blieb der Boden bisher von baulichen Maßnahmen oder gärtnerischen Aktivitäten verschont, so kann es sein, dass man ihn nur geringfügig oder gar nicht verbessern muss.

In den meisten Fällen lassen sich Böden durch Einbringen von organischen Bestandteilen ausreichend verbessern. Dazu stehen vielerlei Materialien zur Verfügung. Am besten sind gut zerkleinerte Pflanzenteile. Durch deren fortlaufende Zersetzung werden ständig Nährstoffe freigesetzt, und der Boden bleibt belebt. Auch angerotteter tierischer Mist eignet sich hervorragend als organischer Dünger. Von Stroh und ähnlichen Materialien sei abgeraten, weil sie dem Boden Stickstoff entziehen und die Pflanzen folglich unter Stickstoffmangel leiden.

Die Kompostierung ist ein hervorragender Weg zur Bodenverbesserung im Naturgarten. Legen Sie einen Komposthaufen an, dem Sie ständig Pflanzenabfällen nachliefern, oder verwenden Sie einen der Kompostbehälter mit günstigen Rottbedingungen, unter denen Sie innerhalb weniger Wochen einen gebrauchsfertigen Kompost erhalten.

Naturgemässe Gartenpflege

Man muss sich regelmäßig Zeit nehmen, um sich ausreichend um seine Pflanzen zu kümmern.

DER SCHNITT VON PFLANZEN *(links) gehört zu den wichtigen Pflegemaßnahmen im Garten und fördert die Blüten- und Fruchtbildung. Eine Schicht aus organischen Gartenabfällen (unten) hält den Boden gesund und verbessert das Wachstum von Gemüse und Blumen.*

Um einen Garten naturgemäß zu pflegen, muss man die natürlichen Prozesse verstehen und die Pflegemaßnahmen entsprechend darauf abstimmen. Achten Sie als erstes darauf, dass die ausgewählten Pflanzen sich für die Umgebung eignen, in die Sie sie pflanzen wollen! Beobachten Sie, wie die Natur Feuchtigkeit und Nährstoffe bereithält und mit Problemen wie Schädlingen und Krankheiten umgeht. Denken Sie daran, dass von Natur aus immer eine natürliche Vegetationsfolge stattfinden wird, sofern Sie nicht zumindest ein wenig Energie darauf verwenden, die angepflanzte Gemeinschaft als solche zu erhalten.

Ein gesunder Boden

Die Natur sorgt für zuträgliche Bodenverhältnisse, indem abgefallene Blätter, Zweige, Blüten und Früchte eine organischen Deckschicht bilden. Dieser Mulch verringert die Verdunstung an der Oberfläche, die Erosion durch Wind und Wasser sowie die Verfestigung des Bodens. Außerdem mildert sie Temperaturschwankungen im Boden, verhindert, dass Unkrautsamen keimen, und gibt Nährstoffe frei, wenn Regenwürmer und andere Organismen das organische Material zersetzen. Schließlich bietet ein solcher Mulch Lebensraum für Insekten und andere Kleintiere. Deshalb sollten Sie Ihre Gartenabfälle als dicke Mulchschicht wieder in den Kreislauf einbringen. Verholzte Zweige können Sie mit Hilfe einer Häckselmaschine zerkleinern. Sorgen Sie dafür, dass der Mulch nicht direkt mit den Stämmen von Gehölzen in Berührung kommt. In trockenen Regionen können Sie den Boden auch mit Kies oder Schotter bedecken. Dazwischen lassen sich trockenheitsliebende Arten setzen.

Die Natur weiß, wie man mit beschränkten Mitteln die besten Ergebnisse hervor bringt.

nach Heinrich Heine (1797–1856), deutscher Poet

Viele unserer einheimischen Pflanzen gedeihen besser in eher nährstoffarmen Böden. Falls eine Bodenuntersuchung die Zugabe von Düngern empfiehlt, sollten Sie möglichst ein organisches Produkt wählen, das auch eine Reihe von Spurenelementen enthält.

JÄTEN UND WÄSSERN *(oben) sind wichtige Pflegemaßnahmen. Die meisten einheimischen Pflanzen benötigen jedoch über die natürlichen Niederschläge hinaus kaum zusätzliche Bewässerung.*

Wasser sparen

Wenn Sie Ihren Garten mit heimischen Pflanzen bestückt und entsprechend ihres Wasserbedarfs gruppiert haben, dann brauchen Sie sie vielleicht gar nicht zusätzlich zu bewässern. Selbst Pflanzen mit überdurchschnittlichem Wasserbedarf vermögen eine periodische Abnahme der Bodenfeuchtigkeit zu überstehen und erholen sich, sobald wieder Regen einsetzt.

Natürlich möchten die meisten von uns, dass die Pflanzen unter unserer Pflege nicht nur überleben, sondern üppig gedeihen. Damit neue Pflanzen gut anwachsen, kann eine Bewässerung erforderlich sein, bisweilen auch gelegentliche Wassergaben in einem späteren Stadium. In vielen Situationen ist ein Gartenschlauch mit Brausekopf ausreichend; in anderen kann ein unterirdisches Bewässerungssystem notwendig sein. Im Allgemeinen sollte man es aber vermeiden, sich völlig von einer automatischen Bewässerung abhängig zu machen.

Nehmen Sie sich Zeit und beobachten Sie Ihre Pflanzen und deren Wasserbedarf. Die meisten Pflanzen zeigen schon lange vor dem endgültigen Verdorren Anzeichen von Wassermangel und geben Ihnen damit genügend Zeit, die benötigte Feuchtigkeit zu liefern. Mit einem schwachen Strahl mit großen Wassertröpfchen vermeiden Sie, dass die Bodenoberfläche abgeschwemmt wird. Bewässern Sie früh morgens, damit nicht zu viel Wasser durch Sonne und Wind verdunstet und die Blätter nicht abends noch feucht und daher anfällig für Krankheiten sind. Wässern Sie intensiv, aber selten – selbst während des Anwachsens, denn so fördern Sie die Ausbildung tiefer Wurzeln, mit deren Hilfe die Pflanzen Wassermangel leichter überstehen. Bei Pflanzen mit weitem Abstand können Sie ein Tröpfchenbewässerungssystem verwenden. Hierbei treten aus winzigen Öffnungen regulierbare Wassermengen aus, die direkt in die Wurzelzone der einzelnen Pflanzen sickern können.

Form- und Korrekturschnitt

Um tote, beschädigte, missgebildete, schwache, kranke oder zu dicht wachsende Triebe oder Zweige zu entfernen, sollten die Pflanzen von Zeit zu Zeit beschnitten werden; aber auch, um die Blüten- oder Fruchtbildung zu fördern, um die Wuchsform einer Pflanze zu regulieren, und nicht zuletzt, um ihre Größe zu kontrollieren. Die Pflanzen sollten nicht über den Raum hinaus wachsen, den Sie ihnen auf Ihrem Bepflanzungsplan eingeräumt haben. Bei der Formgebung sollten Sie einen Schnitt vermeiden, der zu einer unnatürlich dichten Form führt und damit Vögeln und anderen Tieren den Zugang verwehrt. Schneiden Sie immer so, dass Sie die natürliche Wuchsform Ihrer Pflanzen beibehalten.

NATURGEMÄSSER PFLANZENSCHUTZ

Eine angeknabberte Blüte ist nur ein unbedeutender Schönheitsfehler in einem Garten für Tiere und Menschen.

Je vielfältiger die Zusammensetzung eines Gartens ist, desto mehr Beispiele ergeben sich für Wechselbeziehungen zwischen Räuber und Beute, Produzent und Konsument oder Parasit und Wirt. Jedes davon zeigt, dass die Natur für sich selbst sorgt und als Vorbild für den Naturgärtner dienen kann, sodass er normalerweise nicht zu Chemikalien greifen muss.

INTEGRIERTER PFLANZENSCHUTZ

Der Integrierte Pflanzenschutz (IPS) ist ein systematischer Ansatz zur Kontrolle von Schädlingen und Krankheiten und beruht auf der Voraussetzung, dass eine standortgerechte Bepflanzung (wie das mit heimischen Arten der Fall sein sollte) nur selten unter Schädlingen oder Krankheiten leidet. Tauchen dennoch Probleme auf, so sollte man im Sinne des IPS den Schädling beziehungsweise die Krankheit zunächst sorgfältig identifizieren und beobachten, um festzustellen, wie ernst die Situation ist. Übersteigt das Problem eine akzeptable Schwelle, so wird man zunächst eine Reihe von Gegenmaßnahmen ohne Gifteinsatz ausprobieren, bevor man zu härteren Mitteln greift. Bei den umweltgerechten Methoden unterscheidet man vorbeugende Kulturmaßnahmen, mechanische und biologische Methoden. Lässt sich das Problem dadurch nicht in den Griff bekommen und der Einsatz von Pflanzenschutzmitteln scheint unumgänglich, so sollte man solche bevorzugen, die aus natürlichen Quellen stammen oder schonend wirken.

Zunächst sollten Sie versuchen, Ihre Pflanzen mit Hilfe gärtnerischer Maßnahmen zu unterstützen und sie somit weniger anfällig zu machen. Achten Sie auf Anzeichen von Klimastress. Düngen Sie, wenn Sie Nährstoffmangel bemerken. Entfernen Sie Mulch, wenn dieser Schnecken oder andere Gartenschädlinge anzieht. Entfernen Sie Unkräuter, die Schädlinge beherbergen oder Krankheiten verbreiten können. Befallene Blätter und Zweige sollten Sie beseitigen, um die Ausbreitung von Krankheiten zu verhindern.

Geht das Problem von Insekten aus, so können Sie mechanische Kontrollmaßnahmen wie Fallen, Abgrenzungen oder ähnliche Möglichkeiten in Erwägung ziehen. Oft lassen sich Insekten schon mit einem starken Wasserstrahl beseitigen. Unbewegliche Schädlinge kann man mit etwas Geduld auch von Hand entfernen; da die meisten nachts auf Nahrungssuche gehen, brauchen Sie dazu eine Taschenlampe.

Mittlerweile steht eine zunehmende Zahl von biologischen Gegenspielern zur Verfügung. Vögel, Fledermäuse, Frösche und Kröten vertilgen große Mengen von Insekten. Nützliche Arten wie Marienkäfer und Schwebfliegenlarven können sehr hilfreich sein, weil sie sich von Blattläusen und anderen Schadinsekten ernähren. Winzige, mit bloßem Auge kaum sichtbare räuberische Wespen, Milben und Fadenwürmer (Nematoden) ernähren sich von noch kleineren Lebewesen oder parasitieren an ihnen. Einige von

ihnen sind vielleicht schon im Garten aktiv, oder man kann Eier, Larven oder erwachsene Tiere bei einem Spezialversand bestellen (siehe Seite 74). Ebenfalls erhältlich sind Krankheitserreger wie Bakterien, Pilze und Viren, die auf die Schädlinge nach Aufnahme tödlich wirken; andere wiederum können Krankheiten kontrollieren.

Wenn alle anderen Maßnahmen nicht fruchten, müssen Sie möglicherweise auf Pflanzenschutzmittel zurückgreifen. Wählen Sie aus natürlichen Quellen stammende aus und wenden Sie diese sparsam, vorsichtig und gezielt auf die befallenen Pflanzenteile an.

Seifenhaltige Spritzmittel wirken gut gegen Insekten mit weichem Körper wie Blattläuse sowie auf Milben. Außerdem kann man Mineralöl haltige Präparate sprühen, um Schadinsekten im Ei oder im Larvenstadium abzutöten. Solche Präparate sind kaum giftig für Menschen und Tiere und werden nach Anwendung rasch abgebaut.

Auch pflanzliche Insektizide sind in der Regel rasch abbaubar. Manche haben jedoch ein breites Wirkspektrum und töten sämtliche Insekten ab, die mit dem Mittel in Kontakt kommen. Halten Sie sich beim Einsatz jeglicher Chemikalien sorgfältig an die Anweisungen.

Denken Sie daran, dass eine kleine Zahl von Schädlingen in einem Naturgarten kaum Probleme bereitet, aber eine Nahrungsquelle für andere Tiere darstellt, die Sie gerne im Garten haben möchten.

CHEMISCHE PRÄPARATE *töten mitunter auch Vögel, Spinnen und Insekten, die selbst natürliche Feinde der Schädlinge sind, etwa Insekten fressende Vögel wie dieser Wiesenpieper.*

UNKRAUTKONTROLLE

Das Geheimnis der Unkrautkontrolle ist ganz einfach: Man darf die unerwünschten Pflanzen gar nicht erst aufkommen lassen. Dazu sollte man den Boden entweder mit Mulch abdecken oder mit Bodendeckern beschatten, damit keine Unkrautsämlinge aufgehen können. Den Einsatz von chemischen Mitteln sollte man tunlichst vermeiden. Sie hinterlassen oft giftige Rückstände, die sich nachteilig auf die erwünschte Vegetation auswirken.
Am besten ist es, entdeckte Unkräuter sofort herauszuziehen, so dass sie nicht blühen und Samen bilden können. Eigentlich jedoch sollte man Wildkräuter als wertvolle Ergänzung im Garten betrachten. Sie locken mit Nektar, Pollen oder Samen zahlreiche Tiere an oder bieten mit ihrem Laub Nahrung für bestimmte Larven.
Wollen Sie eine Wiese erhalten, so sollten Sie regelmäßig alle Gehölzsämlinge entfernen. Außerdem können Sie Wildblumen im Zaum halten, die zu starker Ausbreitung neigen, indem Sie vor der Samenbildung die Blütenköpfe abbrechen.

MARIENKÄFER *ernähren sich von Schädlingen wie Blattläusen (ganz links). Eine Spinne lauert auf Beute (links).*

ORTE *der* INSPIRATION

Ob Blumenkasten oder weite Naturlandschaft – überall können Sie sich Ideen für den Garten holen.

Inspirierende Ideen gibt es überall um Sie herum. Sie müssen nur analysieren, was einen Garten oder eine Landschaft attraktiv macht – die mannigfaltigen Grünschattierungen des Laubs, Farbe und Form der Blüten, die Größenrelationen der Pflanzen oder Feinheiten ihrer Beschaffenheit. Schlendern Sie durch die Landschaft Ihrer Umgebung und betrachten Sie diese genau. Solche Beobachtungen werden Ihnen helfen, einheimische und eingeführte Pflanzen in ihrem Garten geschickt und harmonisch zu kombinieren. Die Zusammenstellung und Lage verschiedener Pflanzen in der Natur werden Ihnen ein Gefühl dafür vermitteln, wie sie in Ihrem Garten wirken könnten.

DIE GEHEIMNISVOLLE ATMOSPHÄRE *der windgepeitschten Westküste Schottlands steht in augenfälligem Kontrast zu den sanft hügeligen Lavendelfeldern in Frankreich (oben) und der gerodeten Waldlichtung in Kent, England, mit blauen Hasenglöckchen (rechts).*

Schön und

gelassen zu sein,

ohne innere Angst,

ist das Idealbild der Natur.

Richard Jefferies (1848–87),
englischer Natur-Schriftsteller

LANDSCHAFTLICHE VIELFALT: *Herbstfarben im Bayerischen Wald (oben links), ein von Bäumen gesäumter See in Trønelag, Norwegen (oben), eine blühende Almwiese in der Schweiz (links) und Dünen in Holland (unten).*

In der Natur unendlichem Buch voller Geheimnisse kann ich ein klein wenig lesen. William Shakespeare (1564-1616)
englischer Dramatiker

Kapitel Zwei

Der TIERGERECHTE GARTEN

Einen GARTEN *für* TIERE ANLEGEN

Neugierde gegenüber der Natur erweckt in uns den Wunsch, Wildtiere aus der Nähe zu beobachten.

Für viele Gärtner ist es eines der lohnendsten Ziele, möglichst viele verschiedene Tiere als Besucher in ihren Garten zu locken. Damit dies gelingt, muss man ihre Bedürfnisse kennen und für diese sorgen: Nahrung, Wasser, Schutz und Nistplätze. Bezieht man gleichzeitig die Annehmlichkeiten für die Menschen in diesen Lebensraum ein – Raum zum Entspannen, zur Unterhaltung und zur Erholung –, so kann man die Tiere des Gartens mit Auge und Ohr genießen.

DAS POTENTIAL IHRES GARTENS

Durch die geographische Lage Ihres Gartens ist vorgegeben, mit welchen Tieren sie realistischerweise rechnen können. Sie gibt auch den Ausschlag dafür, welche Pflanzen gedeihen werden.

Am sinnvollsten beginnen Sie dann mit einem Plan, sowohl vor dem geistigen Auge als auch auf dem Papier. Anfangs ist es dabei hilfreich, den Garten als einzigartige Konstellation von Standort eigenschaften zu begreifen, hinsichtlich der Lage, der vorherrschenden Bedingungen und der Verbesserungsmöglichkeiten (siehe Seite 26–29).

SELTENER BESUCHER: *Ein Kleiner Ampferfeuerfalter auf einer Blüte des Blutweiderichs. Dieser Schmetterling ist sehr selten geworden. Wenn Sie Schmetterlinge anlocken wollen, sollten Sie Schadinsekten keinesfalls mit chemischen Mitteln bekämpfen.*

Im Pflanzenkapitel ab Seite 98 erfahren Sie einiges über die spezielle Pflanzen, über Ihre Lebensräume sowie die daran angepassten, charakteristischen Tiere. Detailliertere und umfassendere Informationen finden sich in anderen Büchern über die europäische Tier- und Pflanzenwelt (siehe Seite 274/275).

Schauen Sie sich um, welche Pflanzenart in Ihrer Nachbarschaft und in den natürlichen Biotopen Ihrer Umgebung am besten gedeiht. Und wenn Sie feststellen, welche Arten von den Tieren bevorzugt werden, können Sie leichter entscheiden, welche Sie erneut pflan-

ERWÜNSCHTE UND UNERWÜNSCHTE TIERE

Erstellen Sie zunächst eine Liste von Tieren, die Sie gerne in Ihrem Garten haben möchten, und beachten Sie dabei deren Ansprüche an den Lebensraum. Sie sollten aber auch an Tiere denken, die Sie möglichst fernhalten wollen, etwa Kaninchen oder Ratten. Berücksichtigen Sie dabei aber auch die Interessen Ihrer Nachbarn. Sentimentalitäten sind fehl am Platze, wenn Sie beobachten, dass ein beliebtes Gartentier zur Beute eines anderen wird. Sie sollten stets daran denken, dass räuberische Tiere auf allen Ebenen eine wichtige Rolle spielen und vielmehr stolz darauf sein, eine ausgewogene Lebensgemeinschaft aus Tieren und Pflanzen zu hegen.

LEBENSRAUM GARTEN: *Deckung in der Nähe eines Teiches (oben) erhöht die Attraktivität für Tiere. Ein Garten, der an einen Wald grenzt (rechts), lockt auch die dortigen Bewohner an.*

zen und welche Sie eliminieren oder umsetzen sollten.

DER GARTEN ALS ZUFLUCHTSORT

Um zu überleben, müssen sich Tiere mit räuberischen Tieren, den Kräften der Natur und mit der Konkurrenz anderer Tiere auseinandersetzen. Eine Gartengestaltung mit Gespür für die Tierwelt schafft Bereiche mit tiergerechten Lebensräumen – sichere Plätze zum Brüten, Schlafen, Trinken, Baden und zur Nahrungsaufnahme.

Pflanzen stellen das wichtigste Element dar, um den verschiedenen Bedürfnissen der Tiere gerecht zu werden. Bäume, Hecken und Sträucher halten Wind und Sonne ab und schaffen unterschiedliche Mikroklimate im Garten. Zweige und Laub bieten Deckung und Nistplätze. Pflanzen sind auch die wichtigsten Nahrungsquellen im Garten, und die Tiere haben sich in ihrer Ernährung an die Nutzung unterschiedlichster Pflanzenteile angepasst: Pollen, Pflanzensäfte, Nektar, an Blätter, Blüten, Knospen, Samen, Früchte, Nüsse und sogar Holzfasern bestimmter Arten. Manche Pflanzen dienen der Tierwelt, indem sie kleinen Insekten Lebensraum bieten, die wiederum auf dem Speisezettel von größeren Tieren wie Libellen und Vögeln stehen.

NISCHEN FÜR WILDTIERE SCHAFFEN

Je mehr Nischen man schaffen kann, desto mehr Tierarten wird man anlocken. Achten Sie darauf, die Lebensräume so zu gestalten, dass sie die grundlegenden Bedürfnisse der Tiere befriedigen, die Sie gerne in Ihrem Garten hätten; sie können von einem Teich der Größe einer Waschschüssel bis zu mehreren Hektar großen Habitaten für Säugetiere reichen.

... ein Gefühl für Schönheit entwickelt sich am ehesten außer Haus.

HENRY DAVID THOREAU (1817–62), amerikanischer Essayist, Dichter, Naturforscher und Philosoph

IN DER NACHBARSCHAFT

Das Schönste an einem Naturgarten ist, dass man viel über die Bedürfnisse der heimischen Tierwelt lernt.

Im Allgemeinen sind einheimische Pflanzen am attraktivsten für Tiere, aber das ist nicht immer so. Einige eingeführte Pflanzen sind bei den Tieren sogar äußerst beliebt. Ein Beispiel hierfür ist die Großblütige Felsenbirne (*Amelanchier laevis*), ein Strauch aus Nordamerika, der oft in Grünanlagen angepflanzt wurde und inzwischen weitgehend heimisch geworden ist. Seine Früchte werden von Vögeln gefressen. Aber solche Pflanzen können sich negativ auf die Vielfalt der Tierwelt auswirken und sich ausbreiten.

BEURTEILUNG DES GELÄNDES

Jedes Gelände ist durch eine einzigartige Kombination aus Vorzügen und Einschränkungen gekennzeichnet; selbst inmitten einer Großstadt kann man eine vielfältige Tierwelt antreffen. Ein vorhandener Kern von sich selbst aussäenden Pflanzen gehört zu den angenehmsten Vorzügen eines Gartens. Besonders wertvoll als Lebensraum sind kleine Wälder – selbst dann noch, wenn die Bäume absterben, weil hohle Stämme als Nisthöhlen dienen. Reisighaufen, verrottendes Laub und andere organische Materialien reichern den Boden an oder bieten zahlreichen Tierarten Schutz und Nahrung.

Ein Gewässer wie ein Teich, ein Bach oder eine Quelle ist von hohem Wert, denn es bietet Trinkwasser und dient als Lebensraum für Pflanzen und Tiere der Feuchtgebiete. Sanfte Hänge und ein vielgestaltiges Terrain unterteilen den Garten in verschiedene Lebensräume.

Eine geringe Gesamtgröße begrenzt zwangsläufig die Möglichkeiten, vielfältige Lebensräume zu schaffen, aber schon ein gut bepflanzter Blumenkasten zieht eine Vielzahl von Besuchern an. Sehr sandige oder schlecht entwässerte Böden schränken das Spektrum an Pflanzen ein, die man ohne Boden verbessernde Maßnahmen anpflanzen kann (Einzelheiten dazu siehe Seite 36/37). Eine hohe Bodendichte wirkt sich auf grabende Tiere aus, die es hier schwer haben, ihren Bau zu graben. Das kann allerdings auch von Vorteil sein, weil sie „Problemtiere“ wie Kaninchen fernhält. Maulwürfe hingegen haben mit solchen Böden keinerlei Probleme.

ERFOLGREICH LEBENSRÄUME SCHAFFEN

- Pflanzen Sie entsprechend der natürlichen Topographie: Senken eignen sich für feuchtigkeitsliebende Pflanzen oder Gewässer; eine steil abfallende Böschung ist ideal für trockene Steingärten.
- Schirmen Sie den Garten vor Wind ab, vor allem vor den kalten Winden im Winter.
- Pflanzen Sie beliebte Nahrungspflanzen jener Tiere, die Sie anlocken möchten.
- Streben Sie eine vielfältige Pflanzung an, vermeiden Sie aber ein Durcheinander aus Einzelexemplaren.
- Koordinieren Sie die Lebensräume mit dem Wasserverbrauch: Üppige Pflanzungen, die bewässert werden müssen, in Hausnähe, trockenere weiter weg.
- Für einige Futterpflanzen und Futterstellen sollten Sie abgeschiedene Ecken des Grundstücks vorsehen, um auch scheuere, bodenlebende Tiere anzuziehen.
- Verwenden sie keine chemischen Pflanzenschutzmittel: Sie stören das Räuber-Beute-Gleichgewichtl.
- Pflanzen Sie Sträucher so, dass sie scheuere Tiere in die Nähe eines Beobachtungsplatzes locken.
- Legen Sie zu den Futterpflanzen ergänzend noch Futterstellen und Nistgelegenheiten an.

VÖGEL UND NAGETIERE *lieben die Samen von Tannenzapfen (oben links). Rotkehlchen sind zutraulich und schauen oft bei der Gartenarbeit zu (links).*

EINE FÜLLE BLÜHENDER PFLANZEN *(rechts) ist nicht nur ein Augenschmaus, sondern auch ein Festmahl für viele Insekten wie Bienen, die durch die Bestäubung wertvolle Dienste leisten (unten).*

BESTIMMTE PFLANZEN *wie der Rote Fingerhut ziehen Hummeln magnetisch an.*

Ein ernsthaftes Problem ist die Isolation der Lebensräume, aus denen Tiere zuwandern könnten; das gilt natürlich weniger für sehr mobile Tiere wie Vögel. Starker Stadtlärm bedeutet eine elementare Einschränkung und schreckt insbesondere scheue Säugetiere ab. Mauern, Böschungen und andere strategisch günstig platzierte Strukturen können eine solche Belästigung abschwächen.

Partnerschaften zwischen Tier und Pflanze

Die Beziehungen zwischen heimischen Tieren und Pflanzen sind ein faszinierender Bestandteil bei der Planung eines Gartens. Man kann versuchen, ihn so anzulegen, dass man solche Partnerschaften fördert. Kooperative Beziehungen zu beiderseitigem Nutzen wie etwa die Bestäubung durch Bienen stellen eine solche Partnerschaft dar. Es gibt aber auch Räuber-Beute-Beziehungen, von denen das ganze Ökosystem, nicht nur das einzelne Individuum, profitiert. So fressen beispielsweise Marienkäfer und ihre Larven Blattläuse, die zahlreiche Pflanzen schädigen.

Wenn man keine Pestizide einsetzt, kann die Bestäubung durch Insekten ungehindert vonstatten gehen. Bei offenen, schüsselartigen Blüten kooperiert eine Vielzahl von Insekten im Austausch für Pollen oder Nektar mit den Blumen.

Schwebfliegen, Bienen und Hummeln nutzen gerne große, tellerförmige Blüten als Landeplatz. Fingerhut-Blüten werden bevorzugt von Hummeln angeflogen, während Nachtfalter vor allem die duftenden Heckenkirschen besuchen. Bei kalter Witterung suchen Hummeln oft Zuflucht in den großen Blüten der Disteln, wo sie ebenso Schutz wie genügend Nahrung finden.

NAHRUNG, WASSER *und* VERSTECKE

Je gezielter man ihre Lebensräume berücksichtigt, desto mehr Tiere kann man in den Garten locken.

Pflanzen stellen in einem Garten natürlich die wichtigste Nahrungsquelle dar, sei es in Form von Blättern, Pflanzensäften, Nektar, Pollen, Samen, weichen Früchten oder Nüssen. Ziel sollte es sein, dass allmonatlich Nahrung durch die Pflanzen oder Futterstellen zur Verfügung steht: Dies zieht eine Vielzahl von Tierarten an, und Vögel wie Säugetiere lernen rasch, wo sie in harten Zeiten noch etwas finden können. In strengen Wintern kann das Überleben zahlreicher Vögel davon abhängen, ob zusätzliches Futter verfügbar ist.

FÜTTERUNG DER VÖGEL

Ein Futterhäuschen kann die Attraktivität Ihres Gartens für Singvögel enorm erhöhen. Stellen Sie es gut sichtbar mindestens 1,40 m über dem Boden und nicht weiter als 6 m von dichter, immergrüner Vegetation entfernt auf, in der die Vögel jederzeit Deckung finden. Futterstellen, an denen das Futter auf einer offenen Plattform angeboten wird, bemerken Vögel zwar rascher, aber ein schräges Dach ist ratsam, damit das Futter trocken und keimfrei bleibt.

Die Samenmischungen kann man speziell auf die ortsansässigen Vögel abstimmen; im Allgemeinen enthalten sie Hirse, Hanfsamen, Sonnenblumen- und Erdnusskerne. Ein kleiner Zusatz von grobem Sand macht die Samen besser verdaulich.

Talg und andere feste tierische Fette sind sehr energiereich, sollten aber nur angeboten werden, wenn die Temperaturen unter 21°C bleiben, weil sie sonst ranzig werden. Viele Vögel mögen Brotkrumen, Krusten, rohen Teig, gekochte Kartoffeln und getrockneten Käse. Passen Sie aber auf: Gewürzte oder salzige Speisen sind gefährlich für Vögel! Frisches Obst wie Orangenschnitze und Trauben dagegen werden gerne im Sommer genommen, wenn Samenmischungen weniger gefragt sind.

EIN LEBENSQUELL

Eine Wasserstelle wirkt besonders anziehend auf Tiere. Sie muss nicht groß oder aufwändig sein – selbst ein kleines Vogelbad oder eine Regentonne reichen aus. Teiche können zum optischen Mittelpunkt des Gartens werden, und mit einer gut durchdachten Teichanlage können Sie einen kühlen, ruhigen Zufluchtsort für Mensch und Tier schaffen. Weil der Klang fließenden Wassers für Vögel besonders attraktiv ist, sollten Sie in Erwägung ziehen, eine einfache Pumpe zur Zirkulation des Wassers oder einen kleinen Springbrunnen zu installieren.

Amphibien wie Frösche und Kröten werden ebenfalls

GRUNDBEDÜRFNISSE DES LEBENS
Viele Vögel wie die Kohlmeisen (oben) lieben Erdnüsse. Das Rotkehlchen genießt sein Bad auch in einer Pfütze (unten), wenn kein Bad verfügbar ist.

WILDBLUMEN UND GRÄSER *sind natürliche Elemente, die bei ungehinderter Wuchsmöglichkeit (links) zahlreichen Insekten und Vögeln Nahrung bieten, aber auch Deckung und Nistmöglichkeiten für Vögel und kleine Säugetiere.*

von einem Gartenteich angezogen, daneben farbenprächtige Libellen und andere interessante Insekten (siehe Seite 80/81).

Vogelbäder dienen den Vögeln zum Trinken und als Bademöglichkeit. Sanft abfallende Ränder sind wichtig, um einen leichten Zugang zu ermöglichen. Die Tiefe sollte maximal 8 cm betragen; ein Stein kann dabei als Ansitz dienen. Da von Hauskatzen immer Gefahr ausgeht, sollte man ein Vogelbad an einer erhöhten Stelle aufstellen, etwa 1 m über dem Boden, und 4 bis 5 m entfernt von dichter, als Versteck geeigneter Vegetation.

Nistplätze und Verstecke

Pflanzen liefern noch zwei weitere wichtige Bestandteile für den Lebensraum von Tieren: zum einen Nistgelegenheiten in Form von Pflanzenmaterial und sicheren Plätzen für den Nestbau und zum zweiten Schutz vor Räubern und bei schlechtem Wetter. Ein einzelner immergrüner Baum oder Strauch kann beispielsweise an einem kalten, windigen Tag von unschätzbarem Wert für Tiere sein. Rückzugsmöglichkeiten kann man auch in Form von Nistkästen für Vögel oder Fledermäuse oder eines Hummelkastens bereit stellen. Gibt es nur wenige Nistgelegenheiten, so bleibt auch die Zahl der Vögel und Säugetiere, die sich ansiedeln, begrenzt. Höhlenbrütern wie dem Kleiber sollten Sie Nistkästen und Halbhöhlenbrütern wie den Schwalben Nistbretter zur Verfügung stellen. Ziehen Sie dazu ein Buch über Nisthilfen zu Rate, damit diese die richtigen Abmessungen aufweisen. Am besten werden Nistgelegenheiten angenommen, die von schützender Vegetation umgeben sind.

Wenn Sie die Futterstellen regelmäßig versorgen, das Vogelbad sauber halten und nachfüllen und Ihren Garten so bepflanzen, dass stets für Nachschub an Blüten, Laub und Samen gesorgt ist, dann werden die Tiere Ihren Garten jeden Tag neu als einladenden Lebensraum akzeptieren.

BEHAUSUNGEN FÜR VÖGEL: BAU EINES NISTKASTENS

Verschiedene Vogelarten bevorzugen Einfluglöcher unterschiedlicher Größe; ziehen Sie dazu ein gutes Fachbuch zu Rate. Zu weiteren Merkmalen eines guten Nistkastens zählen ein schräges Dach mit einem 8 cm breiten Vordach, damit kein Regen eindringen kann, sowie vier 1 cm große Abflusslöcher auf der Unterseite und mehrere Luftlöcher nahe der Oberseite. Der Deckel sollte so befestigt sein, dass er sich leicht öffnen lässt und man den Kasten zwischendurch säubern kann. Als Baumaterial verwenden Sie am besten 15 cm starke, wetterbeständige Außensperrholz-Platten oder trockenes, aufgerautes Holz, wenn der Kasten rustikaler aussehen soll. Verwenden Sie rostfreie Nägel. Außen können Sie den Nistkasten beizen, im Inneren sollten Sie jedoch keinen Schutzanstrich verwenden. Unauffällige Farben eignen sich am besten. Befestigen Sie den Nistkasten an einem hohen Pfahl oder Baumstamm.

SICHERHEIT *bedeutet* VIELFALT

Zunächst kommen Tiere vielleicht auf der Suche nach Nahrung und Verstecken in Ihren Garten. Bleiben werden sie jedoch nur, wenn sie sich sicher fühlen.

Wenn Sie seltene Verhaltensweisen beobachten wollen, wie Balzrituale und Jungenaufzucht, dann müssen Sie dafür sorgen, dass die Tiere vor Räubern und Umweltgefahren geschützt sind.

Häufig bereiten Katzen Sorge, wenn sie an Futterstellen oder bei Vogelbädern lauern. Am besten lässt sich verhindern, dass Katzen auf Vogeljagd gehen, indem man die Anziehungspunkte an offenen Stellen anbringt, wo die Vögel die Gefahr gut erkennen können. Auch die Pflanzung von Rauten (*Ruta* spec.) oder das Auslegen von Hasendraht auf dem Boden kann ungebetene Katzen fernhalten.

Einfallsreichtum ist gefragt, will man verhindern, dass Vögel gegen die Fensterscheiben fliegen. Manchmal hilft es schon, lose flatternde Bänder an den Sims zu hängen, auch Greifvogelsilhouetten an den Scheiben können nützen, aber man sollte sie von Zeit zu Zeit anders anordnen. Am nahe liegendsten ist es, eine Gardine anzubringen.

VÖGEL NISTEN *bisweilen an den unmöglichsten Stellen im Garten (oben). Dieser Garten (unten) bietet Mensch wie Tier Rückzugsgelegenheiten.*

GEFAHREN IM GARTEN

Umweltgefahren treten auch in Form von Herbiziden und Pestiziden auf. Wenn Sie gerne Schmetterling im Garten haben möchten, müssen Sie auch bereit sein, mit Raupen zu leben. Nehmen die von ihnen zerfressenen Blätter überhand, dann lassen sich die Raupen mit einem starken Wasserstrahl beseitigen. Die abgespülten Raupen werden dann zur Beute von Vögeln. Selbst die so genannten umweltfreundlichen Insektizide, die *Bacillus thuringiensis* als aktiven Bestandteil enthalten, töten unter Umständen die Raupen vieler willkommener Schmetterlinge. Auch das

LEBENSRAUM-VIELFALT

Indem man bewusst ein breites Spektrum an Blütezeiten, Samen- und Blatttypen anbietet, kann eine große Zahl von Tierarten angelockt werden. Abwechslung lässt sich zum Beispiel schaffen, indem man Zonen unterschiedlicher Bewässerung gestaltet. Allgemein kann man sagen: Je größer die Vielfalt, um so größer wird auch das Spektrum an Tieren sein. „Vertikale Diversität" ist eine weitere Möglichkeit: Eine Mischung aus niedrig wachsenden, mittelhohen und über mannshohen Pflanzen ist für Tiere interessanter als ein Gelände nur mit Rasen mit einigen wenigen Schattenbäumen.

pflanzliche Insektizid Pyrethrum kann Schmetterlinge wie Bienen vernichten. Nicht ganz perfekte Blätter zu akzeptieren und nur die wirklich problematischen Insekten mit Bedacht zu bekämpfen, das sind entscheidende Voraussetzungen für einen Garten der Tiere.

Der Randeffekt

Der Lage verschiedener Elemente kommt ebenfalls große Bedeutung zu. Lockt ein Vogelhäuschen keine Vögel an, sollten Sie es an einer anderen Stelle probieren. Der gleiche Nistkasten kann – in unterschiedlicher Höhe am gleichen Baum angebracht – ganz verschiedene Vögel anlocken. Vogelbäder und Futterstellen in der Morgensonne sind am beliebtesten. Nach einer langen Winternacht genießen die Vögel gerne die wärmenden Strahlen der Sonne.

Legt man Pflanzungen nach dem Muster an, das man auch in der Natur vorfindet, so schafft man wertvolle Randzonen, wo verschiedene Biotope aneinandergrenzen. Sie bieten Gelegenheit, die Pflege zu reduzieren und den Garten zu verschönern, aber auch Beobachtungsmöglichkeiten zu schaffen. In dieser Übergangszone haben Sie die Gelegenheit, zum einen Tiere zu sehen, die eigentlich nur eines der beiden Biotope vorziehen, zum anderen aber auch solche, die Aspekte von beiden benötigen. Im Verborgenen lebende Tiere wie Spitzmäuse bewohnen beispielsweise dichtes Gebüsch; bietet man ihnen jedoch einen Bereich mit niedriger Vegetation, kommen sie ab und zu heraus und gehen in dem offenen Lebensraum auf Nahrungssuche.

EINIGE ARTEN *von Pflanzen und Tieren bevorzugen den Übergangsbereich zwischen zwei Lebensräumen (oben); daher empfiehlt es sich, in einem Garten verstärkt Randzonen anzulegen. Wühlmäuse (Mitte) stöbern zwischen Zweigen und Blättern herum. Das Eichhörnchen (rechts) baut seine Nester in hohlen oder umgestürzten Bäumen.*

BÄUME *im* NATURGARTEN

Mit ihrer Symmetrie, Statur und Größe bilden Bäume den optischen Rahmen eines Gartens.

Aus der Energie der Sonne, aus Wasser und den Nährstoffen des Bodens produzieren Bäume Blätter, Knospen, Harz, Holzfasern, Wurzeln, Beeren und Nüsse, welche den Nährstoffbedarf von Tieren auf vielerlei Weise decken. Durch ihre Wuchsform bieten sie Rückzugs- und Nistmöglichkeiten in unterschiedlicher Höhe über dem Boden, verborgen durch dichtes Laub, abgeschieden auf einem schlecht erreichbaren Zweigende, in eine Astgabel geschmiegt oder tief drinnen in einer Baumhöhle. Vögel wie der Pirol und der Kernbeißer nisten zumeist in den höchsten Wipfeln großer Bäume, während Höhlenbrüter die unteren Stockwerke nutzen. Selbst mit nur wenigen Bäumen im Garten können Sie die Struktur eines natürlichen Walds nachahmen: hohe Baumkronen, niedrigere Äste unter der Kronenregion und kleinere Bäume sowie der Lebensraum am Waldrand.

Laub abwerfende Bäume bieten im Frühjahr Blüten, im Sommer Laub und Schatten, im Herbst Farbigkeit und im Winter ein interessantes Astwerk – das ganze Jahr über ein stets neuer optischer Genuss.

DER LEBENSZYKLUS EINES BAUMES

Wertvoll werden Bäume auch durch ihren Lebenszyklus von Wachstum und Zerfall. So kann eine Tanne beispielsweise Lebensraum Nadeln fressender Raupen sein, die wiederum einer Grasmücken-Familie als Nahrung dienen; diese Vögel finden in der Tanne auch Nistmöglichkeiten. Heruntergefallene Zapfen locken Eichhörnchen an. Derselbe Baum liefert in den Jahren seines Absterbens, wenn er von Holz fressenden Insekten bevölkert ist, Nahrung für einen Specht. An anderer Stelle meißelt er eine Höhle, die ihm als Nistplatz dient. Wenn der Baum abstirbt und innen hohl wird, bietet er Kleinvögeln Rückzugsmöglichkeiten oder ein Zuhause für kleine Säugetiere wie Spitzmaus oder Baummarder. In seinen letzten Jahren kann der alte Stamm auch als Gerüst für eine Kletterpflanze dienen, die Früchte trägt und auch dann noch Nahrung bietet, wenn die Insekten des Sommers verschwunden sind.

Um all diese Vorteile nutzen zu können, sollte man alte Bäume stehen lassen und nur zurückschneiden, um drohendem Astbruch vorzubeugen. Abgebrochene Äste lassen Sie am besten liegen oder bringen Sie an eine günstigere Stelle im Garten, wo sich während des Zersetzungsprozesses Pilze ansiedeln, die Nagetieren als Nahrung dienen.

FÜR TIERE ATTRAKTIVE BÄUME

Deutscher Name	*Botanischer Name*	*Höhe*	*Anreiz*
Felsenbirne	*Amelanchier* spec.	6–9 m	Beeren
Hartriegel	*Cornus* spec.	1–5 m	Früchte
Weißdorn	*Crataegus* spec.	2–5 m	Beeren, Schutz
Stechpalme	*Ilex* spec.	4–12 m	Beeren, Schutz
Kirsche, Pflaume	*Prunus* spec.	4–12 m	fleischige Früchte
Eberesche	*Sorbus* spec.	6–10 m	Beeren
Birke	*Betula* spec.	5–25 m	Knospen, Samen
Eiche	*Quercus* spec.	12–40 m	Nüsse, Schutz
Wacholder	*Juniperus* spec.	1–6 m	Zapfen, Schutz
Kiefer	*Pinus* spec.	3–25 m	Zapfen, Schutz
Schwarzer Holunder	*Sambucus nigra*	3–7 m	Beeren

Bäume pflanzen

Wenn Sie für die Zukunft pflanzen wollen, sollten Sie robuste, einheimische Arten bevorzugen, die ausgewachsen der Größe Ihres Gartens angemessen sind. Vermeiden Sie Arten, die am Ende den gesamten Garten in Schatten legen. Bedenken Sie, wie lange Bäume brauchen, bis sie ausgewachsen sind. Pflanzt man zum Beispiel Eichen, muss man ein Jahrzehnt oder mehr Geduld aufbringen, während kleinere Bäume in der Regel früher blühen und Früchte tragen.

Eine sorgfältige Platzierung der Bäume ist wesentlich für den langfristigen Erfolg eines Gartens. Meist empfiehlt es sich, Bäume an den Rand zu pflanzen, damit sie mit dem angrenzenden Lebensraum verschmelzen, eine gewisse Abschirmung bieten und die Aussicht vom Haus nicht beeinträchtigen. Steht ein vorhandener Baum an einer ungünstigen Stelle – wenn er beispielsweise eine Fläche beschattet, an der Sie ein sonniges Blumenbeet anlegen wollen –, sollten Sie überlegen, ob Sie nur die Spitze kappen und die unteren Äste stehen lassen. Da ausgewachsene Bäume eine wertvolle Ressource darstellen und es viele Jahre dauert, sie zu ersetzen, lohnt sich der Versuch, diese Exemplare in Ihre Gartenplanung einzubeziehen.

Dass Bäume auch Schutz vor Sonne und Wind bieten, macht sie bei Mensch und Tier gleichermaßen begehrt. Je nach Dichte der Belaubung sowie Standort können Bäume das Gelände in unterschiedlichem Maß beschatten, von tiefem, dauerhaftem Schatten auf der Nordseite dichter, immergrüner Bäume bis zu heller Sonne mit einzelnen Schattenflecken unter weniger dichten, Laub abwerfenden Arten. Schattige Baumgruppen dienen während einer Trockenperiode als kühle, feuchte Zuflucht.

EIN „HOCHHAUS“ FÜR TIERE

Selbst ein alter oder abgestorbener Baum kann zahlreichen Tieren Schutz und Nahrung bieten. Zu den Besuchern zählen beispielsweise (von oben nach unten) Buntspecht, Eichhörnchen, Steinkauz, Pilze (einige Arten sind für Nagetiere eine Delikatesse) und ein Feuersalamander, der unter dem verrottenden Laub zwischen den Baumwurzeln Zuflucht findet.

STRÄUCHER *im* NATURGARTEN

Sträucher bieten wie Bäume eine Vielzahl von Vorteilen für den Gärtner wie auch für Tiere.

Während Bäume für eine maßgebliche vertikale Erweiterung des Gartens sorgen, stellen Sträucher für den Gärtner die beste Möglichkeit dar, um in der Horizontale die Vielfalt auszudehnen. Sie bieten im kleineren Maßstab Nahrung und Deckung für Tiere, oft bis auf Bodenebene und nahe an menschlichen Behausungen und Wohnflächen im Freien. Unter den Sträuchern finden sich einige der am üppigsten blühenden oder Beeren produzierenden Pflanzen. Manche Laub abwerfende Arten wie die Kupferfelsenbirne (*Amelanchier lamarckii*) und das Gewöhnliche Pfaffenhütchen (*Euonymus europaea*) verfärben sich im Herbst in den prächtigsten Farben.

ALLERLEI DECKUNG

Denken Sie daran, dass Deckung für Tiere unter Umständen nicht dem entspricht, was manch einer in herkömmlichem Sinn unter einem gepflegten Garten versteht. Manchen Gärtnern ist ein dorniges Dickicht aus Brombeeren zu unordentlich und kratzig; für bestimmte Vögel und zurückgezogen lebende Säugetiere ist es jedoch ideal.

Genau wie Bäume schattige Mikroklimate schaffen können, so bieten auch Sträucher Schutz für kleinere Schatten liebende Pflanzen. In natürlichen Pflanzengesellschaften gehören zu diesen Nutznießern

EINHEIMISCHE, FRUCHTTRAGENDE STRÄUCHER

- Berberitzen (*Berberis* spec.)
- Heidelbeeren (*Vaccinium* spec.)
- Sanddorn (*Hippophae rhamnoides*)
- Brombeeren und Himbeeren (*Rubus* spec.)
- Gemeiner Liguster (*Ligustrum vulgare*)
- Schneeball (*Viburnum* spec.)
- Wacholder (*Juniperus* spec.)
- Hartriegel (*Cornus* spec.)
- Weißdorn (*Crataegus* spec.)
- Johannisbeeren (*Ribes* spec.)
- Kreuzdorn (*Rhamnus* spec.)
- Rosen (*Rosa* spec.)
- Schlehe (*Prunus spinosa*)
- Schneebeere (*Symphoricarpos* spec.)
- Holunder (*Sambucus* spec.)
- Schwarze Krähenbeere (*Empetrum nigrum*)
- Eibe (*Taxus baccata*)

DICHTE UND STARK VERZWEIGTE *Sträucher eignen sich sehr gut dazu, Zäune und Gebäude mit der Umgebung verschmelzen zu lassen und weiche, nahtlose Übergänge zu schaffen. Beim Rückschnitt sollte man keine Beeren und Blütenknospen abschneiden, die Vögeln als Nahrungsvorrat dienen könnten. Die abgebildeten Sträucher im Uhrzeigersinn von links: Berberitze (links), Stechpalme (ganz oben), Traubenholunder mit Spierstrauch (oben rechts); rechts ein Distelfink auf Nahrungssuche in Disteln, oben ein Essigbaum* (Rhus typhina).
Ganz links oben: Der Seidenschwanz, ein Wintergast aus Russland, auf der Suche nach Beeren.

auch junge Bäume, die gewohnt sind, im Schutz jener Sträucher aufzuwachsen und sie letztendlich zu ersetzen. Auch Sie können Sträucher zum Schutz von Baumsämlingen einsetzen. Notfalls können Sie die Bäume entfernen, sobald sie die gewünschte Höhe überschreiten.

Wertvolle Hecken

Noch stärker als bei Bäumen lässt sich das Wachstum der Sträucher durch Rückschnitt lenken und unter Kontrolle halten. Sträucher als Hecken anzupflanzen ist eine hervorragende Möglichkeit, um verschiedene Arten auf engem Raum miteinander zu verflechten und so eine einheitliche und doch vielfältige Pflanzenfront mit hohem Nutzwert für Tiere zu schaffen. Wählen Sie für eine Hecke solche Sträucher aus, die über die Jahreszeiten hinweg fast fortlaufend nahrhafte Früchte und Samen liefern.

Gestalterisch können Hecken als Teiler zwischen verschiedenen Gärten oder Gartenteilen fungieren. Bei einer Höhe von mindestens 1,80 m können sie zudem Winde abschirmen. Je nach ihrer Ausrichtung bieten sie auch zahlreiche sonnige Plätze. Eine Hecke entlang der Westgrenze, die von Nord nach Süd verläuft, wird an der Ostseite bevorzugt von Tieren aufgesucht, die sich gerne in der Morgensonne aufwärmen, wie fliegende Insekten und die Vögel, die diese erbeuten. Eine Hecke, die sich in Bögen durch den Garten schlängelt, hat den Vorteil, dass sie zahlreiche ständig wechselnde Sonnenplätze bietet.

Die Natur lässt sich nur bezwingen,

indem man ihr gehorcht.

FRANCIS BACON (1561–1626), britischer Staatsmann und Philosoph

DER WERT *der* KLETTERPFLANZEN

Kletterpflanzen bieten eine Fülle an Nahrung und Deckung für Tiere und können je nach Jahreszeit eine überwältigende Farbenpracht hervorbringen.

Der besondere Wert von Kletterpflanzen liegt in ihrer Wuchsform, durch die sie auch flache und schmale Bereiche horizontal oder vertikal ausfüllen. Sie können eine enorme Höhe erreichen und einen üppigen Hintergrund bilden oder selbst zum Mittelpunkt des Gartens werden. Trotz ihres kräftigen Wuchses sind sie jedoch auf künstliche Kletterhilfen oder andere Pflanzen als Stützgerüst angewiesen.

VERSCHIEDENE KLETTERMETHODEN

Kletterpflanzen können sich auf unterschiedliche Weise verankern. Manche Arten heften sich an Holz oder Steinen fest, andere klammern sich mit Hilfe von Ranken um Spaliere oder Drahtgeflechte. Kletterrosen und Brombeeren spreizen sich mit Hilfe ihrer Stacheln an einer Unterlage ein und profitieren davon, wenn man sie anbindet. Windende Kletterpflanzen wachsen spiralig um ihre Stütze; hierzu gehören der Hopfen (*Humulus lupulus*), die Osterluzei (*Aristolochia* spec.) und die Zaunrübe (*Bryonia cretica*).

Weinreben (*Vitis* spec.) klettern mit Hilfe von Sprossranken, speziellen Auswüchsen, die kreisförmige Bewegungen ausführen, bis sie mit einer Stütze in Kontakt kommen; sie winden sich allerdings nicht um eine horizontale Unterlage. Bei manchen Rankpflanzen, etwa bei der Gewöhnlichen Jungfernrebe (*Parthenocissus quinquefolia*), sind die Ranken an der Spitze mit scheibenförmigen Haftscheiben versehen.

Neben den Sprossranken können auch Blattstiele, Zweige und sogar Blüten beim Festhalten helfen. Bei der Waldrebe (*Clematis* spec.) zum Beispiel winden sich die Blattstiele um das Gerüst, während der Efeu (*Hedera helix*) kleine Luftwurzeln an den Sprossen bildet und sich mit diesen festheftet.

DIE FRÜCHTE *der Gewöhnlichen Waldrebe (ganz oben links) tragen eine lange, silbrige Behaarung und sind für den Menschen giftig. Die Jungfernrebe (oben) sorgt für eine Wandteppich-artige Verkleidung von Mauern. Der Hopfen (links) lässt sich sehr gut über Steinmauern ziehen.*

Kletterpflanzen können ebenso an Baumstämmen und Sträuchern hinaufklettern. In Form von Früchten, Nektar, Pollen und Blättern liefern Kletterpflanzen Nahrung für die Tiere, daneben aber auch Schutz vor Räubern und Witterungseinflüssen.

DIE HASELWURZ *(oben) ist ein ausgezeichneter Bodendecker; sie kommt in Wäldern vor und erobert auch Hecken. Die Blüten der Wald-Heckenkirsche (links) sind nicht nur für das menschliche Auge attraktiv, sondern auch für Schmetterlinge wie den C-Falter (unten), der hier an Efeublüten saugt.*

Gestalten mit Kletterpflanzen

Kletterpflanzen ergänzen die Architektur, entschärfen Winkel und Kanten und tragen dazu bei, dass Gebäude mit der Landschaft verschmelzen. Mit Hilfe von Kriech- oder Kletterpflanzen können Sie Zäune, Mauern oder Spaliere verdecken. In kleinen Gärten, die nicht genügend Platz für eine Hecke bieten, schaffen Kletterpflanzen trotzdem eine intime Sphäre. Über eine Pergola gezogen, schirmen sie das Sonnenlicht ab. Die Jungfernrebe verleiht grauer Baumrinde und dunkelnadeligen Koniferen herbstliche Farbtupfer. Versuchen Sie, zwei oder drei Arten gemeinsam zu pflanzen, denn so erhalten sie eine Wandteppich-artige Mauerverkleidung aus kontrastierenden Flächen.

Bodendecker

Bodendecker verhindern, dass der Boden abgetragen wird; bei überlegter Auswahl können sie Pflegemaßnahmen wie Bewässern und Düngen weitgehend unnötig machen. Zudem liefern sie Deckung für Kleinlebewesen wie Kröten und bodenbrütende Vögel wie den Fitislaubsänger.

Einige wenige Kletterpflanzen lassen sich auch als Bodendecker einsetzen, zum Beispiel der Efeu oder einige Geißblatt-Arten (*Lonicera* spec.). Weitere gute Bodendecker sind Gräser wie der Schaf-Schwingel (*Festuca ovina*), niedrige Sträucher wie die Besenheide (*Calluna vulgaris*) sowie Gartenblumen wie Gamander (*Teucrium* spec.), das duftende Maiglöckchen (*Convallaria majalis*) und Pfennigkraut (*Lysimachia nummularia*).

KLETTERPFLANZEN, DIE FARBE ZEIGEN

- Clematis (*Clematis* spec.)
- Jungfernrebe (*Parthenocissus* spec.)
- Geißblatt (*Lonicera* spec.)
- Weinrebe* (*Vitis* spec.)
- Zaunrübe (*Bryonia cretica*)
- Hopfen (*Humulus lupulus*)

KLETTERPFLANZEN FÜR WILDTIERE

- Efeu (*Hedera helix*)
- Gewöhnliche Waldrebe (*Clematis vitalba*)
- Brombeere* (*Rubus* spec.)
- Kletterrosen* (*Rosa*)

*Alle Kletterpflanzen bieten Tieren Schutz; diese zusätzlich Früchte.

KRAUTIGE STAUDEN *im* GARTEN

Viele der für Gärtner so attraktiven Blütenformen, -farben und -düfte entwickelten sich, um Bestäuber anzulocken.

Stauden sind zu Recht beliebt wegen ihrer Blütenfülle, die sowohl den Gärtner erfreut als auch mit reichlich Pollen und Nektar den Nahrungsbedarf von Schmetterlingen und Bienen deckt. Diese Pflanzen umfassen eine große Vielfalt an natürlichen und kultivierten Varietäten und verleihen selbst kleinsten Gärten ihren eigenen Charakter.

Viele Arten und Sorten werden gleichermaßen für kleine Pflanzgefäße wie auch für weitläufige Beete verwendet und demonstrieren ihre Schönheit aus nächster Nähe, an Wegen und Terrassen oder in Wiesen verstreut, denen sie je nach Jahreszeit eine romantische Farbgebung verleihen. Es gibt sie in unterschiedlichsten Höhen und Formen – von kleinen Einzelblüten bis zu hohen, eindrucksvollen Blütenständen – und für jeden Geschmack. Weitere Einzelheiten finden Sie im Pflanzenkapitel ab Seite 98.

BLÜTEN, DIE BESTÄUBER ANLOCKEN

Blumen, die zur Bestäubung auf Tiere angewiesen sind, müssen diese mit Nektar oder Eiweiß reichen Pollen anlocken. Durch leuchtende Farben erregen sie die Aufmerksamkeit der Bestäuber. Eine glänzende oder samtene Struktur erhöht ebenfalls die Attraktivität einer Blüte.

Manchmal helfen spezielle so genannte Saftmale, etwa die getupfte Röhre des Roten Fingerhuts, den Bestäubern, die zuckerhaltige Nahrungsquelle zu finden und sie mit dem klebrigen Pollen in Kontakt zu bringen, wenn sie auf der Blüte gelandet sind. Gelegentlich sind diese Male für den Menschen unsichtbar: Bei bestimmten Fingerkraut-Arten beispielsweise reflektiert das Blütenzentrum ultraviolettes Licht und lockt somit Bienen an, die zwar keine Farben sehen können, aber diese ultravioletten Muster.

Damit ein Garten ständig von Schmetterlingen und anderen Insekten angeflogen wird, muss er eine ununterbrochene Blütenfolge aufweisen. Im zeitigen Frühjahr können Zwiebelblumen die ersten Hummeln anlocken, kurze Zeit später die Blüten der

übrigen Pflanzen Honigbienen. Vom späten Frühjahr bis zum Höhepunkt im Hochsommer, während der intensiven Fortpflanzungsperiode der Bestäuber, dienen ihnen Stauden und blühende Gehölze gemeinsam. Vom Herbst bis zu den schweren Frösten spielen spät blühende Ein- und Mehrjährige eine wichtige Rolle als Nahrungslieferanten für die dann noch fliegenden Schmetterlinge, Käfer und Bienen. Bis in den Winter erbringen diese Spätblüher zusätzlich Samen für die Vögel. In milden Wintern sorgen Arten wie die Stinkende Nieswurz, Schneeglöckchen,

WIDERSTEHEN SIE *der Versuchung, einjährige Blüten für die Vase zu schneiden, da Sie sonst Bestäubern wie dem Scheckenfalter (ganz oben) nicht mehr zur Verfügung stehen. Schwertlilien (links) werden meist von Bienen bestäubt.*

WILDBLUMEN *bringen üppige Farbenpracht in Ihren Garten, die für Bestäuber und andere Tiere wie auch für den Menschen attraktiv ist. Durch Ausbrechen welker Blüten lässt sich oft der Flor verlängern.*

winterblühende Heide und Schneeball für Düfte und Farben im Garten. Insekten nehmen neben einheimischen Arten auch Sorten und vergleichbare Blüten von anderen Kontinenten gerne an – etwa blühende Tabak-Arten und Herbstastern.

In einem Naturgarten kommt dem Gärtner jedoch insofern eine wichtige Funktion zu, als er die Populationen von Wildblumen erhöhen kann, die in der Natur aufgrund des Vordringens des Menschen in ihren Lebensraum nach und nach verschwinden. Wildarten sind in der Regel genauso leicht zu kultivieren wie Kultursorten. Entscheidend für den Erfolg ist, nur solche Arten auszuwählen, die für die Verhältnisse in Ihrem Garten geeignet sind. Gleichzeitig sollten Sie die Bedürfnisse der Tierwelt berücksichtigen.

Welche Arten pflanzen?

Wenn immer möglich, sollten Sie nur Wildblumen pflanzen, die in Ihrer Region heimisch sind. Sie sind besser an das Klima angepasst, und es besteht eine geringere Gefahr, dass die lokal vorkommende Flora durch Bestäubung verfälscht wird. Grenzt Ihr Garten an eine natürliche Fläche an, dann sollten Sie davon absehen, leicht ausbreitende nicht-heimische Arten zu pflanzen, deren Samen in die natürliche Pflanzengesellschaft geraten können.

FÜR TIERE ATTRAKTIVE BLUMEN-FAMILIEN

Diese Liste nennt Gattungen, nach Familien geordnet, die für Tiere attraktiv sind:

- Asteraceae, Korbblütler (*Aster, Chrysanthemum, Filipendula, Eupatorium, Tanacetum, Solidago*)
- Lamiaceae, Lippenblütler (*Lavandula, Mentha, Origanum, Salvia, Rosmarinus*)
- Scrophulariaceae, Rachenblütler (*Digitalis, Scrophularia, Verbascum*)
- Cruciferae, Kreuzblütler (*Cochlearia, Brassica, Crambe, Matthiola*)
- Fabaceae, Schmetterlingsblütler (*Cytisus, Ulex, Ononis, Trifolium, Hippocrepis*)
- Violaceae, Veilchengewächse (*Viola*)
- Papaveraceae, Mohngewächse (*Chelidonium, Papaver*)
- Polygonaceae, Knöterichgewächse (*Rumex, Polygonum*)
- Ranunculaceae, Hahnenfußgewächse (*Anemone, Aquilegia, Delphinium, Ranunculus*)

Gräser *und* Unkräuter *im* Naturgarten

Wiesengräser benötigen nicht die gleiche intensive Pflege wie Rasengräser und bieten zudem eine größere Farbenvielfalt.

Zier- und Wildgräser bilden zusammen mit den grasähnlichen Seggen und Schilf die wichtigsten Elemente von Wiesen und steppenähnlichen Lebensräumen. Ebenso gute Dienste leisten sie als dichter oder fleckenhafter, zwangloser Bewuchs entlang der Ufer von Teichen und Bächen.

Die feine, zarte Struktur im Wind wogender Halme, Blüten und Ähren von Gräsern bildet einen willkommenen Kontrast zur Festigkeit von Stauden oder verholzten Pflanzen. Ihre gedämpften Farben umfassen verschiedene cremefarbene und silbrigweiße Töne sowie Nuancen von Purpur, Bronze, Orange und Rot, insbesondere im Herbst und Winter. Neben den vielen niedrig bleibenden Arten gibt es auch Gräser, die eine eindrucksvolle Standhöhe erreichen oder anmutig überhängen. Manche wie das Chinaschilf sind sogar hoch genug, um als Windschutz dienen zu können.

Bodendeckende Arten wie das Wiesen-Rispengras (*Poa pratensis*) und das Wiesen-Lieschgras (*Phleum pratense*) breiten sich durch Ausläufer oder Wurzelstöcke aus und wachsen im Allgemeinen an feuchten Standorten. Horstgräser bilden zumeist Blüten und sind häufiger an trockenen Standorten zu finden. Im Garten werden zahlreiche heimische oder eingeführte Arten als Ziergräser angepflanzt; dazu gehören beispielsweise Hasenschwanzgras (*Lagurus ovatus*), Pfahlrohr (*Arundo donax*), Lampenputzergras (*Pennisetum villosum*), Federgras (*Stipa pennata*) und Großes Zittergras (*Briza maxima*).

ZIERGRÄSER *wie diese Sorten des Chinaschilfs (*Miscanthus*, oben) verleihen einem Garten eine Vielzahl von Formen und Farben. Gärten mit Wildblumen (rechts) oder mit Ziergräsern, eingefasst von kleinen Steinen (oben rechts), bilden natürliche Lebensräume für Tiere.*

Die Wohltaten von Gras und Unkraut

Die tief reichenden, faserigen Wurzelsysteme von Gräsern stabilisieren den Boden und beugen somit einer Abtragung vor. Die meisten Gräser sind zudem gut an nährstoffarme Böden angepasst. Ein Großteil der heimischen Gräser ist widerstandsfähig gegen Blatt fressende Insekten und andere Tiere – vorausgesetzt, es gibt nicht zu viele von ihnen.

Die so genannten „Unkräuter" – robuste, schwer zu eliminierende krautige Pflanzen, die als Gartenpflanzen nur wenig attraktiv sind – produzieren eine große Zahl von Samen, die eine bedeutende Nahrungsquelle für Tiere, vor allem Vögel, darstellen. Zwischen Gräsern und Wildblumen sollte das Auftreten von Wildkräutern eigentlich kaum Probleme verursachen; allerdings tut man gut daran, einige sich besonders aggressiv ausbreitende Arten zu meiden.

Stellen Sie Ihre Wiese nach eigenem Geschmack zusammen, nach dem Charakter Ihrer Region und im Hinblick darauf, welche Tiere Sie anlocken möchten. Entwerfen Sie besser Ihren eigenen Bepflanzungsplan, als einfach Samenmischungen zu verwenden, wie sie allerorts erhältlich sind. Eine Art, deren Aussaat man vermeiden sollte, ist die Gemeine Quecke (*Agropyron repens*); sie ist mehrjährig und breitet sich durch Ausläufer aus. Achten Sie zudem darauf, sich stark ausbreitenden Arten wie das Rohrglanzgras (*Phalaris arundinacea* var. *picta*) unter Kontrolle zu halten.

Wiesen und ihre Tierwelt

Was wie eine anmutige, mit Blüten gesprenkelte und im Wind wogende Ebene erscheint, ist in Wirklichkeit ein sehr komplexer Lebensraum dicht wachsender Pflanzen mit zahlreichen Nischen für Tiere. Eine Wiese bietet einer Vielzahl von Käfern, Wanzen, fliegenden Insekten und Spinnen Zuflucht.

In Feuchtwiesen gehen Ringelnattern auf die Jagd nach Würmern, Käfern und Raupen. Selbst einige Amphibien-Arten profitieren von dem üppigen Nahrungsangebot der sommerlichen Wiesen. Aus dem gleichen Grund ziehen Grasbereiche auch Insekten fressende Vögel an, weil sie hier Nahrung finden und ihre Jungen aufziehen können.

Gräser und Unkräuter, die nicht wuchern

* = eingeführte (nicht einheimische) Arten

Gräser
- Hasenschwanz- oder Sammetgras* (*Lagurus ovatus*)
- Blaues Pfeifengras (*Molinia caerulea*)
- Reitgras (*Calamagrostis*-Arten und Sorten)
- Schmiele (*Deschampsia*-Arten und Sorten)
- Geschlängelte Schmiele (*Deschampsia flexuosa*)
- Haargerste (*Elymus* spec.)
- Lampenputzergras* (*Pennisetum villosum*)
- Schwingel (*Festuca*-Arten und Sorten)
- Echter Wiesenhafer (*Avenula pratensis*)
- Gemeiner Strandhafer (*Ammophila arenaria*)
- Hirse (*Panicum* spec.)
- Silbergras (*Corynephorus canescens*)
- Weiches Flattergras (*Milium effusum*)
- Großes Zittergras* (*Briza maxima*)
- Federgras (*Stipa* spec.)
- Liebesgras (*Eragrostis* spec.)

Unkräuter
- Königskerze (*Verbascum* spec.)
- Augentrost (*Euphorbia* spec.)
- Gemeine Schafgarbe (*Achillea millefolium*)

PFLANZEN *für den* GARTENTEICH

Mit einem Gewässer lassen sich Vögel und Säugetiere besonders gut in den Garten locken.

In natürlichen Ökosystemen sind Gewässer besonders wichtige Lebensräume. Wasser übt auf Tiere eine große Anziehungskraft aus – sie kommen zum Trinken, zur Nahrungsaufnahme und zum Baden an Teiche und Bäche. Amphibien benötigen auch zur Fortpflanzung saubere Gewässer.

DER MITTELPUNKT DES GARTENS

Teiche eignen sich gut als Mittelpunkt eines Gartens: Ihre spiegelnde Oberfläche wirkt wie eine Öffnung in die belebte Landschaft, und rund herum herrscht reges Leben. Zur Vielfalt der Pflanzenwelt gesellen sich Frösche, die plötzlich ins Wasser platschen, oder vorbeischwirrende Libellen.

Ein Teich mildert durch die Verdunstung über seine Oberfläche Hitzeextreme und schafft einen mikroklimatischen Effekt, der ähnlich wie in einer Oase durch die Luftzirkulation über der Wasserfläche verstärkt wird. Das Rauschen fließenden Wassers kann zudem den Lärm der Stadt, etwa durch den Straßenverkehr, dämpfen.

Wichtig für Tiere ist die Tiefe eines Teiches: Frösche bevorzugen Tiefen zwischen 15 und 60 cm, dazu abfallende Ufer, an denen sie als erwachsene Tiere leben können, während Wasservögel Teiche mit einer durchschnittlichen Tiefe von 40 bis 50 cm vorziehen.

Um an einem Gartenteich wirklich Freude zu haben, muss man diesen sorgfältig planen und stets für sauberes Wasser sorgen. Verschmutzungen durch überschüssigen Dünger wirken sich auf den Naturhaushalt eines Gewässers aus. Pestizidrückstände, Chlor aus Schwimmbecken und Benzin belastetes Abflusswasser können unter Umständen jegliches Leben im Wasser vernichten.

Gott der Allmächtige pflanzte als erstes einen Garten; das ist fürwahr auch für uns Menschen die reinste Freude.

FRANCIS BACON (1561–1626), britischer Staatsmann und Philosoph

PFLANZEN UND TEICHZONEN

Für die unterschiedlichen Zonen eines Teiches eignen sich jeweils andere Pflanzen. So kann ein Teich untergetauchte Pflanzen beherbergen wie das Tausendblatt (*Myriophyllum* spec.), Schwimmpflanzen wie Feenmoos (*Azolla* spec.) und Wasserlinsen (*Lemna* spec.), aus dem Wasser heraus ragende Weiße Seerosen *(Nymphaea alba)*, die am Gewässergrund wurzeln, sowie Uferpflanzen wie den Rohrkolben (*Typha* spec.) und die Sumpfdotterblume (*Caltha palustris*).

Will man Wasservögel anziehen, so setzt man am

GARTENTEICHE: *Ein natürlicher Bachlauf kann einen Garten stark aufwerten, aber stehende Gewässer wie ein Teich (oben und rechts) beherbergen eine größere Vielfalt an Wasserpflanzen und bieten mannigfaltigere Nischen für Tiere.*

TEICHPFLANZEN *wie Seerosen (links und unten) reichern das Wasser mit Sauerstoff an. Die Blätter dieser Pflanzen können außerdem Fröschen als schwimmende Plattformen dienen.*

besten einige widerstandsfähige heimische Arten ein, die besonders deren Geschmack entsprechen, wie etwa Laichkraut (*Potamogeton* spec.) und Wasserlinsen. Andernfalls kann man interessante Blattpflanzen wie das Pfeilkraut (*Sagittaria* spec.) sowie Seerosen pflanzen. Letztere sind nicht nur wegen ihrer dekorativen Blüten und langen Blütezeit besonders beliebt, sondern auch, weil sie im Teich lebenden Kleintieren mannigfaltige Lebensräume bieten. Ihre derben Schwimmblätter bilden Sonnenplätze für Frösche und die Knospen und Blüten bequeme Ansitze für Libellen. Unter der Wasseroberfläche heften sich winzige Rädertierchen, Süßwasserpolypen und Insektenlarven an den Stielen fest. Mit ihren breiten Blättern produzieren Seerosen überdies Schatten, verhindern dadurch eine Überhitzung des Wassers und bieten Rückzugsmöglichkeiten für Fische und Kaulquappen.

Eine nahe verwandte und beliebte Art ist die Gelbe Teichrose (*Nuphar lutea*). Als weitere, für die Belüftung eines Teiches besonders bedeutsame Pflanzen kommen unter anderem der Wasserschlauch (*Utricularia vulgaris*) und der Wasser-Hahnenfuß (*Ranunculus aquatilis*) in Frage.

MACHEN SIE DAS BESTE AUS IHREM TEICH!

- Ahmen Sie die Natur nach und legen Sie den Teich inmitten üppiger Vegetation an.
- Achten Sie darauf, dass der Teich nicht von allen Seiten einsehbar ist; so behält er etwas Geheimnisvolles und lädt zu Entdeckungen ein.
- Wählen Sie für den Teich eine tief gelegene Stelle im Gelände, an der sich schon von Natur aus Wasser sammelt.
- Suchen Sie Pflanzen wie die Sumpf-Schwertlilie aus, die durch ihre aufrechte Wuchsform für einen Kontrast in der Vertikalen sorgen.
- Durch überhängende oder bis ans Wasser kriechende Pflanzen lassen sich scharfe Ecken und Kanten verdecken. Gut geeignet für den Gewässerrand sind Gnadenkraut (*Gratiola officinalis*), Sumpfdotterblume (*Caltha palustris*) und Hechtkraut (*Pontederia cordata*).
- Achten Sie darauf, dass nirgends nackter Beton und unbedeckte Kunststoffauskleidung zu sehen sind und verdecken Sie solche Stellen mit Boden stabilisierenden Pflanzen wie Sumpfdotterblumen (*Caltha palustris*) oder einer der vielen Seggen-Arten (*Carex* spec.).

… all diese kleinen Fiedeln im Gras, all jenes Grillengezirpe, jene zarten Flöten, sind sie nicht unbeschreiblich schön, wenn man sie im Hochsommer in einer mondhellen Nacht hört?

HENRY BESTON (1888–1968)
amerikanischer Schriftsteller und Redakteur

Kapitel Drei

Bewohner *und* Gäste *im* Naturgarten

VON DER ERDHÖHLE *bis zum* BAUMWIPFEL

Im Idealfall bieten Naturgärten willkommene Lebensräume für eine mannigfaltige Tierwelt.

Wenn der Gärtner mit den wohl abgestimmten Abläufen im natürlichen Ökosystem vertraut ist, kann er seine Pflanzungen so gestalten, dass sie mehr sind als nur eine Freude für die Menschen. Wichtige Bestandteile der Lebensräume von Vögeln, Säugetieren und sogar Amphibien, Reptilien und Insekten lassen sich so komponieren, dass sie auch Tiere anlocken und beherbergen können.

Wenn sich Wildtiere früh morgens flüchtig auf Nahrungssuche begeben, wenn sie auf dem Durchzug im Garten Station machen oder wenn nachtaktive Tiere in der Dämmerung hervorkommen, ähnelt der Naturgarten einer belebten Bühne, auf der das Leben pulsiert und ständig für Überraschungen sorgt. An diesem lebendigen Zufluchtsort, der so ganz anders ist als ein manikürter, mit exotischen Blüten perfekt ins Bild gesetzter Garten, kann man Zeuge von vielerlei Verhaltensweisen werden: mal spannend wie die Jungenaufzucht, mal fesselnd bei heftigen Revierstreitigkeiten oder dramatisch bei Anpirschen und Beutefang.

EINTEILUNG DES GELÄNDES

Ein Garten, der eine vielfältige Pflanzenwelt beherbergt, bietet ein Mosaik von Lebensmöglichkeiten – von Ökologen als Nischen bezeichnet – für unterschiedliche Tierarten. Blaumeisen und Kohlmeisen werden von einem großen Insektenreichtum angezogen, bleiben aber nur dann im Garten, wenn sie in einer geeigneten natürlichen Höhle oder einem Nistkasten ihr Nest bauen können. Viele kleine Säugetiere benötigen abgeschiedene Rückzugsmöglichkeiten oder den Schutz hoher Gräser, um ihren Feinden wie Habicht oder Eule zu entkommen. In einigen Fällen ändern sich die Bedürfnisse der Tiere im Laufe ihres Lebenszyklus: So sind die Raupen vieler Schmetterlinge auf bestimmte Blätter als Nahrung angewiesen, während die erwachsenen Tiere den Nektar bestimmter Blüten bevorzugen.

Bei der Gestaltung Ihres Gartens für Tiere können Sie sich viel von natürlichen

Die Natur trägt ein einheitliches Lächeln.

HENRY FIELDING
(1707–54),
englischer Schriftsteller

PFLANZTIPS, UM WILDTIERE ANZUZIEHEN

• Planen Sie den Garten um ein Gerüst aus heimischen, nicht wuchernden Pflanzen. Indem Sie die Eigenschaften einer gesunden Pflanzengesellschaft nachgestalten, wie Artenvielfalt, Robustheit und Bereitstellung von Nahrungsvorräten, haben Sie die besten Chancen, die Bedürfnisse der heimischen Tierwelt in Ihrem Garten zu erfüllen.

• Erhalten Sie nach Möglichkeit große Bäume; sie sorgen für Nahrung, Deckung und komplexe Lebensräume und sind gar nicht hoch genug zu schätzen. Fehlen solche Bäume, denken Sie langfristig und pflanzen Sie einen Hain an, um der Natur etwas von den Wäldern zurückzugeben, die der Zivilisation geopfert wurden.

• Ist Ihr Garten zu klein für große Bäume, gestalten Sie mit Hilfe von Kletterpflanzen vertikale Nischen. Schon eine Pflanzung aus zwei oder drei Arten ergibt einen Flickenteppich kleiner Lebensräume.

• Achten Sie darauf, dass ständig etwas blüht und fruchtet, um für stetige Nahrung zu sorgen.

SCHWALBEN *(ganz oben) sind anmutige Flieger. Die Flockenblume (rechts) ist eine ergiebige Nektarquelle für Hummeln, Bienen und Schmetterlinge.*

Ökosystemen abschauen. Eine vertikale Schichtung der Vegetation, von niedrigen Bodendeckern bis zu hohen Baumkronen, wie man sie auch in der Natur vorfindet, kann genauso wichtig sein wie die Artenvielfalt. Durch einen allmählichen Übergang von niedrigen Pflanzen im Vordergrund über zunehmend größere weiter hinten schafft man zudem ideale Beobachtungsmöglichkeiten für all die verschiedenen Schichten.

Auch eine horizontale Strukturierung der Lebensräume ist entscheidend. Unterschiedliche Lebensräume ziehen unterschiedliche Arten an und die Randzonen im Übergangsbereich zweier Lebensräume wieder andere. Die Übergangszonen zwischen Wald und Gebüsch sowie zwischen Wiese und Dickicht beherbergen jeweils mehr Arten als isolierte Flecken dieser Lebensräume jeweils für sich. So sitzt zum Beispiel der Grauschnäpper gern auf hohen, exponierten Ästen am Waldrand, von denen aus er über einer Wiese fliegende Insekten jagen kann. Der Vogel braucht zum Überleben also beide Lebensräume, den einen wegen der Nahrung, den anderen für den Ansitz, während andere Arten nur den Wald oder die Wiese benötigen.

Denken Sie stets daran, dass ein gut gegliederter Garten auch sonst an die Natur angelehnt sein sollte, um seine volle Wirkung zu entfalten. So ist beispielsweise ein Bach, der sich zwischen belaubten Pflanzen hindurch schlängelt, für die meisten Tiere weitaus attraktiver als einer, der durch die offene Fläche einer Terrasse oder eines Rasens verläuft. Das liegt unter anderem daran, dass sich viele Tiere, genau wie wir, sicherfühlen wollen.

Und vergessen Sie das Wasser nicht: Es zieht Tiere aller Art magnetisch an, insbesondere wenn es in heißen Sommern knapp ist.

EIN AUF VIELFALT *ausgelegter Garten (ganz oben) bietet unterschiedliche Kleinlebensräume und schafft mannigfaltige Nischen für Tiere. Das Landkärtchen (Mitte) mit seinem vielfarbigen Linien- und Fleckenmuster ist ein echter Waldrandbewohner und ernährt sich von Blütennektar. Junge Kaninchen (oben) am Eingang ihres Baus.*

TAG- *und* NACHTFALTER

Schmetterlinge sind wahre Flugkünstler und haben mit Blütenpflanzen eine enge Beziehung entwickelt.

Tag- und Nachtfalter gehören der gleichen systematischen Ordnung an, den Schmetterlingen (Lepidoptera). So sehr die zahlreichen Arten auch in Größe und Farbe variieren, sie haben alle den Besitz von vier Flügeln gemeinsam. In der Ruhe falten Schmetterlinge ihre Flügel zumeist zusammen und halten sie aufrecht, sodass nur die unscheinbar gefärbten Unterseiten zu sehen und sie für Feinde nicht so leicht zu entdecken sind. Ähnlich sind viele Nachtfalter durch ihre Tarnung geschützt. Ihre Vorderflügel tragen eine Schutzfärbung, die Muster und Struktur von Baumrinde nachahmt, und verbergen den Körper wie ein schützendes Dach.

Ein weiterer Unterschied zwischen den beiden Gruppen ist, dass die Antennen der Nachtfalter oft auffallend behaart oder gefiedert und komplexer gebaut sind als die an der Spitze verdickten, weitaus einfacheren Antennen der Tagfalter.

VIELFARBIGE FLÜGEL

Die prächtigen Färbungen vieler Tag- und einiger Nachtfalter entstehen durch einen Teppich aus Millionen zarter, mikroskopisch kleiner Schuppen auf der Oberseite der Flügelmembranen. Jede Art trägt ihr eigenes charakteristisches Farbmuster zur Schau. Bei manchen sind auch Männchen und Weibchen unterschiedlich gefärbt, was für die Partnerwerbung von Bedeutung ist.

Schmetterlinge können nur dann fliegen, wenn ihre „kaltblütigen" Körper auf eine bestimmte Temperatur aufgeheizt sind. Die in die wärmende Sonne ausgestreckten Schmetterlingsflügel wirken bei kühler Witterung wie kleine Sonnenkollektoren. Nachtfalter unterscheiden sich insofern von ihren Wärme liebenden Verwandten, als sie meistens bei Nacht fliegen und ihre Flugmotoren durch Zittern aufheizen müssen.

Blüten liefern mit ihrem Nektar die Energiequelle für die erwachsenen Schmetterlinge. Als Gegenleistung tragen diese Insekten durch die Übertragung von Pollen zur Fremdbestäubung der Blüten bei. Sie saugen den Nektar mit ihrem Saugrüssel auf, der in Ruhestellung spiralig unter dem Kopf zusammengerollt ist; zuvor überprüfen sie mit Geschmacksorganen die Eignung einer Nahrungsquelle.

EIN ABWECHSLUNGSREICHES LEBEN

Auf dem Weg vom befruchteten Ei zum fortpflanzungsfähigen, erwachsenen Tier machen Insekten im typischen Fall eine Reihe verschiedener Entwicklungsstadien durch, die man als Larvenstadien bezeichnet. Verläuft die Umwandlung über ein krabbelndes Larvenstadium, das sich im Aussehen stark vom Erwachsenenstadium unterscheidet, und eine Puppe, so

DAS TAGPFAUENAUGE (ganz oben) verdankt seinen Namen den hübschen Augenflecken auf den Flügeln. Die wunderbaren Farbnuancen vieler Schmetterlinge, vor allem in Blau und Grün wie bei diesen Hauhechel-Bläulingen (links) zu erkennen, entstehen durch irisierende Flügelschuppen.

DER LEBENSZYKLUS

❶ Ein einzelnes Weibchen kann Hunderte von Eiern produzieren, legt aber alle einzeln auf dem Blatt der Wirtspflanze ab.

❷ Aus dem Ei schlüpft eine sehr aktive und gefräßige Larve, die man als Raupe bezeichnet.

❸ Die Raupe spinnt sich an einer geschützten Stelle ein und verpuppt sich. In der Puppenhülle wird das Gewebe der Raupe völlig neu organisiert.

❹ Nach einer oder zwei Wochen durchbricht der erwachsene Schmetterling die Puppenhülle.

spricht man von einer vollkommenen Verwandlung oder Metamorphose – ein Vorgang, den man bei Schmetterlingen leicht beobachten kann.

Kurz nach der Paarung mit einem männlichen Artgenossen sucht das Schmetterlings-Weibchen eine geeignete Wirtspflanze auf, um darauf seine Eier abzulegen. Nach dem Schlüpfen besteht das einzige Lebensziel einer Raupe darin, ständig Blätter ihrer Wirtspflanze zu verzehren. Bei gutem Nahrungsangebot kann eine Raupe so sehr wachsen, dass sie ihr zu klein gewordenes Außenskelett innerhalb von drei bis sechs Wochen viermal abstoßen muss; anschließend ist sie bereit zur Verpuppung.

Die Puppen der Schmetterlinge hängen an einem dünnen Stiel an den Pflanzen. Nachtfalter-Puppen sind in der Regel in Seidenkokons eingehüllt. Bei vielen Arten verbergen sich die Puppen in einem Pflanzenstängel, in abgefallenem Laub oder in einer unterirdischen Kammer.

Nach Verlassen der Puppenhaut dauert es einige Stunden, bis der erwachsene Schmetterling seine zarten Flügel entfaltet. Dazu pumpt er sie mit Flüssigkeit auf, bis sie ihre volle Pracht und Flugtüchtigkeit erreichen. Schmetterlinge flattern bisweilen scheinbar ziellos im Garten umher, aber ihr Leben ist bestimmt durch die Suche nach Nektar und Geschlechtspartnern.

FALTER-FAVORITEN

Pflanzen, die am zuverlässigsten Schmetterlinge anlocken

- Fetthenne (*Sedum telephium*)
- Wasserdost (*Eupatorium cannabinum*)
- Beifuß (*Artemisia* spec.)
- Blutweiderich (*Lythrum salicaria*)
- Astern (*Aster* spec.)
- Sommerflieder (*Buddleia* spec.)
- Flieder (*Syringa vulgaris*)
- Kratzdistel (*Cirsium vulgare*)
- Telekie (*Telekia speciosa*)
- Minzen (*Mentha* spec.)
- Seidenpflanze (*Asclepias* spec.)
- Goldruten (*Solidago* spec.)
- Brennesseln* (*Urtica* spec.)
- Veilchen (*Viola* spec.)

Ziehen Sie das Pflanzenkapitel ab Seite 98 und ein gutes Bestimmungsbuch für Schmetterlinge vor der Pflanzung zu Rate.

* Diese Art bietet nur den Raupen Nahrung.

DER SCHWALBENSCHWANZ *besucht blühende Wiesen zur Nahrungsaufnahme und zur Eiablage.*

PFLANZENLIEBHABER

Insekten haben extrem unterschiedliche Lebensweisen entwickelt, aber die meisten von ihnen sind eng mit Pflanzen verbunden, oftmals als Konsumenten von Pflanzensäften oder Blättern.

Um nicht von Feinden entdeckt zu werden, sind viele Pflanzen fressende Insekten in Grün- und Brauntönen gefärbt, die den Blättern oder der Rinde ihrer bevorzugten Lebensräume entsprechen. Das Erwachsenenstadium erreichen sie durch eine unvollkommene Verwandlung: Nach dem Schlüpfen aus dem Ei nehmen die Larven nach und nach an Größe zu und werfen ihr Außenskelett mehrmals ab, bis sie schließlich fortpflanzungsfähig sind und Flügel ausgebildet haben.

HEUSCHRECKEN

Laubheuschrecken sind im dichten Blattwerk Laub abwerfender Bäume und Sträucher zu Hause. Sie sind schlechte Flieger, aber ihre tarnenden Flügel erfüllen eine wichtige Funktion bei der Erzeugung jener Laute, mit denen die Männchen mit potenziellen Geschlechtspartnerinnen kommunizieren.

Gewöhnlich singt nur das Männchen, aber beim Gemeinen Grashüpfer (*Corthippus biguttulus*) antwortet auch das Weibchen so. Zum Zirpen heben Laubheuschrecken die Basis ihrer Vorderflügel an, reiben die Schrillkante gegen einen gezähnten Chitinkamm und erzeugen so ähnlich Laute wie ein Fingelnagel an einem Kamm. Die Laute der meisten Arten bestehen aus scharfen, eindringlichen Schnalz- und Summtönen, die in charakteristischer, sich wiederholender Abfolge erzeugt werden.

Die Ordnung Geradflügler (*Orthoptera*) umfasst sowohl Heuschrecken als auch Grillen. Sie besitzen alle ähnliche kauende Mundwerkzeuge und auffällige Hinterbeine, die oft als kräftige Sprungbeine ausgebildet sind.

Viele Heuschrecken-Arten leben am Boden. Sie fliegen und springen weitaus mehr als ihre Baum lebenden Verwandten und besitzen bisweilen deutlich ausgeprägte Hinterflügel. Auch Wanderheuschrecken zählen zu dieser Gruppe. Diese erscheinen von Zeit zu Zeit in Südeuropa in unvermittelten Schwärmen und können die gesamte Ernte zerstören. Die typischen Laute können sie mitunter im Flug erzeugen.

Ein weiterer bekannter Vertreter, die verbreitete Feldgrille, erzeugt eine Reihe schneller, dreiteiliger Zirplaute, die recht musikalisch klingen. Diese Art ist nahezu schwarz

DIE SUMPFSCHRECKE *(ganz oben links) lebt gerne in sumpfigen, Torfmoos reichen Gebieten. Das Große oder Grüne Heupferd (links) zieht Bäume und Büsche vor, auf denen es durch seine Farbanpassung für das Auge seiner Feinde kaum zu sehen ist.*

DIESER GRASHÜPFER *(rechts) ist fast ganz gefärbt und bevorzugt offene Flächen in Wäldern und Moorgebieten. Ganz unten rechts eine der vielen Wanzenarten, die sich von Pflanzensäften ernähren.*

gefärbt, was in ihrem bevorzugten Lebensraum, im schattigen, feuchten Unterwuchs, eine hervorragende Tarnung bedeutet.

Die Hausgrille (auch Heimchen genannt) ist blassbraun gefärbt. Im Gegensatz zur Feldgrille sucht sie warme und trockene Plätze auf und dringt auch in Gebäude ein. Früher fand man sie oft in Bäckereien, und trotz ihres penetranten Zirpens galt sie eher als Glücksbringer denn als Schädling.

Mit ihrem saisonalen Fraß richten Heuschrecken in der Regel keinen bedeutenden Schaden an, insbesondere wenn ihre Zahl nicht zu hoch ist und sie unterschiedliche und robuste Blattpflanzen und Gräser bevorzugen.

SAFTSAUGER

Die Mitglieder einer anderen Insektenordnung, der Pflanzensauger (Homoptera), ernähren sich von Pflanzensäften. Zu den verbreitetsten dieser Insekten gehören die Zwergzikaden, die bevorzugt in Wiesen und Blumenbeeten leben. Bei einer Störung springen sie meist unvermittelt davon.

Singzikaden sind die größten Gleichflügler und zeichnen sich durch robuste, stämmige Körper und vorstehende Augen aus. Sie umfassen auch einige Arten, die sich im Larvenstadium lange Zeit unterirdisch von Wurzeln ernähren. Die Männchen erzeugen von hohen Baumästen aus durchdringend dröhnende oder pulsierende Laute – die man in ganz Europa mit müßigen Sommertagen in Verbindung bringt.

Eine weitere große Ordnung Pflanzensaft saugender Opportunisten sind die Wanzen (Heteroptera). Ihr wissenschaftlicher Name bezieht sich auf ihre Vorderflügel, die aus zwei unterschiedlichen Membranen bestehen. Diese geteilten Flügel erzeugen auf dem Rücken zusammengefaltet ein charakteristisches X-Muster. Die saugenden Mundwerkzeuge sind nach vorne gerichtet. Einige Arten von Schildwanzen wie die Rotbeinige Baumwanze (*Pentatoma rufipes*) ernähren sich nicht nur von Pflanzensäften, sondern zusätzlich von Insekten.

MARIENKÄFER

Viele Pflanzensauger schädigen Pflanzen, indem sie sich von ihrem Saft ernähren. Glücklicherweise gibt es die Marienkäfer (Familie Coccinellidae), die Jagd auf Blattläuse machen. Von ihnen existieren zahlreiche Arten, die alle durch andere Farben und Punktmuster charakterisiert sind: Sie können rot oder gelb sein und zwei, sieben, zehn, 13 oder sogar 24 schwarze Punkte aufweisen.

Fliegende Insekten

Durch ihr Flugvermögen können Insekten als Bestäuber von Blüten, aber auch als Räuber oder findige Parasiten fungieren.

Viele erwachsene Insekten (so genannte Imagines) besitzen Flügel, am meisten genutzt werden diese jedoch von wendigen, schnell fliegenden Formen wie Bienen, Wespen, Fliegen und Käfern. Alle diese Insekten machen eine vollkommene Verwandlung durch, das heißt, sie entwickeln sich über ein charakteristisches, krabbelndes Larvenstadium und verpuppen sich, bevor sie zu geflügelten Imagines werden.

Architekten aus Instinkt

Die Honigbiene spielt eine wichtigere Rolle für die Bestäubung der Pflanzen und die darauf folgende Samen- und Fruchtbildung als jedes andere Insekt. Honigbienen bauen ihre Nester in hohlen Bäumen, nehmen aber auch gerne künstliche Bienenstöcke an (siehe auch Seite 76/77). In jedem Fall bauen sie aus Wachs Wasser abweisende Waben mit regelmäßig angeordneten, sechseckigen Zellen. Diese dienen den Larven als Zuhause oder als Speicher für den Honig, von dem sich die Kolonie ernährt, wenn Blüten und Nektar Mangelware sind.

Wie bei vielen Staaten bildenden Insekten konzentriert sich der Lebenszyklus auf die fruchtbare Königin, die sämtliche Larven produziert – bis zu 50.000 oder mehr. Im Frühjahr oder Sommer verlässt die Bienenkönigin den Stock, um sich mit den kurzlebigen männlichen Bienen (Drohnen) zu verpaaren und eine neue Kolonie zu gründen.

Die schwarz-orangegelben Hummeln sind ebenfalls soziale Hautflügler. Anders als bei den Honigbienen, deren Koloniemitglieder den Winter überstehen, überlebt nur die Hummelkönigin bis zum Frühjahr und macht sich dann auf die Suche nach einer geschützten Spalte, in der sie eine neue Kolonie gründen kann.

Unter den Verwandten der Bienen lebt die größte Zahl in sozialen Verbänden. Die solitären Arten hingegen dominieren, was ihre Artenvielfalt und unterschiedlichen Lebensweisen betrifft. Die meisten solitären Bienen legen ihre Eier in einen unterirdischen Bau oder an anderen tief gelegenen, feuchten Stellen ab, und ziehen hier auch die Larven auf.

Mauerbienen sind ausgezeichnete Bestäuber, die nicht stechen; sie vermischen Gesteinsstaub oder Lehm mit

VIELE PFLANZEN *sind zur Bestäubung auf Insekten wie Honigbienen, Hummeln (rechts) oder den Hummelschwärmer (ganz oben) angewiesen. Maikäfer (oben) ernähren sich von den Blättern Laub abwerfender Bäume, während ihre Larven, die Engerlinge, an Pflanzenwurzeln nagen.*

DER MITTLERE WEINSCHWÄRMER

Der Mittlere Weinschwärmer (*Deilephila elpenor*) besucht gerne am Abend die Blüten der Heckenkirschen. Seine Raupen ernähren sich vom Schmalblättrigen Weidenröschen und Labkraut.

Speichel zu einem zementartigen Baumaterial. Das Weibchen baut damit unterirdisch oder getarnt zwischen Steinen eine Gruppe zylindrischer Zellen. In jede legt es dann ein Ei und einen Vorrat an Honig. Zum Schluss dieses instinktiven Bauverhaltens werden die Zellen mit einem Deckel versehen. Somit finden Wachstum und Verwandlung der nächsten Generation in dieser trockenen, sicheren Umgebung statt.

Wespen und Hornissen

Während Bienen und Hummeln Vegetarier sind, bringen Wespen ihren Larven frisch getötete Raupen und andere Insekten als Nahrung mit. Es gibt zahlreiche soziale Wespenarten, etwa die Gemeine Wespe *(Paravespula vulgaris)*, die Deutsche Wespe (*P. germanica*) und die Rote Wespe *(P. rufa)* sowie die Hornisse (*Vespa crabro*). Sie alle bauen „Papier"-Nester aus zerkauten Holzfasern, oftmals unter Dachsimsen. Die Hornisse verbirgt ihr Nest in einer Spalte oder unter der Erde.

Ein besetztes Nest zu stören ist gefährlich, weil die Wespen dann in Massen ausschwärmen, um ihr Zuhause zu verteidigen, und mehrfach stechen können. Im Herbst ernähren sich Hornissen von überreifen Früchten und Nektar. Sie können lästig sein, sind aber nicht besonders gefährlich im Garten. Ein Beispiel für weniger aggressive, solitäre Arten ist die Lehmwespe, die grazil gebogene, einkammerige Lehmnester an Zweigen baut.

Findige Parasiten

Während die in Kolonien lebenden Echten Wespen die Zahl der Pflanzen fressenden Insekten durch Jagd regulieren, parasitieren Schlupfwespen an den Larven. Die Weibchen machen eine Larve ihrer Wirtsart ausfindig und legen ihre Eier auf deren Rücken ab. Sobald die Wespenlarven geschlüpft sind, bohren sie sich in Ihren Wirt ein, ernähren sich von ihm und töten ihn schließlich – aber erst, wenn sie bereit zur Verpuppung sind. Viele dieser Schlupfwespen sind zu klein, um sie mit bloßem Auge zu erkennen. Zu ihnen gehören auch Sekundärparasiten, die ihre Eier auf die Larven anderer parasitischer Wespen legen.

Die nützliche Rolle dieser Parasiten bei der Bekämpfung von Schädlingen erlangt zunehmend Bedeutung für Landwirte und Erwerbsgärtner. So kann man die Schlupfwespenart *Encarsia formosa*, die ihre Eier auf Larven der Weißen Fliege ablegt, in Gewächshäusern zur Bekämpfung der Weißen Fliege einsetzen. Mittlerweile werden diese parasitischen Wespen kommerziell gezüchtet und ihre Eier per Post versandt.

Im Garten ist diese natürliche Methode der Schädlingsbekämpfung allerdings noch selten im Einsatz, weil sich die jungen Schlupfwespen bei der Suche nach Opfern nicht auf unsere Schädlinge beschränken und davonfliegen. Naturgärtner können versuchen, eine Population dieser nützlichen Wespen anzulocken, indem sie deren Lieblingsstauden anpflanzen wie Dill, Schafgarbe und Rainfarn.

SCHLUPFWESPEN *sind nützliche Insekten, weil sie Schädlinge auf natürliche Weise bekämpfen, indem sie ihre Eier auf die Larven solcher Arten ablegen.*

FLEISSIGE BESTÄUBER

Die Bestäubung ist für die Fruchtbildung unabdingbar. Diese Aufgabe wird größtenteils von Bienen erfüllt.

Bessere Bestäuber als Bienen findet man kaum. Darüber hinaus liefern sie uns seit Tausenden von Jahren Honig und Wachs für Kerzen. Daher wurden sie vom Menschen aus ihrer ursprünglichen südeuropäischen Heimat in alle Teile der Welt verbreitet.

Bienen sind an Pflanzen interessiert, die reich an Nektar oder Pollen sind (siehe gegenüberliegende Seite). Auf Nahrungssuche fliegen sie so lange die gleiche Pflanzenart an, wie diese ihre Bedürfnisse befriedigt. Diese Treue macht sie zu sehr wertvollen Bestäubern.

Bienen erkennen Blüten an Form, Farbe und Duft. Zwar können sie kein Rot sehen, dafür aber Ultraviolett; daher nehmen sie Blüten als leuchtende Objekte in einer grauen Blattmasse wahr. Einige Blütenblätter besitzen Saftmale: Streifen oder Tupfen, die den Weg zum Nektar in den so genannten Honigdrüsen oder Nektarien weisen.

EINE BIENE BESUCHT *die Blüten des Schlangen-Knöterichs (ganz oben). Imker (unten) tragen Schutzmasken und hell gefärbte Kleidung, um sich vor Stichen zu schützen. Bienen, die auf der Suche nach Nektar und Pollen sind, stechen selten.*

ARBEITSBIENEN

Für das Sammeln von Nektar und Pollen sind die Arbeiterinnen zuständig. Nektar besteht aus Wasser mit ungefähr 20 Prozent Zucker. Zurück im Stock gibt die Arbeiterin den Nektar aus ihrem Honigmagen einer anderen Biene oder in eine leere Zelle. Durch Verdunstung des Wassers bildet sich dann Honig, eine exzellente Energiequelle. Auf diese Weise kann der Zuckergehalt auf bis zu 80 Prozent ansteigen.

Den Pollen kommt Bedeutung als Baustoff für die Larven zu. Wenn eine Biene eine Blüte besucht, bleiben die zumeist klebrigen Pollenkörner an ihren Haaren haften. Die meisten Körner bürstet die Biene dann zu einem Klumpen, der an den Hinterbeinen hängen bleibt (siehe Zeichnung rechts). Die übrigen Pollenkörner können auf der Narbe der nächsten besuchten Pflanzen abgeladen werden – damit ist die Bestäubung erfolgt. Experten können anhand der Farbe des Pollenklumpens sagen, welche Pflanzenart eine Biene besucht hat.

IN EINEM HONIGBIENENVOLK *produziert nur die Königin Eier, die sie in Brutzellen ablegt.*

Um Bienen in Ihren Garten zu locken, sollten pollenreiche Pflanzen zur Verfügung stehen. Außerdem sollten Sie sparsam mit Pestiziden umgehen.

BIENENSPRACHE

Bienen geben ihren Koloniemitgliedern Informationen darüber weiter, wo Nahrungsquellen zu finden sind. Das tun sie in Form eines Tanzes, den die so genannte „Spurbiene" auf der Honigwabe ausführt. Liegt die Nahrungsquelle zwischen 80 und 90 m entfernt, tanzt die Biene einen Rundtanz. Die anderen Trachtbienen oder Sammlerinnen folgen ihrer Bewegung und nehmen den Duft der Blüte auf. Anschließend fliegen sie

ARBEITERIN *mit Pollenklumpen an den Hinterbeinen*

POLLENREICHE PFLANZEN

Bienen besuchen Hunderte verschiedener Arten. Hier ist nur eine kleine Auswahl davon aufgelistet.

Frühling

Bäume und Sträucher

Apfel (*Malus* spec.)
Ginster (*Cytisus*)
Kornelkirsche (*Cornus mas*)
Johannisbeere (*Ribes*)
Gewöhnlicher Seidelbast (*Daphne mezereum*)
Forsythie (*Forsythia*)
Weißdorn (*Crataegus* spec.)
Geißblatt (*Lonicera* spec.)
Mahonie (*Mahonia aquifolium*)
Birne (*Pyrus* spec.)
Pflaume (*Prunus* spec.)
Weide (*Salix* spec.)
Scheinhasel (*Corylopsis* spec.)

Krautige Pflanzen

Bergenie (*Bergenia* spec.)
Kriechender Günsel (*Ajuga reptans*)
Krokus (*Crocus* spec.)
Judas-Silberblatt (*Lunaria annua*)
Ysander (*Pachysandra terminalis*)
Gänsekresse (*Arabis caucasica*)

Sommer

Bäume und Sträucher

Lederhülsenbaum (*Gleditsia triacanthos*)
Edelkastanie (*Castanea sativa*)
Trompetenbaum (*Catalpa bignonioides*)
Linde (*Tilia* spec.)
Rose (Pollenquelle, wenig Nektar) (*Rosa* spec.)

Krautige Pflanzen

Schleierkraut (*Gypsophila paniculata*)
Schmuckkörbchen (*Cosmos bipinnatus*)
Garten-Thymian (*Thymus vulgaris*)
Storchschnabel (*Geranium* spec.)
Drüsiges Springkraut (*Impatiens glandulifera*)
Kugeldistel (*Echinops* spec.)
Echter Lavendel (*Lavandula angustifolia*)
Echter Eibisch (*Althaea officinalis*)
Katzenminze (*Nepeta* × *faassenii*)
Himmelsleiter (*Polemonium* spec.)
Fetthenne (*Sedum* spec.)
Sonnenblume (*Helianthus* spec.)
Weber-Karde (*Dipsacus sativus*)

Herbst

Bäume und Sträucher

Jungfernrebe (*Parthenocissus* spec.)
Efeu (*Hedera helix*)

Krautige Pflanzen

Herbstaster (*Aster* spec.)
Studentenblume (*Tagetes erecta*)
Prachtscharte (*Liatris spicata*)
Goldrute (*Solidago* spec.)

DIE HONIGBIENE (Apis mellifera, *oben) wird in der ganzen Welt gehalten. Die ersten künstlichen Bienenstöcke waren vermutlich hohle Baumstämme, umgestülpte Töpfe oder Körbe.*

so lange um den Stock, bis sie die Blumen entdecken.
Ist eine Nahrungsquelle weiter entfernt, vollführt die Spurbiene einen Schwänzeltanz: Sie bewegt sich in gerader Linie über die Wabe und „schwänzelt" dabei mit ihrem Hinterleib hin und her. Nach wenigen Zentimetern dreht sie einen Halbkreis und wiederholt das Schwänzeln. Die Entfernung der Nahrungsquelle wird durch die Intensität der Bewegung angezeigt; je enthusiastischer sie sich bewegt, desto näher. Die Richtung der geraden Linie gibt die Ausrichtung der Nahrungsquelle zur Sonne hin an. Eine senkrecht nach oben weisende Linie heißt „in Richtung Sonne". Maximal fliegen Bienen etwa drei Kilometer weit; weitere Flüge kosten zu viel Energie.

Der Rundtanz (a) und der Schwänzeltanz (b) einer Spurbiene

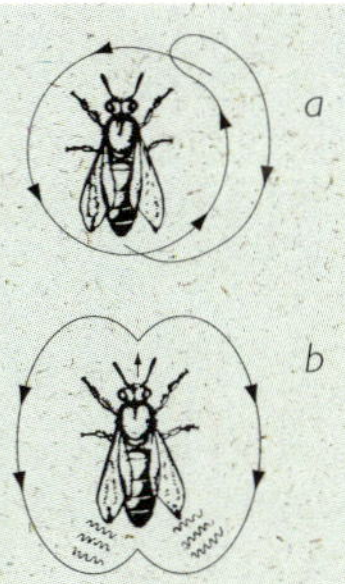

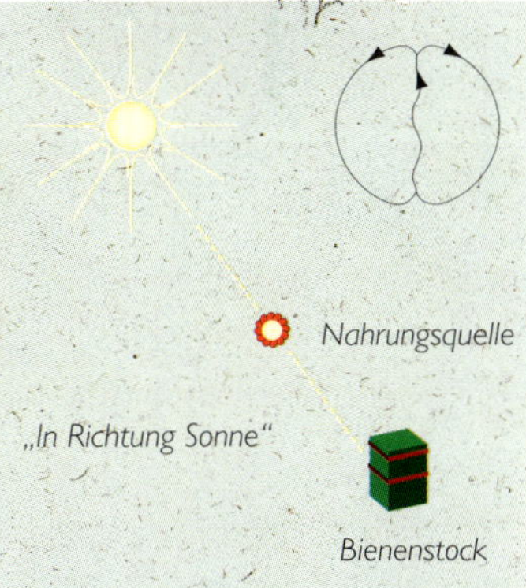

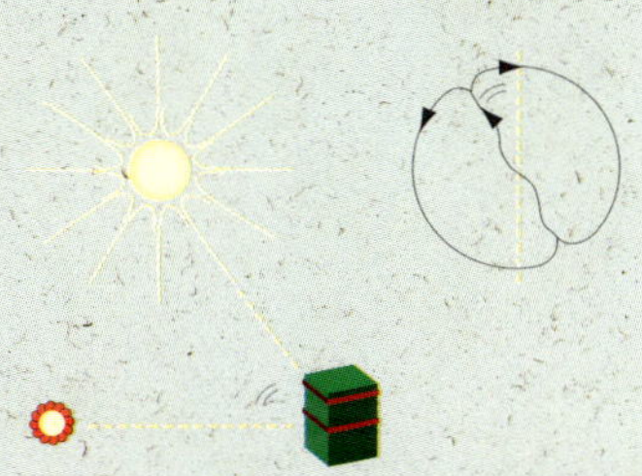

„Etwa 30° links von der Sonne"

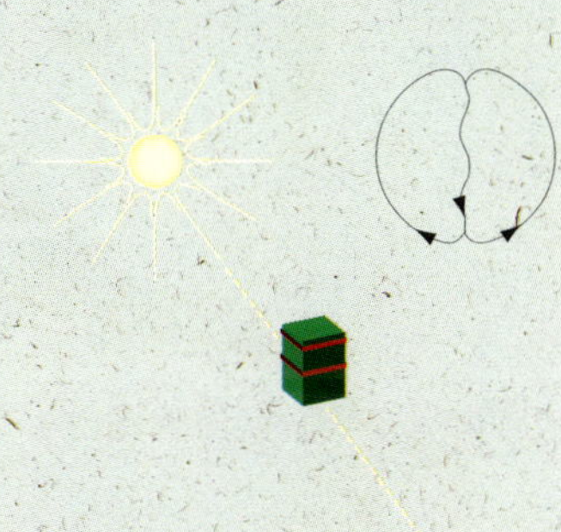

„Entgegengesetzt der Sonne"

Würmer *und* Krabbeltiere

Zu Füßen des Gärtners wirkt eine Fülle unauffälliger Geschöpfe und schafft eine für Pflanzen förderliche Umwelt.

Eine wichtige Stütze für die Ökologie des Gartens ist der Regenwurm. In einem gesunden Garten konsumieren Regenwürmer verrottende Blätter und verwandeln diese pflanzlichen Abfälle in Humus. Durch ihre lautlose, aber intensive Grabetätigkeit schaffen sie ein Labyrinth aus Gängen, durch die Luft um die Wurzeln zirkulieren kann; diese wird benötigt, um eine gesunde mikrobiologische Aktivität im Boden aufrechtzuerhalten. Die Lockerung des Bodens erleichtert auch die Aufnahme von Nährstoffen durch die Wurzeln.

Die verschiedenen Regenwurm-Arten lassen sich durch ihre Größe sowie Färbung unterscheiden. Um diese verborgenen Wohltäter zu fördern, sollte man auf den Einsatz chemischer Düngemittel verzichten. Nährstoffreicher Kompost eignet sich sehr viel besser als Beigabe für die Gartenerde und ist auch vorteilhafter für die anderen Tiere, die zur Verbesserung des Bodens beitragen wie Tausendfüßer und Landasseln oder die winzigen Springschwänze und Bodenmilben.

Insekten im Untergrund

Wie die Regenwürmer tragen auch Ameisen durch ihre Grabungen zur Belüftung des Bodens bei. Eine weit verbreitete Art mit großem Nahrungsspektrum ist die Wegameise; sie baut unterirdische Kolonien an Waldrändern und in der Nähe von Häusern. Diese Ameisen lieben auch Honigtau, eine süße Ausscheidung von Blattläusen, die sie durch „Melken" der Blattläuse erhalten. Die Rote Waldameise ernährt sich hauptsächlich von Insekten; diese Art ist gesetzlich geschützt, weil sie so nützlich ist bei der Bekämpfung von Waldschädlingen.

DER HIRSCHKÄFER *(ganz oben) verteidigt sich mit seinen Furcht erregenden Zangen. Der auffällige Käfer ernährt sich von Nektar und Pflanzensäften. Nach Sonnenuntergang gräbt sich der Tauwurm (rechts) an die Oberfläche und frisst von der feuchten Laubstreu.*

DIESER GRÜNRÜSSLER (Phyllobius viridearis, *oben) verbirgt sich in Brennnesseln. Die artenreichen Wolfsspinnen (links) jagen ihre Beute am Boden und auf niedrigem Pflanzenbewuchs.*

Die Larven zahlreicher fliegender Insekten sind ebenfalls an ein Leben unter der Erde angepasst. Larvenstadien von Maikäfer, Junikäfer und Schnellkäfer leben im Boden von Pflanzenwurzeln. Andere Larven sind vollendete Räuber. Die Larve des Sandlaufkäfers versteckt sich einem Loch und wartet darauf, arglos vorüberlaufende Ameisen und Spinnen packen zu können. Eine ähnliche Strategie verfolgt der gefräßige Ameisenlöwe, die Larve der Ameisenjungfer: Er lauert am Grund einer trichterförmigen Vertiefung im Sand darauf, dass eine unglückliche Beute hinein fällt.

Andere Insektenlarven, darunter die vieler Käfer-Arten, leben verborgen in rottenden Baumstümpfen und vermögen die aus Zellulose bestehenden Holzfasern zu verdauen. Durch ihre Bohrtätigkeit hinterlassen sie unter der Borke komplizierte Muster, die bezeugen, welch wichtige Rolle sie beim Abbau dieser Ressource spielen. Spechte, die diese Tiere erbeuten, gehören ebenfalls zu den Nutznießern, wenn man Totholz im Garten stehen lässt.

Hilfreiche Räuber

Ob schattig, belaubt oder sonnig – die Bodenfläche eines Gartens bildet den Lebensraum für eine Vielzahl aktiver Räuber. Sehr vorteilhaft wirken die häufig vorkommenden Laufkäfer, weil sie begierig Jagd auf Raupen und sogar Schnecken machen. Um diese und andere nützliche Käfer in den Garten zu locken, sollten Sie ständig für Rückzugsmöglichkeiten in Form von einjährigen Pflanzen oder niedrigen Sträuchern sorgen.

Spinnen gehören ebenfalls zu den wichtigen Boden lebenden Räubern. Die dünnbeinige Wolfsspinne hat ihr Revier auf offenen Flächen, sonnt sich gerne am Wiesensaum und verfolgt ihre Beuteinsekten. Wie für die meisten Spinnen typisch, injiziert sie ihren Opfern ein lähmendes Gift und saugt sie aus, sodass nur noch das Außenskelett übrig bleibt.

Die Kreuzspinne baut zwar ein Netz, man findet sie aber häufig unter Blättern versteckt, wo sie auf ihre Beute lauert. Andere Spinnenarten bleiben in der Mitte ihres Netzes sitzen, um dort ihre Beute in Empfang zu nehmen.

Der Weberknecht, der genau genommen nicht zu den Spinnen gehört, ist durch sehr lange, dünne Beine und einen kleinen Körper gekennzeichnet. Er jagt vor allem nachts kleine Insekten und saugt Pflanzensäfte.

EINE ROTE WALDAMEISE (Formica polyctena*) in Abwehrhaltung. Diese Art lebt auf Sanddünen und ernährt sich hauptsächlich von tierischer Beute.*

Am Teich

Ein Teich oder Bach zieht mehr Wildtiere an als jedes andere Gestaltungselement im Garten.

WENN EIN GRAUREIHER *(oben) einen Teich besucht, steht er mitunter stundenlang regungslos da und wartet auf Fische. Damit sie nicht alle Fische fressen, kann man beispielsweise eine Reiherattrappe am Ufer aufstellen.*

Wasser ist nicht nur ästhetisch, sondern auch unentbehrlich für Lebewesen. Viele Insekten- und Vogel-Arten finden hier ihre Nahrung, und fast alle Tiere, darunter auch ansonsten scheue Vögel und Säugetiere, kommen zum Trinken an Teiche und Bäche.

Sie lieben Wasser

Amphibien lassen sich von allen Wasser liebenden Tieren am leichtesten anlocken. Bestimmte Frösche können in sehr kleinen Tümpeln leben und sich fortpflanzen – oft genügt schon ein Gewässer von der Größe eines Waschbeckens.

Der Lebenszyklus variiert je nach Art, aber gewöhnlich beginnt die Fortpflanzung in einer Frühjahrsnacht, wenn die Männchen mit lautem Quaken die Weibchen anlocken und dabei zuweilen ohrenbetäubende Chöre bilden. Nach der Paarung legen die Weibchen die befruchteten Eier in Klumpen im Wasser ab. Aus den Eiern schlüpfen Kaulquappen, die sich von Algen und anderem Bewuchs auf Wasserpflanzen ernähren. Im Normalfall verbringen sie mehrere Monate unter Wasser und verwandeln sich dann allmählich in die vierbeinigen, schwanzlosen Erwachsenen. Mit ihren kräftigen Hinterbeinen können Frösche weite Sätze vollführen und so ihren Feinden entkommen, während sie mit Hilfe der Schwimmhäute zwischen ihren Zehen rasch schwimmend ihre Beute verfolgen können.

Sie können selbst eine Population gründen, indem Sie eine kleine Menge Eier von Gräben oder Teichen Ihrer Umgebung einsetzen. Der Wasserfrosch ist meist grün gefärbt und kommt oft in großer Zahl vor. Grasfrösche veranstalten im Frühjahr weitaus weniger Lärm als ihre grünen Vettern; kurz nach dem Ablaichen verlassen sie das Wasser wieder und lassen nichts mehr von sich hören.

Auch Kröten legen ihre Eier im Wasser ab, aber ihre

DER LAUBFROSCH *(oben) besitzt Saugnäpfe an seinen Zehen, mit denen er sich an Zweigen festhalten kann. Laubfrösche laichen im Frühjahr in kleinen Tümpeln und Teichen. Im Sommer verlassen die jungen Tiere das Wasser und gehen im Wald auf Insektenjagd. Leider sind diese hübschen Frösche sehr selten geworden. Libellen wie die Kleine Mosaikjungfer (rechts) sind nützliche Tiere, weil sie große Mengen von Stech- und Zuckmücken verzehren.*

DER TEICHMOLCH *(rechts) legt seine Eier einzeln an Wasserpflanzen. Die auffällig gefärbte Brandente (unten rechts), ein weiterer Teichbewohner, auf Nahrungssuche an der Wasseroberfläche.*

Kaulquappen entwickeln sich viel schneller; ihnen genügt selbst eine vorübergehende Pfütze in einer Senke. Erwachsene Kröten leben größtenteils an Land, brauchen aber feuchte, schattige Rückzugsmöglichkeiten. Zur typischen Nahrung gehören wichtige Gartenschädlinge wie Schmetterlingsraupen, Fliegenlarven und Schnecken, leider aber auch der nützliche Regenwurm.

Die bekannteste europäische Art ist die unauffällig braun gefärbte Erdkröte. Sie wird vorwiegend nachts aktiv und jagt fliegende Insekten. Tagsüber verbirgt sie sich unter Pflanzen oder zieht sich in Erdlöcher zurück.

Gefiederte Teichbewohner

Zu den potenziellen Besuchern größerer Teiche zählen das Blässhuhn, das Teichhuhn und verschiedene Entenarten. Die Stockente ist fast überall zu finden und wird sicherlich als Erste an einem Teich auftauchen; sie findet ihre Nahrung an der Wasseroberfläche oder frisst saftige Unterwasserpflanzen, gelegentlich auch Fische, Froschlaich und selbst Wasserinsekten.

Teichinsekten

In Sauerstoff reichem Wasser können auch Tiere leben, die unter Wasser atmen. Dazu gehören Tiere mit Kiemen (Fische, Kaulquappen und Larven von Molchen) sowie eine Vielzahl von Wasserinsekten, die über ihre Körperoberfläche atmen. Zu den häufigsten Insektenlarven, die den Sauerstoff auf diese Weise aufnehmen, gehören die der Libellen. Sie ernähren sich gefräßig von Stechmückenlarven und anderen kleinen Teichbewohnern. Wenn sie schließlich das Wasser verlassen, verwandeln sie sich in die wendig und schnell fliegenden Libellen. Auf der Suche nach erwachsenen Stechmücken, Zuckmücken und Fliegen können sie Geschwindigkeiten von bis zu 100 km/h erreichen. Die Weibchen legen ihre Eier auf Blättern im Wasser oder auf feuchten Steinen ab.

Andere räuberische Insekten gehen direkt auf der Wasseroberfläche auf Beutefang. Wasserläufer gleiten über Teiche und Bäche und machen sich dabei die Oberflächenspannung des Wassers zu Nutze. Wie die Land lebenden Spinnen, denen sie oberflächlich ähneln, nehmen Wasserläufer die Schwingungen von hilflosen kleinen, ins Wasser gefallenen Insekten wahr und schießen über die Wasseroberfläche, um diese auszusaugen.

Ein ebenfalls häufiger Anblick sind die schwarzen, ovalen Taumelkäfer, die in Gruppen kreisend über die Wasserfläche schwimmen, wobei sie kleine Wellen erzeugen. Geringfügige Reflektionen darin können sie mit ihren empfindlichen Antennen „lesen" und so feststellen, wo ein Insekt ins Wasser gefallen ist, um es zu erbeuten.

Rückenschwimmer treiben verkehrt herum, leicht angewinkelt direkt unter der Wasseroberfläche, und rudern mit Hilfe ihrer langen Hinterbeine pfeilschnell auf ihre Beutetiere zu. Weiter unten in trüberen Tiefen lauert die Riesenwasserwanze, ein stattlicher Jäger von Kaulquappen und jungen Molchen.

Schuppige Besucher

Schlangen und Eidechsen gehören zu jedem Garten, der Heimat einer ausgewogenen Lebensgemeinschaft sein möchte.

Reptilien (Kriechtiere) zählen normalerweise nicht gerade zu den Tieren, die Gärtner in ihren Garten locken wollen. Schlangen und Eidechsen leiden unter ihrem schlechten Ruf. Insbesondere Schlangen rufen eine Mischung aus Abscheu und Faszination hervor. Doch sie können dem Gärtner helfen, die Vermehrung von Schädlingen unter Kontrolle zu halten. Als geschickte Räuber nehmen sie eine wichtige Position in der Nahrungskette ein.

Schlangen als Freunde

Die am häufigsten im Garten anzutreffenden Schlangen sind normalerweise nicht aggressiv gegenüber Menschen. Am ehesten trifft man in vielen Teilen Europas an Land auf die Glattnatter (*Coronella austriaca*), im und am Wasser auf die Ringelnatter (*Natrix natrix*) und die Kreuzotter (*Vipera berus*). Die Glattnatter wird mitunter getötet, weil sie fälschlicherweise für eine Giftschlange gehalten wird. Das liegt wahrscheinlich an ihrer Abwehrreaktion: Sie zieht ihren Kopf zurück, zischt und schnellt dann vor, um zu beißen. Aber ihre winzigen Zähne enthalten kein Gift und können nicht viel Schaden anrichten. Am liebsten hält sich die Glattnatter an Waldrändern auf. Sie jagt Eidechsen, Mäuse und Wühlmäuse: Zuerst packt sie ihre Beute im Genick und erstickt sie dann, indem sie ihren Körper um sie windet.

Die Ringelnatter lebt vor allem im Wasser und sucht dort auch ihre Nahrung: Molche und Frösche. Das Weibchen legt seine Eier unter Blätter oder in den Komposthaufen. Der Mensch war der Ringelnatter gegenüber

NACH DER ÜBERWINTERUNG *stellt die männliche Zauneidechse (oben) ihr grünes Prachtkleid zur Schau. Die Ringelnatter (unten) liebt ebenfalls Sonnenbäder. Ihren Namen hat diese Schlange nach ihrer gelben „Halsband"-Zeichnung. Rechts ist ihre schuppige Haut in Großaufnahme zu sehen.*

stets positiv eingestellt, weil sie dem Aberglauben nach Glück bringen soll.

Gefahr am Boden

Schlangen zu töten ist selbst in Panik nur selten gerechtfertigt, da dabei viele gutartige, ja sogar nützliche Arten umgebracht werden, die man fälschlicherweise für gefährlich hält. Und selbst Giftschlangen spielen trotz ihres Rufs eine wichtige Rolle in der Ökologie des Gartens.

Auf dem europäischen Kontinent kommt nur eine giftige Schlange vor, die Kreuzotter, die sehr zurückgezogen lebt. Nichts desto trotz ist es angeraten, hohe Stiefel zu tragen, wenn man einen neuen Garten anlegt oder einen Gartenrand pflegt, der ihrem Lebensraum entspricht. Vermeiden Sie dort, mit Händen und bloßen Füßen an Stellen zu kommen, an denen sich Schlangen verstecken könnten oder die Sie nicht einsehen können.

Eidechsen und Schildkröten

Eidechsen sind nah mit Schlangen verwandt und haben eine ähnlich schuppige Haut; mit wenigen Ausnahmen besitzen sie jedoch vier Beine. Die Zauneidechse kommt hauptsächlich an sandigen Standorten vor. Nach der Überwinterung nimmt das Männchen zur Paarungszeit eine herrlich grüne Färbung an; nur jetzt tauchen auch die Weibchen auf. Die Bergeidechse legt keine Eier, sondern gebiert völlig entwickelte Jungtiere. Die Blindschleiche ist eine beinlose Eidechse, die häufig auf Kalkböden vorkommt.

Eine andere Hauptgruppe der Reptilien bilden die Schildkröten. Die meisten Arten sind am Wasser zu Hause. Die Sumpfschildkröte kommt nach wie vor in einigen Teilen Europas gelegentlich vor, wenngleich sie seit der Industrialisierung gefährdet ist. Diese Art liebt ruhiges, klares Wasser mit dichtem Uferbewuchs, aus dem sie sich vorsichtig hervorwagt, um sich zu sonnen. Ihre Nahrung bilden Insektenlarven, Kaulquappen und kleine Fische.

BEI DER SMARAGDEIDECHSE *(oben) verfärbt sich zur Fortpflanzungszeit die Kehle der Männchen azurblau. Leider ist die scheue Europäische Sumpfschildkröte (unten) mittlerweile zu einer bedrohten Tierart geworden.*

Ein Platz für Reptilien

Um Reptilien in Ihren Garten locken und sie auch beobachten zu können, sollten Sie einen sonnigen, nach Süden weisenden Felshang oder eine Mauer anlegen, wo ihre kaltblütigen Körper viel Strahlungswärme auftanken können. Bodendecker und Mulch begünstigen diese Tiere ebenfalls, weil sie während der heißesten Tagesstunden kühle Deckung bieten. Außerdem können Sie Ihren Garten durch ein steiniges Ufer, einen Steinhaufen oder einen Stoß verrottendes Holz reptilienfreundlich machen.

Insekten fressende Vögel

Viele Vogelarten passen sich problemlos an unsere Gärten an und bereiten dem Beobachter rasch viel Freude.

Mit ihrem Federkleid teilen Vögel mit dem Menschen die Vorliebe, sich mit Farben zu schmücken, und ihre Gesänge klingen für das menschliche Ohr oft sehr melodiös. Vögel bieten zudem interessante Beobachtungsmöglichkeiten: Sie sind groß genug und zeigen bei Nahrungsaufnahme und Sozialverhalten die für Warmblüter typische Lebhaftigkeit. Nicht selten ziehen sie sogar direkt vor unseren Augen ihre Jungen auf. Zahlreiche Vögel fühlen sich schnell zu unserem Garten hingezogen, wenn wir ihnen Nahrung bieten. Leicht lassen sich Bepflanzungspläne entwerfen, die sowohl den Bedürfnissen der Vögel als auch unseren ästhetischen Ansprüchen genügen. Ein aufmerksamer Gärtner kann in einem auf Vielfalt ausgelegten Garten mühelos ein Dutzend Vogelarten feststellen. Den Kern bilden ganzjährige Gartenbewohner.

Insekten und Mischkost

Um die größt mögliche Vielfalt an Vögeln anzulocken, müssen genügend Insekten im Garten sein. Jungvögel brauchen Eiweiß, um sich von empfindlichen Küken zu robusten Fliegern zu entwickeln – innerhalb nur weniger Wochen. Daher ziehen die meisten Singvögel ihre Jungen während der üppigen Sommermonate auf, wenn die Insektenpopulationen plötzlich ansteigen. Zu jener Zeit kann man oft Vögel beobachten, wie sie Insekten und andere Wirbellose verzehren. In anderen Jahreszeiten machen Früchte und Samen den überwiegenden Anteil der Vogelnahrung aus. Selbst im Winter spezialisieren sich jedoch einige Arten in erster Linie auf Insekten (besonders auf deren Eier und Puppen).

Wirtspflanzen für Insekten

Während der Blütezeit sind Wiesen und Blumenbeete reich mit Insekten bevölkert und werden deshalb gerne von Vögeln besucht. Die Blüten ziehen eine Fülle sechsbeiniger Bestäuber und Pollenfresser an, die zur Beute von Vögeln wie Grauschnäpper, Eichelhäher und Schwalbe werden. Das zarte junge Laub von Eichen und Weiden ist anfangs frei von Gerbstoffen und ernährt zusammen mit den blühenden Kätzchen im Frühjahr eine große Zahl von Raupen.

An diesem Überfluss des Frühlings laben sich zahlreiche Zugvögel, vor allem Grünfinken und Stieglitze, während einer kurzen Pause auf dem Weg zu ihren Brutgebieten im Norden. Die Borke vieler Bäume bietet Insekten, Spinnen und Puppen ein Zuhause, die Vögel wie der Kleiber, der Baumläufer und die Kohlmeise als Nahrung suchen.

DER KLEIBER *(ganz oben) ist an seinem schwarzen Augenstreif zu erkennen. Er lebt im Wald und besucht gerne ruhige Gärten mit Bäumen. Seine Nester baut er bevorzugt in Baumhöhlen in großer Höhe. Die Rauchschwalbe (links) deckt den Eiweißbedarf ihrer Jungen mit saftigen Raupen.*

DER WENDIGE GRAUSCHNÄPPER *(oben) geht mit seinem schmalen Schnabel auf Fliegenfang. Der Große Buntspecht (rechts) hat einen kräftigen, spitzen Schnabel, mit dem er unter der Borke Insekten hervorholen kann.*

AUF INSEKTENFANG

Insekten fressende Vögel zeichnen sich durch kräftige, aber dennoch behende Füße aus, die auf unterschiedliche Weise daran angepasst sind, auf den dünnsten Zweigen zu sitzen, kopfüber zu hängen, Baumstämme hinaufzuklettern oder über den Boden zu hüpfen. Mit ihren Schnäbeln können diese Vögel geschickt krabbelnde und fliegende Insekten packen, Wanzen und Kokons aufpicken, gegen Bäume hämmern, hartschalige Käfer knacken und andere Spezialaufgaben erfüllen.

Am häufigsten lesen die Vögel ihre Beutetiere direkt von Blättern, Stängeln und Blüten ab. Würger hingegen besitzen einen dickeren, hakenförmigen Schnabel, mit dem sie größere Beute fangen können, die sie oftmals auf Dornen oder Stacheldraht aufspießen. Insekten im Flug zu fangen ist die bevorzugte Jagdmethode von Fliegenschnäppern, deren Schnäbel weiter aufklaffen und deren lange, schmale Flügel abrupte Wendemanöver in der Luft ermöglichen.

Mit den Füßen sicher auf der Borke verankert stochern Spechte in verrottenden Bäumen nach Nahrung, wobei sie ihre kräftigen Schnäbel und die lang vorstreckbare Zunge zu Hilfe nehmen. Sie kommen aber auch an Futterhäuschen und suchen manchmal den Boden nach Ameisen ab.

Wieder andere Arten fahnden laufend oder hüpfend am Boden nach Nahrung oder durchstöbern die Laubstreu. Das ausgezeichnete Sehvermögen der Singvögel dient nicht nur dazu, verborgene Beutetiere zu entdecken, sondern auch ein wachsames Auge auf Räuber wie Greifvögel in der Luft und Säugetiere am Boden zu haben.

EINE MISTELDROSSEL *(unten) auf der Suche nach Nahrung für ihre Jungen. Später stehen Beeren auf dem Speisezettel. Im Spätfrühling ist eine Nachtigall (rechts) gleichbedeutend mit einem nahezu durchgängigen Konzert. Diese Vögel fühlen sich in dichtem Gebüsch, in feuchten Laubwäldern und breiten, bewaldeten Ufern am sichersten.*

FRÜCHTE FRESSENDE VÖGEL

Die Früchte und Samen vieler Pflanzen sind oft besonders auffällig und locken dadurch Vögel an.

Vögel, die Insekten jagen, müssen ihre sehr beweglichen, oft schwer fassbaren oder versteckten Opfer erst einmal fangen. Früchte und Samen sind hingegen viel einfacher zu erlangen. Pflanzen liefern damit Nahrung für Vögel und andere Tiere, die als Gegenleistung deren Samen an andere Stellen transportieren. Auf diese Weise spielen Früchte und Samen fressende Vögel eine wichtige Rolle bei der Ausbreitung zahlreicher Pflanzenarten.

DER STIEGLITZ *(unten), ein farbenprächtiger Vertreter der Finken, besucht am liebsten Samen tragende Pflanzen wie die Karde. Die Kohlmeise (rechts unten) ist ein weiterer Gartenbesucher, vor allem, wenn sie schmackhafte Samen beispielsweise von Sonnenblumen finden kann.*

WIE SAMEN VERBREITET WERDEN

Pflanzen haben verschiedene Strategien entwickelt, um die lebenswichtige Ausbreitung ihrer Samen zu bewerkstelligen. Zunächst einmal locken leuchtend gefärbte Früchte mit saftigem, nährstoffreichem Fruchtfleisch Vögel an. Oft fressen diese jedoch nur das Fruchtfleisch, nicht aber die Kerne, wenn diese zu groß oder hart sind, um sie aufzuknacken. Manchmal lassen sie sie einfach auf dem Weg zu einem anderen Ast fallen und bringen die Samen dadurch an einen neuen Standort.

Manch kleinere Samen, zum Beispiel die der Berberitze, verbleiben mit der eigentlichen Nahrung im Verdauungstrakt der Vögel und überstehen diesen Prozess unversehrt. Eine andere Strategie wenden Misteln an: Der Samen in ihren Früchten ist so unangenehm klebrig, dass Vögel oft versuchen, die Samen loszuwerden, wenn sie ihren Hunger gestillt haben; dabei reiben sie ihren Schnabel an der Baumrinde – genau dort, wo diese parasitische Pflanze bevorzugt wächst.

Vögel, die freien Bewohner von Land, Luft und Meer: ihre Gestalt die reine Symmetrie, ihre Bewegungen Anmut.

JAMES MONTGOMERY (1771–1864), britischer Dichter

Zahlreiche Pflanzenarten hüllen ihre Samen jedoch nicht in eine wohlschmeckende, einladende Frucht ein. sondern opfern einige zum Verzehr und vertrauen darauf, dass ein Teil von Samenfressern wie Sperling und Eichhörnchen versteckt, aber nicht wiedergefunden wird.

Die Kapseln des Drüsigen Springkrauts springen mit solcher Explosivität auf, dass die Samen herauskatapultiert werden. Die Samen anderer Pflanzen werden einfach abgeschüttelt, wenn sich Vögel auf ihnen niederlassen, so dass diese dem Gefressen-Werden entgehen. In Gewässernähe fallen Samen an das schlammige Ufer und können dort von Wasservögeln aufgepickt werden. Wieder andere Samen wie die der Klette weisen winzige Häkchen auf, mit denen sie an Fell oder Gefieder vorbeistreifender Tiere hängen bleiben und oft beträchtliche Entfernungen

DER KERNBEIßER *(rechts) liebt die Samen der Vogelkirsche. Wenn im Winter Nahrung knapp ist, kommt er auf der Suche nach Früchten und Samen auch in Gärten. Der Seidenschwanz (ganz rechts) zieht bei strenger Kälte von Nordeuropa in westliche Regionen. Besonders liebt er Beeren wie die der Eberesche.*

von der Elternpflanze weg transportiert werden.

VERSCHIEDENE GESCHMÄCKER

Sie müssen damit rechnen, dass Vögel unterschiedliche Nahrungsvorlieben und nicht immer den gleichen Appetit entwickeln. Bei einigen Früchte tragenden Pflanzen werden sie sofort zu den Stammgästen zählen, andere hingegen ignorieren, bis diese natürlich reifen und weicher werden oder beliebtere Nahrungsquellen erschöpft sind. Während ein Strauch in einem Jahr vielleicht einen Schwarm Kernbeißer anlockt, wird er in einem anderen Jahr unter Umständen gar keine gefiederten Besucher anziehen. Tatsächlich sind Vögel nicht nur unbeständig, sondern sogar überraschend flexibel, und nehmen in Notzeiten auch Nahrung an, die sie ansonsten ignorieren.

Für Zugvögel wie Grünfinken und Hänflinge, die bereits zeitig im Frühjahr zurückkommen und dabei manchmal noch in einen Kälteeinbruch geraten, in dem die meisten Insekten noch im Ruhestadium verharren, bedeuten noch vorhandene Beeren eine höchst attraktive, lebensnotwendige Nahrungsquelle in dieser Notzeit. Selbst im Sommer, wenn Insekten häufig sind, verzehren manche vorwiegend Insekten fressende Vögel auch Beeren und machen sich damit deren Gehalt an bestimmten Mineralien und Vitaminen zu Nutze.

SAMEN UND FRÜCHTE FÜR VÖGEL

Ein Garten mit Pflanzen wie Wollige Kratzdistel (*Cirsium eriophorum*), Schafgarbe (*Achillea* spec.) und Raihfarn (*Tanacetum vulgare*) zieht verschiedene Vögel an, insbesondere Finken. Die Samen der Karde und anderer Arten fallen selbst im Winter noch von den Blüten, so dass Vögel auch in kalten Monaten etwas Fressbares finden. Beeren tragende Sträucher sorgen ebenfalls für eine vielfältige Vogelwelt. Es ist bekannt, dass viele Beeren erst nach einem harten Frost schmackhaft sind. Die sommerlichen und herbstlichen Früchte von Holunder, Stechginster und Brombeere stellen ein Festmahl für Drosseln und Amseln dar, die das ganze Jahr über hier bleiben. Die Früchte von Stechpalme, Schlehe, Eibe und Weißdorn bilden wichtige Nahrungsquellen für sie im Winter, wenn es sonst nirgendwo mehr Futter gibt. Aus diesem Grund sollten Sie solche Pflanzen im Herbst nicht zurückschneiden, sondern mit den Samen bis zum Frühjahr stehen lassen. Die Vögel danken es Ihnen.

EINE WEIBLICHE AMSEL *bei der Nahrungssuche (unten). Früher ein scheuer Waldbewohner, ist sie heute eine der verbreitetsten Vogelarten.*

KLEINE SÄUGETIERE *im* GARTEN

Viele kleine Säugetiere profitieren von einem Naturgarten, weil sie hier eine Unmenge Insekten erbeuten können.

Die Säugetiere kennenzulernen, die regelmäßig unseren Garten aufsuchen, stellt eine Herausforderung dar. Einerseits stehen uns diese behaarten, warmblütigen Tiere entwicklungsgeschichtlich näher als alle anderen Tiere im Garten. Andererseits macht es ihre Lebensweise schwierig, sie zu beobachten, denn sie führen ihr Leben ziemlich im Verborgenen. Um sicher vor Räubern schlafen und ihre Jungen aufziehen zu können, leben sie oft unterirdisch oder zurückgezogen in Bäumen. Bei vielen Arten spielen sich die meisten Aktivitäten im Schutz der Dunkelheit ab.

Oft sind wir daher auf indirekte Hinweise angewiesen, um diese Säugetiere zu entdecken – auf eindeutig erkennbare Spuren ihrer Tätigkeit wie Fußabdrücke oder sonstige Fährten, feste Pfade oder Stellen, an denen sie Spuren ihrer Nagetätigkeit hinterlassen haben. Häufig verraten auch Haarbüschel, Exkremente oder angekaute Pflanzenteile ihre Anwesenheit. Auch wenn wir uns bisweilen über die einfallsreichen und energiegeladenen Tiere ärgern, können sie uns ein anderes Mal doch bezaubern und beeindrucken.

JÄGER AM BODEN

Der Igel ist ein typischer Waldbewohner, der aufgrund seiner guten Anpassungsfähigkeit auch häufig in Parks und Gärten anzutreffen ist. Er ist nachtaktiv und bleibt tagsüber in seinem Nest im Unterwuchs zwischen Steinen oder unter Baumstümpfen. Die Nahrung des Igels besteht aus Insekten, Würmern und Schnecken, gelegentlich stiehlt er aber auch Eier und Küken aus Vogelnestern. Bei drohender Gefahr rollt er sich zu einer stacheligen Kugel zusammen.

ALLROUND-RÄUBER

Einer der verbreitetsten Räuber ist das Mauswiesel. Es ist verblüffend schlank gebaut, mit rötlich braunem Rücken und weißem Bauch. Mauswiesel bevorzugen offene Felder und Gebüsch, sind aber auch häufig in Parks und Gärten anzutreffen. Sie jagen bei Tag wie auch bei Nacht; ihre Hauptnahrung bilden Mäuse, die sie bis in ihre Löcher verfolgen.

DIE WALDMAUS *(unten) ist ein echter Waldbewohner, obgleich man sie auch oft in Parks und Gärten antrifft. Das Grauhörnchen (ganz oben links) hat sich seit seiner Einführung in Großbritannien aus Nordamerika während des 19. Jahrhunderts ausgebreitet.*

DAS ROTE EICHHÖRNCHEN *(ganz links) sucht seine Nahrung auf den Bäumen und hortet sie über Winter. Igel (links) sind regelmäßige nächtliche Besucher unserer Gärten. Das schlanke Mauswiesel (unten links) jagt Mäuse und andere kleine Wirbeltiere.*

Meister der Insektenfresser

Obwohl Spitzmäuse Waldbewohner sind, findet man sie auch regelmäßig im Garten. Sie zeichnen sich durch eine lange und bewegliche, rüsselartige Schnauze sowie lange Schnurrhaare aus. Spitzmäuse leben recht zurückgezogen und sind sowohl tag- als auch nachtaktiv. Zu ihrer Jagdbeute zählen Würmer, Schnecken und auch kleine Wirbeltiere.

Der Maulwurf ist mit den Spitzmäusen verwandt, aber weitaus weniger aktiv. Er führt ein unterirdisches Leben als höchst effizienter Räuber, wobei er mit Hilfe seiner bekrallten Vorderpfoten auf der Jagd nach Regenwürmern und Insekten durch die weiche Erde "paddelt". Obgleich der Maulwurf Rasen und Pflanzenwurzeln schädigen kann, ist er für den Garten ein nützliches Tier, weil er den Boden lockert und die Populationen der wurzelfressenden Larven stark dezimiert.

Pflanzennager

Haus-, Feld- und Waldmäuse sind echte Nagetiere, die sich von pflanzlichem Material ernähren, insbesondere von Gräsern, Samen, Nüssen und Früchten, aber auch Pilze und Insekten nicht verschmähen. Die Feldmaus ist die häufigste dieser Arten.

Hasen und Kaninchen knabbern mit ihren stattlichen Schneidezähnen nicht nur an Gräsern und krautigen Pflanzen, sondern verzehren auch Knospen, Zweige, Rinde und Blätter von verholzten Pflanzen.

Nüssesammler

Das Eichhörnchen kommt in ganz Europa vor. Die Färbung seines Felles variiert von hellrostrot über bräunlich rot bis zu fast schwarz. Es lebt hauptsächlich von Samen, frisst aber auch Früchte, Knospen, Baumrinde, junge Schößlinge, Pilze und Insekten und raubt sogar manchmal Vogelnester aus. Es sucht seine Nahrung vor allem in Bäumen, weniger auf dem Boden. Nahrungsvorräte für den Winter hortet es in hohlen Bäumen oder vergräbt sie. Manchmal werden Eichhörnchen recht zahm und lassen sich mit zermahlenen Maiskörnern, Kiefernnüssen oder Erdnüssen recht nahe anlocken.

In England und Irland trifft man auch das aus Nordamerika eingeführte Grauhörnchen an. Insbesondere in Südengland hat es durch sein aggressives Auftreten das Rote Eichhörnchen fast verdrängt. Es frisst vor allem Knospen und Schösslinge und verursacht Schäden in vielen Wäldern.

DACHSE *(rechts) sind scheue Waldbewohner, bisweilen trifft man sie aber auch entlang von Waldrändern und im offenen Gelände.*

GROSSE SÄUGETIERE *in der* LANDSCHAFT

Große Säugetiere sprechen den Menschen in besonderer Weise an.

Die Eleganz, Schnelligkeit, Gewandtheit, Kraft oder Gerissenheit der großen Säugetiere erregen vielfach unsere Bewunderung. Sie gelegentlich zu Gesicht zu bekommen, ist etwas ganz Besonderes.

Rehen kann man heute in den meisten Lebensräumen begegnen – im Tiefland und in den Bergen, auf Wiesen und im Unterwuchs. Im Laufe der Jahrhunderte entwickelte sich das Reh zu einem Kulturfolger und bevorzugt nun statt seiner ursprünglichen Nahrung aus Blättern und Knospen die nahrhaften Pflanzen, die der Mensch anbaut. Besonders im Winter kommen diese Tiere auch in Gärten, um die Rinde junger Bäume und Sträucher abzuschälen.

Wenn Sie Rehe beobachten möchten, müssen sie früh morgens aufstehen und eine Wiese aufsuchen, die an einen Wald grenzt. Oft äsen Rehe zu dieser Zeit an solchen Stellen. Sobald sie Sie entdecken, flüchten sie jedoch in hohen Sätzen mit aufgerichtetem Schwanz, sodass der weiße „Spiegel" darunter deutlich sichtbar ist, in den Wald.

Im Winter leben Weibchen (Ricken), Männchen (Böcke) und Jungtiere (Kitze) zusammen in Rudeln aus zehn und mehr Tieren. Im zeitigen Frühjahr brechen diese Gruppen auseinander; auch die Wege von Müttern und ihren Jungtieren trennen sich nun. In der Brunftzeit von Mitte Juli bis August setzen Ricken wie Böcke Duftmarken zur Markierung ihres Reviers ab. Für den Rest des Jahres ziehen sie in Gruppen von zwei bis drei Tieren umher.

REHE IM GARTEN

Rehe sind sehr ängstliche Geschöpfe und daher schwer in den Garten zu locken. Salzbrocken auszulegen kann helfen, denn alle Rehe benötigen Salz für ihre Ernährung. In der Natur fres-

MIT EIN WENIG GLÜCK *trifft man bei einem Spaziergang in der Natur auf einige Rehe (unten). Elche (ganz unten) leben in den Wäldern und Tundren Nord- und Osteuropas; in Schweden kann man die große Hirschart auch schon mal im Garten antreffen; mit Vorliebe laben sie sich an jungen Blättern und Wasserpflanzen.*

sen sie junge Zweige, Knospen und Blätter, Brombeeren und Himbeeren sowie saftige Gräser. Wenn Sie in Ihrem unumgrenzten Naturgarten solche Nahrung bieten und gleichzeitig ihre jungen Bäume durch ein Drahtgeflecht schützen, besteht in ländlicher Umgebung eine recht gute Chance, dass Rehe zu Besuch kommen.

Rothirsche und Wildschweine

Die majestätischen Rothirsche wirken in ihrer stattlichen Erscheinung beeindruckend. Sie unternehmen weite Wanderungen und leben mehr im Verborgenen als ihre kleineren Verwandten, weshalb eine zufällige Begegnung mit diesen Tieren noch viel außergewöhnlicher ist.

Jahrelang ging die Zahl der Hirsche wegen der Jagd und dem Schwinden ihres natürlichen Lebensraums zurück. Heute gibt es nur noch in wenigen Regionen Mittel- und Nordeuropas einigermaßen große Populationen. Der Bestand nimmt nicht weiter ab, weil die Rothirsche in Schutzgebiete zurückgedrängt wurden, in denen sie oft recht zahm werden. Ein Überleben außerhalb dieser Reservate wurde für sie jedoch recht schwierig.

Das gilt auch für das Wildschwein, das einst in Europa weit verbreitet war. Diese Tiere graben nach Wurzeln und können in bewohnten Gebieten große Schäden anrichten. Im Wald macht sie dieses Verhalten jedoch zu nützlichen Tieren, weil sie beträchtliche Mengen von Schadinsekten wie Maikäfer, Blattwespen und Raupen verzehren. Beim Graben nach Wurzeln mit ihren Schnauzen lockern sie zudem den Boden, so dass sich der Wald erneuern kann.

EIN WILDSCHWEIN *mit Frischlingen (ganz oben). Diese Tiere tun ein nützliches Werk, indem sie bei der Suche nach Wurzeln den Waldboden umgraben; von Gärten sollte man sie besser fernhalten. Zwei junge Füchse (oben) warten an ihrem Bau auf die Rückkehr ihrer Eltern.*

Füchse – geschickte Nachtjäger

Als Gärtner kann man durchaus ab und zu auf einen Fuchs treffen, in ländlicher Umgebung und selbst in einigen Städten, obgleich dieser geschickte Räuber über einen sehr gut entwickelten Geruchs- und Gehörsinn verfügt, Menschen daher schnell bemerkt und ihnen aus dem Weg geht. In leichtem Trab geht der Fuchs meistens bei Nacht und am frühen Morgen in der Übergangszone zwischen Wald und Wiese auf die Jagd nach Feldmäusen, Kaninchen, Grillen oder anderen Insekten.

In früherer Zeit kam in weiten Teilen Europas auch der Wolf vor, aber aufgrund der starken Verfolgung und der stetig zunehmenden Erschließung seines natürlichen Lebensraums überlebte er nur noch in wenigen Reservaten.

REHE IM GARTEN: *Obwohl Rehe recht scheu sind, wagen sie sich bei bitterer Kälte und Nahrungsknappheit bisweilen auch in Gärten vor.*

Nächtliche Anwohner

Wenn die Sonne untergeht und Dunkelheit den Garten umhüllt, erwachen die Tiere der Nacht.

Spinnen reparieren ihre Netze; nachtaktive Säugetiere huschen oder fliegen umher, Laubfrösche trillern und am Rand von Wiesen leuchten Glühwürmchen – bei Einbruch der Dunkelheit taucht eine andere Welt auf.

Eintritt in die Welt der Dunkelheit

Die Welt der Dämmerung bleibt dem Gärtner keineswegs verborgen, wenn er bereit ist, sich darauf einzustellen. Man muss lernen, auf andere Sinne zu vertrauen, um die Geräusche und Düfte wahrzunehmen, die nach Einbruch der Dunkelheit an Bedeutung gewinnen. Das Zwielicht bietet eine gute Gelegenheit, nächtliche Bewohner zu sehen, wenn diese nach ihrem täglichen Schlaf wieder munter werden.

Vor dem dunkler werdenden Himmel schwingen sich die Silhouetten von Fledermäusen und Eulen in die Lüfte. Nachtfalter haben in dieser Zeit des Übergangs zwischen Tag und Nacht ihren Aktivitätshöhepunkt. Auch in mondhellen Nächten lassen sich gut Beobachtungen machen. Selbst im Licht der Sterne können sich unsere Augen so anpassen, dass wir Umrisse und Bewegungen im Garten erkennen können. Das menschliche Auge erreicht bei Nacht nach nur 15 bis 30 Minuten in der Dunkelheit eine überraschende Empfindlichkeit.

Blüten der Nacht

Wie wir können auch die wenigsten Tiere bei Nacht Farben erkennen, sodass es nicht überrascht, dass im nächtlichen Garten blass gefärbte, vor allem weiße Blüten auffallen. Einige öffnen sich erst bei Nacht zu ihrer vollen Pracht, etwa die tropische Mondwinde (*Ipomoea alba*), deren Blüten nur eine einzige Nacht lang halten.

BEI NACHT *kommen, angezogen vom Licht, oft Federmotten (ganz oben) an die Fensterscheiben. Die flugunfähigen Weibchen des Kleinen Leuchtkäfers (oben rechts) beantworten mit ihrem leuchtenden Hinterleib Lichtsignale der Männchen. Die Waldohreule (links) fühlt sich am sichersten im dichten Laub von Nadelbäumen. Sie ist sowohl am Tag als auch bei Nacht aktiv.*

Andere Blüten werben mit intensiven Düften, die sie nur nach Sonnenuntergang freisetzen, für ihren Nektar und Pollen. Viele Lilien, das Wald-Geißblatt (*Lonicera periclymenum*) und die Waldhyazinthe (*Platanthera bifolia*), die vereinzelt in Mitteleuropa vorkommt, sind hervorragende Beispiele dafür. Durch die zunehmende Feuchtigkeit der nächtlichen Luft werden solche Düfte, die Bestäuber anlocken sollen, noch verstärkt.

Bei nachts aufblühenden Blumen ist der Nektar meist in langen, röhrenförmigen Blüten verborgen, die für die langen Saugrüssel der nächtlich fliegenden Schwärmer

DIE GROSSOHRIGE FLEDERMAUS *(oben rechts) ist heute eine bedrohte Art. Der Ziegenmelker (rechts) wird durch Verlust und Störung seines Heide-Lebensraums ebenfalls immer seltener.*

zugänglich sind. Geduldige Beobachter können diese Nachtfalter wie kleine flatternde Geister über Blumenbeeten schweben sehen.

Jagd im Blindflug

Von den nachts fliegenden Insekten profitieren wiederum die Fledermäuse, die diese als Nahrungsquelle nutzen. Dank der Echo-Ortung vermögen sie sich im Dunkeln zu orientieren und ihre Beute anzupeilen: Mit Hilfe der hochfrequenten Schallwellen, die sie ausstoßen, können sie selbst Insekten von der Größe einer Stechmücke ausmachen.

Einige Fledermaus-Arten halten Winterschlaf; mit dem Kopf nach unten und gut getarnt hängen sie bisweilen in großen Kolonien an dunklen Stellen, wie hohlen Bäumen, Höhlen, Kellern oder sogar in Dachgeschossen.

Setze dich nachts ins Freie und schließe die Augen; fühle das Gras, die Luft, die Weite.

Linda Hasselstrom (20. Jahrhundert), amerikanische Schriftstellerin und Farmerin

Dass Fledermäusen ein schlechter Ruf anhaftet, mag damit zusammenhängen, dass sie nur bei Nacht aktiv sind und in vielen Horrorfilmen als Unheilbringer auftreten. Dieser Ruf spiegelt jedoch in keiner Weise ihren wahren Wert für die Ökologie wider. So spielt beispielsweise die Zwergfledermaus eine bedeutende Rolle zur Dezimierung nächtlich fliegender Insekten, vor allem Stechmücken.

Greife der Nacht

Neben Fledermäusen, allerdings in weitaus geringerer Zahl, fangen auch Ziegenmelker Insekten aus dem Nachthimmel. Dieser Vogel mit breitem, weit klaffendem Schnabel kann an einem Abend 500 Stechmücken fangen. Durch die spezielle Beschaffenheit seiner Federn werden die Geräusche bei seinen Flügen über Waldränder und Gärten gedämpft. Von Zaunpfosten oder Ästen aus lassen die Männchen ihren dröhnenden Gesang erklingen, den das Weibchen mit einem eulenartigen Ruf beantwortet.

Eulen teilen mit dem Ziegenmelker die Fähigkeit zu einem wendigen, fast lautlosen Flug und zu durchdringenden Schreien, suchen allerdings nach größeren Beutetieren. So ist beispielsweise die Waldohreule ein geschickter Jäger von Mäusen und Wühlmäusen, aber auch Heuschrecken und Eulenfalter-Raupen. Zur Aufzucht ihrer Jungen übernehmen sie oft verlassene Nester von anderen Vögeln. Das Männchen stößt in regelmäßigen Abständen seinen langen, klagenden „hu-hu“-Ruf aus, der noch in einigen Kilometern Entfernung zu hören ist. Die größere Schleiereule jagt auf Feldern, Äckern und Gärten und erbeutet bis zu zwanzig Nagetiere pro Nacht.

VORKEHRUNGEN *gegen* UNERWÜNSCHTE GÄSTE

Mit einfachen Maßnahmen können Gärtner Schadensverursacher in Grenzen halten und sich dennoch an anderen Wildtieren erfreuen.

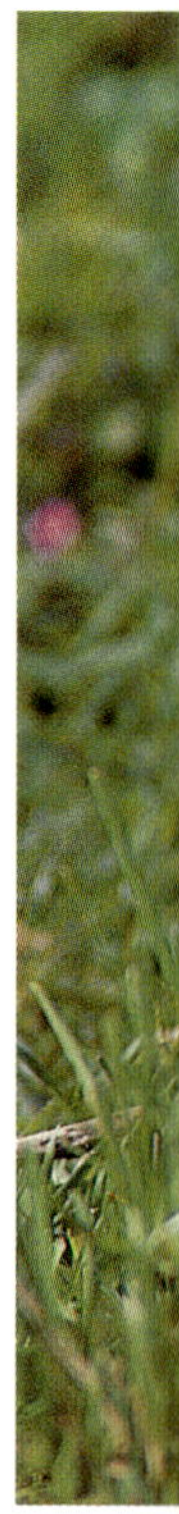

Unter Idealbedingungen befindet sich die Lebensgemeinschaft aus Pflanzen und Tieren in einem Naturgarten im Gleichgewicht. Es gibt jedoch einige Säugetierarten, die aufgrund ihrer Gefräßigkeit nicht gerne im Garten gesehen sind.

DICHTE ZÄUNE FÜR GUTE NACHBARSCHAFT

Am effektivsten hält man problematische Tiere zunächst einmal mit Hilfe von Drahtzäunen oder anderen Einfriedungen davon ab, überhaupt erst in den Garten zu gelangen. Das Sprung- und Klettervermögen der betreffenden Tiere oder ihre Fähigkeit, sich irgendwo hindurch zu zwängen oder zu graben, geben hierbei die Dimensionen vor: Höhe, Tiefe im Erdboden und Maschengröße.

In stark bewaldeten Gebieten gibt das enorme Sprungvermögen von Hirschen die Mindesthöhe eines Zauns vor. Eine Höhe von gut 2 m reicht im Allgemeinen aus, 2,50 m bieten mehr Sicherheit. Zäune aus Maschendraht oder anderem Drahtgeflecht sowie Holzzäune eignen sich gut. Eine Ricke vermag durch 30 cm große Spalten zu schlüpfen, während ein Kitz nur 25 cm benötigt. Da Hirsche immer erst versuchen werden, unter einem Zaun hindurch zu kommen, sollte das Fundament stabil gesichert sein. Überprüfen Sie den Zaun daher regelmäßig auf Schwachstellen oder Löcher.

Waschbären, die man mittlerweile in einigen europäischen Ländern antrifft, sind durch ihr ausgezeichnetes Klettervermögen kaum von einem Garten fernzuhalten. Im Falle einer Bedrohung sollte man daher die obersten 60 cm eines 1,80 m hohen Zauns lose überhängen lassen, damit die Tiere nicht daran hochklettern können.

KÄFIGE FÜR PFLANZEN

Drahtgeflechte um Pflanzen und Baumstämme herum bieten einen guten Schutz gegen hungrige Mäuler. Für Rehe muss ein solches Geflecht mindestens 1,50 m hoch sein. Gegen Feldmäuse lässt sich Baumrinde durch Einhüllen des Stammes mit einer Kunststoffplane bis in 60 cm Höhe schützen. Um Einjährige und Zwiebelpflanzen vor Maulwürfen zu schützen, kann man

MAULWÜRFE *können beim Graben ihrer Gänge erheblichen Schaden an Rasen und Pflanzenwurzeln anrichten.*

ZÄUNE GEGEN GRABENDE TIERE

Je nach Größe und Grabfähigkeiten der Tiere müssen Drahtzäune ausreichend tief im Boden verankert werden, so dass sie nicht darunter hindurch kriechen und in den Garten dringen können.

Tier	*Maschengröße*	*Tiefe im Boden*
Maulwurf	12 mm	45 cm
Ratte	2.5 cm	30 cm
Hamster	2.5 cm	45 cm
Bisamratte	2.5 cm	60 cm

KATZEN *(rechts) können die Vogelpopulation eines Gartens bedrohlich dezimieren. Obgleich sie so niedlich aussehen, können auch Kaninchen (unten) beträchtliche Schäden anrichten. Der Waschbär (ganz links) stammt aus Nordamerika, wo er unter den Säugetieren einer der häufigsten Gartenbesucher ist. Wegen seines Felles wurde er in Europa eingeführt.*

DIE BISAMRATTE *(rechts), ebenfalls aus Nordamerika eingeführt, ernährt sich bevorzugt von Wasserpflanzen.*

sie in Drahtkörbe oder Blumentöpfe mit Dränagelöchern setzen. Reifende Früchte lassen sich mit feinmaschigen Kunststoffnetzen abdecken. Diese bieten Schutz gegen Vögel und andere Tiere. Über die Fruchtstände von Trauben und Maiskolben kann man notfalls Nylonstrümpfe ziehen.

Abwehrmittel

Nach physikalischen Barrieren sind Abwehrmittel die häufigsten Mittel, um Problemtieren im Garten Herr zu werden. Die meisten sind pflanzlichen Ursprungs und stammen von Arten mit starken aromatischen Ausdünstungen; lassen Sie sich in Ihrem Gartencenter entsprechend beraten. Es gibt auch elektrische Geräte, die hochfrequente Töne erzeugen oder ununterbrochen Magnetfelder aussenden und dadurch Tiere verjagen. Aber seien Sie auf der Hut: Oft übertreibt die Produktbeschreibung die Wirkung solcher Geräte.

Strategische Pflanzung

Nicht selten erweist es sich als erfolgreich, wenn man zwischen empfindliche Pflanzen solche mit stechend riechendem Laub pflanzt. Ihr natürlicher Geruch ist zu stark für den empfindsamen Geruchssinn vieler Säugetiere, sodass diese vielfach gleich wieder kehrt machen und auch die anderen Pflanzen in Ruhe lassen. Folgende Pflanzen können Sie zu diesem Zweck ausprobieren: Beifuß- (*Artemisia*) und Zwiebel-Arten, Ringelblumen (*Calendula*) insbesondere gegen Feldhasen und Kaninchen, Studentenblumen (*Tagetes*) gegen Säugetiere aller Art, Kreuzblättrige Wolfsmilch (*Euphorbia lathyris*) und Narzissenzwiebeln gegen Maulwürfe, Fingerhut gegen Hirsche sowie Salbei und Minze.

Noch eleganter ist es, empfindliche Pflanzen dicht mit Arten zu umpflanzen, die nicht auf dem Speisezettel der Tiere stehen und damit für diese nicht interessant sind. Außerdem kann man zur Unterstützung eine dornige Barriere mit Pflanzen wie Berberitzen anlegen.

BEOBACHTUNGEN *und* NOTIZEN

In einem auf Artenvielfalt ausgelegten Naturgarten ergeben sich zahlreiche Gelegenheiten für Beobachtungen.

MÄUSESPUREN IM SCHNEE *(oben) verraten die Anwesenheit eines Besuchers. Bei genauem Hinsehen entdeckt man eine gut getarnte Spinne (rechts).*

Im Naturgarten können wir beobachten, wie Tiere ihr Leben führen – von Ereignissen im kleinsten Maßstab im Blütenkelch bis zu den eindrucksvollen Wanderungen von Säugetieren und Zugvögeln. Manchmal müssen wir uns auch damit begnügen, die Spuren von Tieren zu interpretieren: ein angeknabbertes Blatt, Fährten im Neuschnee oder ein Ameisenhügel, auf den ein Netz von Gängen zu unseren Füßen hindeutet.

EIN GARTENTAGEBUCH

In einem Gartentagebuch kann man nicht nur Erinnerungen an einzelne Ereignisse festhalten, es ermöglicht auch, Vergleiche zu ziehen und im Laufe der Zeit wiederkehrende Abläufe zu erkennen. Skizzen sind eine unschätzbare Ergänzung dieser persönlichen Chronik, um Zusammenhänge zwischen verschiedenen Tieren und Pflanzen zu verdeutlichen und interessante Details festzuhalten. Die Zeichnungen mit einem weichen Bleistift oder Filzstift brauchen weder künstlerisch wertvoll noch wissenschaftlich exakt zu sein, man braucht nur ein wachsames Auge.

Zu Beginn sollten Sie grundlegende Daten wie Temperatur, Niederschlag, Datum und Tageszeit festhalten. Es ist auch hilfreich, das Verhalten der Tiere in Kategorien einzuteilen: Nahrungsaufnahme, Lautäußerungen, Paarung, Brüten, Ansitzen.

Später können Sie dann Ihre Beobachtungen nach Tierarten oder Wirtspflanzen ordnen. Mit Karteikarten oder einem PC mit einem einfachen Datenbank-Programm lassen sich die Daten sehr effizient organisieren.

DAS AUGE DER KAMERA

Fotografien sind eine wertvolle Ergänzung, um die Geschichte eines Gartens, seiner Bewohner und Besucher zu illustrieren. Eine 35-mm-Spiegelreflexkamera eignet sich am besten für Amateur-Naturfotografen. Mit ihr lassen sich bei nicht allzu hohen Kosten die besten Ergebnisse erzielen.

GARTENTAGEBUCH: *In der Natur gibt es enge Verbindungen zwischen Pflanzen und Tieren. Versuchen Sie, Entwicklungen und Beobachtungen sorgfältig zu notieren. Oft werden im Nachhinein die Zusammenhänge sichtbar.*

Um unterschiedlichen Situationen gerecht zu werden, kann man verschiedene Wechselobjektive oder Vorsatzlinsen einsetzen. Mit einem Stativ lassen sich bei schwacher Beleuchtung Verwacklungen aus der Hand verhindern.

Tips für Tierbeobachter

Es gibt einige einfache Techniken, um die Beobachtungsfähigkeit auszufeilen und die Chancen zu verbessern, dass man Tiere beobachten kann. Denken Sie stets daran, dass Menschen auf Wirbeltiere einschüchternd wirken. Versuchen Sie daher möglichst wenig aufzufallen. Vermeiden Sie lautstarke Betätigungen; vor allem sollten Sie sich langsam bewegen und oft innehalten.

Nehmen Sie sich Zeit, um bewusst auf all die Geräusche, Rufe und Gesänge im Garten zu hören. Ob Sie perfekt getarnte Tiere wie eine Heuschrecke entdecken, hängt mitunter fast ausschließlich von akustischen Signalen ab. Atmen Sie die Düfte der Natur

ein: nicht nur die eindringlichen Blütendüfte, sondern auch die subtileren Gerüche, wie die Würze der Herbstblätter oder den kräftigen mineralischen Duft von frisch umgegrabener Erde. Fühlen Sie die Beschaffenheit der Pflanzen mit der Hand, die wachsüberzogene Unterseite eines Eichenblatts, die vollendeten Rippen der Borke eines Tannenbaums.

Nehmen Sie Ihren Garten in seiner gesamten Ausdehnung wahr. Schauen Sie hinunter auf den Boden und unter Steinen und umgestürzten Stämmen nach verborgenen Bewohnern.

MIT ZEICHNUNGEN *können Sie sich Vieles verdeutlichen, seien es kurze Skizzen oder aufwändige Aquarelle.*

Sehen Sie hinauf in die Bäume und in den Himmel nach Vögeln.

Planen Sie Ihre Beobachtungen so, dass sie mit der Aktivität der verschiedenen Tiere zusammenfallen. Manche sind vornehmlich im Dämmerlicht vor Sonnenaufgang und nach Sonnenuntergang aktiv; andere erreichen ihren täglichen Aktivitätshöhepunkt erst mitten in der Nacht. Vögel sind am aktivsten, wenn die ersten Sonnenstrahlen die Insekten aufgewärmt haben.

Notieren Sie das erste Auftauchen eines Tieres, etwa die Ankunft eines Vogels aus seinem Winterquartier: An welchem Tag kehren die Schwalben zurück? Halten Sie den Beginn einer bedeutenden Phase im Jahreszyklus einer Pflanze fest.

KUNSTHANDWERKER *haben sich immer Anregungen aus der Natur geholt. Dieser in den Vierziger Jahren des 19. Jahrhunderts geknüpfte Wandteppich (rechts) weist verschiedene Blumenmuster auf.*

HILFSMITTEL

- Mit einem Regenmesser und einem Minimum-Maximum-Thermometer können Sie zwei wichtige Faktoren messen und so bewusster das Fortschreiten der Jahreszeiten verfolgen.
- Sammeln Sie einige Pflanzen und Früchte, um sie zu bestimmen und vielleicht auch zu trocknen und aufzubewahren; Blätter und Blumen können Sie pressen.
- Mit einem Fernglas können Sie auch scheuen Gartenbewohnern nahe kommen. Die wichtigsten technischen Kriterien sind die Vergrößerung – sie sollte mindestens 7fach betragen und nicht mehr als 10fach – sowie der Linsendurchmesser, ein Maß für die Lichtstärke, das mindestens 30 betragen sollte. In Geschäften erhältlich sind zumeist Ferngläser 7 × 35, die für den Garten ausreichen sollten; besser sind natürlich 10 × 40, die unter schlechten Lichtverhältnissen in der Morgen- und Abenddämmerung bessere Dienste leisten.
- Um sehr kleine Tiere und Pflanzen detaillierter betrachten zu können, reicht eine einfache Lupe mit einklappbarem Griff. Teurere Mikroskope mit batteriebetriebener Beleuchtung ermöglichen unterschiedliche Vergrößerungsstufen.

Jeder Mensch braucht Schönheit und Brot, Orte für Spiel und Gebet, wo die Natur heilen und erfreuen kann und Leib und Seele gleichermaßen Kraft gibt.

JOHN MUIR (1838–1914)
schottisch-amerikanischer Naturforscher und Schriftsteller

KAPITEL VIER

LEBENSRÄUME *im* GARTEN

Die sieben Lebensräume

Pflanzen in der Natur und ihre Verwendung im Garten

Die in diesem Kapitel vorgestellten144 Pflanzenarten sind sieben verschiedenen Lebensräumen zugeordnet. Jede Art hat ihre eigenen Bedürfnisse, was Bodentyp, Feuchtigkeitsbedarf, Lichtverhältnisse und eventuelle Bodenbearbeitung betrifft. Wenn die erforderlichen Standortbedingungen nicht verfügbar sind, kann diese Pflanzenart gar nicht oder nur mit Schwierigkeiten überleben.

Es ist sehr wichtig, die Standortansprüche der Pflanzen schon bei der Planung und Bepflanzung eines Gartens zu berücksichtigen. Wenn man die richtige Wahl trifft, werden sich die Pflanzen wohl fühlen und gut gedeihen. Es hat auch zur Folge, dass man wesentlich weniger Zeit für Jäten, Wässern, Schneiden und andere Pflegemaßnahmen aufbringen muss. Mit anderen Worten: Eine sachgerechte Pflanzenwahl bedeutet weniger Arbeit im Garten.

Jeder der sieben Abschnitte zu den einzelnen Lebensräumen beginnt mit einer doppelseitigen Illustration mit typischen Pflanzen und einer Beschreibung der für diesen Lebensraum typischen Standortbedingungen. Es ist allerdings selten, dass man alle besprochenen Arten in einer bestimmten Region gemeinsam antreffen kann, und es ist völlig ausgeschlossen, dass sie alle zur selben Zeit blühen.

Die Auswahl der Pflanzen

Die in diesem Buchteil vorgestellten Pflanzen sind eine repräsentative Auswahl der schönsten und auffälligsten Arten, die in Europa im jeweiligen Lebensraum verbreitet sind. Es ist aber möglich, dass eine Art zwar abgebildet und besprochen wird, jedoch in einer bestimmten Region im betreffenden Lebensraum nicht vorkommt. *Arnica montana* beispielsweise ist in vielen Gebieten sehr selten geworden. Teilweise deshalb, weil die Pflanzen ausgegraben wurden, teils weil der Lebensraum durch den Einsatz von Düngern oder verstärkte Freizeitaktivitäten und deren Folgeschäden (wie Dränage und Straßenbau) verändert wurde.

In der freien Natur treten einige Arten an einem bestimmten Ort sehr häufig auf, wenige Fahrstunden entfernt im gleichen Lebensraum dagegen sind sie sehr selten. In einem allgemeinen Buch dieser Art kann auf diese regionalen Unterschiede nicht eingegangen werden. Für genauere Informationen über die Pflanzenwelt eines bestimmten Gebietes empfiehlt es sich, die entsprechenden populärwissenschaftlichen Pflanzenführer zu Rate zu ziehen.

Am Ende jedes Abschnitts über einen Lebensraum ergänzt eine Liste weitere Pflanzenarten, die den Naturgarten durch ihre Schönheit oder ihre Attraktivität für Wildtiere bereichern. Diese Liste kann nicht umfassend sein. Gelegentlich überschneidet sich die Auswahl sogar mit einem anderen Lebensraum, da einige Arten als echte Überlebenskünstler an unterschiedlichen Standorten gedeihen können.

WENN EIN SAME *zu Boden fällt, kann er sich zu einer Pflanze entwickeln – oder einfach verschwinden. Das hängt mit den richtigen Standortbedingungen zusammen. Gamander-Ehrenpreis (oben rechts) wächst auf Wiesen und lichten Wäldern, häufig auf feuchterem Boden; Margeriten und Klatschmohn (rechts) gedeihen auf relativ trockenen Böden gut; der Schwalbenschwanz (oben) besucht unter anderem Blumen in Sumpfgebieten.*

Die sieben Lebensräume

Mit dem Sortiment eines Lebensraums kann man einen Gartenteil anlegen, in dem Pflanzen wachsen, die von Natur aus in entsprechender Lage gemeinsam vorkommen. Durch die Gestaltung von Höhenunterschieden, den Bau von Stützmauern, die Anlage eines Steingartens, einer Wiese oder eines Teiches kann man Plätze für Pflanzen aus mehreren Lebensräumen schaffen. Sie sind dann nicht nur schönes Objekt um ihrer selbst willen, sondern Teil eines Mikrokosmos, der die Natur zum Vorbild hat.

LEBENSRÄUME ERKENNEN

Feuchtbiotope
Sumpf- und Wasserpflanzen kommen überall in Europa vor, wo genügend Wasser ist. Ein Großteil dieser Arten besitzt auffälliges Laub oder blüht reichlich. Solche Pflanzen sind für die Ufer von Teichen, Wassergräben und Bächen bestens geeignet. Viele gedeihen gut im Schatten.

Saure Standorte
Die Pflanzen stammen aus feuchten Lagen, wo der Boden nährstoffarm und sauer ist. Diese früher als nutzlos angesehenen Landstriche gelten heute als wertvolle Naturräume. Auch Pflanzenarten, die auf eher trockenen, mageren und sauren Sandböden wachsen, werden in diesem Abschnitt behandelt. In der Natur liegen saure und feuchte sowie saure und trockene Standorte häufig nahe beieinander.

Trockene Böden
Die Pflanzen auf diesen Standorten sind an das trockene Sommerwetter gut angepasst. Sie bilden ein tiefreichendes Wurzelsystem und können sich nach langen Trockenperioden erstaunlich schnell erholen.

Offene Flächen
Die Arten in diesem Abschnitt verdanken ihre Verbreitung, wenn auch häufig unbeabsichtigt, großteils den Aktivitäten des Menschen. Es sind sehr schöne Wildblumen, die an den verschiedensten Standorten vorkommen, oft aber dort, wo das Erdreich durch den Menschen freigelegt wurde – an Straßenrändern, Deichen, Bahngleisen und auf Brachland.

Waldgebiete
Ein Wald ist mehr als nur eine Ansammlung von Bäumen. Die Krautschicht kann sehr schöne Pflanzen beherbergen, besonders an Rändern und auf Lichtungen. Nicht nur Blüten sind ein ästhetischer Genuss – Farnwedel können hier durchaus mithalten. Es kann eine lohnende Herausforderung sein, einen Waldgarten mit europäischer Flora anzulegen.

Kulturlandschaften
In diesem Abschnitt werden zwei Gruppen besprochen: Wildpflanzen mit exotischem Charakter, die seit Jahrhunderten geschätzt und kultiviert werden; sie stammen häufig aus Mitteleuropa und sind vor allem in Westeuropa verwildert. Sowie Arten, die seit Jahrhunderten mit allen Kräften bekämpft werden – die Ackerunkräuter. Diese sind mittlerweile selten geworden und als Gartenpflanzen äußerst begehrt.

Steinige Standorte
Die hier vorgestellten Arten wachsen ursprünglich zwischen Steinen in dünner Erdschicht, häufig in unwirtlichen Gebirgsgegenden. In städtischer Umgebung finden sie sich auf Mauern und Schutthaufen. Sie ertragen raue Umweltbedingungen, jedoch keinen humusreichen oder staunassen Boden.

Zum VERSTÄNDNIS *der* PFLANZENPORTRÄTS

Auf den folgenden Seiten werden Pflanzen vorgestellt, die im Naturgarten gut gedeihen und aufgrund ihrer Farbe und Form, ihrer Anziehungskraft für Wildtiere oder anderer Merkmale ausgewählt wurden. Sie sind in sieben Lebensräume eingeteilt. Eine Tabelle jeweils am Ende führt weitere Pflanzenarten auf.

***Deutscher und botanischer Name der Pflanze;** „spec." steht häufig stellvertretend für mehrere infrage kommende Arten (Species).*

*Jede **Farbleiste** kennzeichnet einen der sieben Lebensräume.*

*Der **deutsche und botanische Name der Pflanzenfamilie,** ferner der Wuchstyp (einjährig, Staude oder Strauch usw.).*

*Ein **Foto** der besprochenen Art, mit Bildunterschrift, wenn im Text mehr als eine Art behandelt wird.*

***Auf der Europakarte** sind Areale, in denen die Pflanze ursprünglich heimisch ist, gelb dargestellt, wo sie sich ausgebreitet hat blau und wo sie eingebürgert wurde grün.*

*Der **Text** informiert über Blüten, Laub und Früchte der Pflanze sowie Blütenfarbe und -zeit, ferner über die geeignete Boden- und Vermehrungsart sowie interessante Unterarten oder Sorten. Gegebenenfalls werden auch angelockte Tiere genannt.*

*Die **Kalenderleiste** gibt die Hauptblütezeit an.*

*Genaue **Farbzeichnungen** stellen einzelne Aspekte der Pflanze heraus oder zeigen, welche Tiere angelockt werden. Zahlreiche Vögel und Insekten werden dabei vorgestellt.*

Araceae: Aronstabgewächse Staude

Gefleckter Aronstab

Arum maculatum

Der Aronstab kommt wild wachsend in Waldgebieten und am schattigen Gehölzrand fast in ganz Europa vor. Die Blätter erscheinen nur im Frühjahr, zusammen mit dem von einem typischen gelbgrünen Hochblatt umhüllten, kolbenförmigen Blütenstand. Nach der Blüte entwickeln sich giftige, zuerst glänzend grüne, im Herbst rote Beeren. Die Pflanze wurde schon in der Römerzeit medizinisch genutzt.

Der Aronstab kann im Garten zwischen sommergrünen Sträuchern, unter Bäumen oder in einem Beet stehen. An den vorhandenen knolligen Rhizomen bilden sich Tochterknollen, die man in der Ruhezeit problemlos abtrennen und an anderem Ort einpflanzen kann. Die Art sät sich auch spontan aus.

Der Italienische Aronstab (*Arum italicum*) unterscheidet sich durch seine Blätter, die erst im Herbst erscheinen und mit ihren weiß marmorierten Adern sehr attraktiv wirken. Die Blätter des Gefleckten Aronstabs sind, wie der Name sagt, dunkel gefleckt. Die Blüten beider Arten sind ähnlich, die orangeroten Früchte des Italienischen Aronstabs erscheinen im Juli und reifen im Spätsommer.

*Zum **Steckbrief** gehören:*

- *Besonderheiten der Pflanze*
- *Höhe der Pflanze*
- *Bevorzugte Lichtverhältnisse – Sonne oder Schatten*

Benötigte Wassermenge
***Niedrig** – wenig oder kein Wasser, abgesehen von der normalen Regenmenge.*
***Mäßig** – gelegentliche Wassergaben, besonders wenn weniger Regen fällt als in der Region üblich.*
***Hoch** – häufige Wassergaben, außer bei überdurchschnittlichen Niederschlägen.*

Feuchtbiotope

Pflanzen *der* Feuchtbiotope

Eine Auswahl für Uferbereiche und feuchte Plätze

Große Teile von Europa, besonders die atlantisch beeinflussten Gebiete im Westen, zeichnen sich durch hohe Niederschläge aus. Diese werden durch ein Netz von Bächen und Flüssen zum Meer hin entwässert. Ein großer Teil des Wassers gelangt auch in Seen und Teiche, die natürlich oder künstlich entstanden sind.

Diese Flüsse, Bäche, Gräben, Teiche und Seen haben eines gemeinsam: eine feuchte Uferzone mit einer hohen und oft sehr blütenreichen Vegetation. Im Frühjahr überziehen die Blüten des Wiesenknöterichs *(Polygonum bistorta)* die Feuchtzonen an den Wasserläufen mit einem rosa Hauch, während im Sommer ein purpurrosa Saum des Blutweiderichs *(Lythrum salicaria)* den Verlauf von Bächen oder Feuchtbiotopen anzeigt.

In diesen Lagen sind die Böden nicht besonders sauer und bieten meistens eine gute Nährstoff- und Wasserversorgung. Kein Wunder, dass viele Uferpflanzen ziemlich hoch sind und eine große Blattmasse besitzen.

Besonders viele Arten wachsen am Übergang von nassem zu trockenem Boden; hier kommen sowohl Pflanzen vor, die nasse Böden, als auch solche, die trockenere Plätze bevorzugen. Diese Vielfalt macht eine Landschaft, die von Wasserläufen durchzogen ist, so reizvoll und farbenfroh.

Im Frühjahr erwärmt sich feuchter Boden langsamer als trockener. Hauptsächlich aus diesem Grund findet man in Feuchtgebieten nur wenige Frühjahrsblüher – Sumpfdotterblume und Wiesenschaumkraut bilden eine Ausnahme. Außerdem investieren hohe Stauden ihre Energie anfangs in die Bildung von Stängeln und Blättern und erst später in die Blütenbildung.

In der freien Natur stehen Pflanzen miteinander in Konkurrenz. Dieser ständige Kampf ums Überleben kann nur von Arten gewonnen werden, die an die vorherrschenden Bedingungen angepasst sind. Im Garten kann der Gärtner die wuchernden Pflanzenarten unterdrücken. Was in freier Natur unmöglich ist, lässt sich also in kontrollierter Umgebung verwirklichen.

Ein Wasserlauf, ein Teich oder Graben im Garten ist ein Anziehungspunkt für Pflanzen und Wildtiere. Die Wasseroberfläche spiegelt die Ufervegetation, verschiedene Tiere kommen zum Trinken, in den hohen Stauden nisten Vögel. Wasserpflanzen wie die Weiße Seerose und der Froschbiss treiben mit ihren eleganten Blättern auf dem Wasser und tragen Blüten, die den exotischen Blumen der Tropen nicht nachstehen.

Wiesenknöterich

Polygonum bistorta

Der Wiesenknöterich ist in vielen Gebieten Europas heimisch, meistens auf sehr feuchten Böden. Im Gegensatz zu anderen Knötericharten besitzt er großen Zierwert. Die rosafarbenen, walzenförmigen Blütenstände, die auf Stängeln hoch über den Blättern stehen, sind wegen ihrer Schönheit als Schnittblumen geeignet.

Die Hauptblütezeit reicht von Ende Mai bis Anfang Juli, mit begrenzter Nachblüte im Spätsommer. Während der Blüte wird der Wiesenknöterich gerne von Bienen besucht. Die Vermehrung erfolgt selten durch Aussaat, denn trotz der üppigen Blüte werden nur wenige keimfähige Samen gebildet. Der Wurzelstock des Wiesenknöterichs bildet viele Ausläufer und besiedelt so große Bereiche an feuchten Flussufern und ähnlichen Standorten. Für die Vermehrung im Garten teilt man den Wurzelstock einer großen Pflanze und pflanzt die Teilstücke einzeln aus. Trotz seiner Tendenz zur Ausbreitung wird der Wiesenknöterich im Garten nie lästig.

STECKBRIEF

- Zieht Bienen an
- Blätter essbar wie Spinat
- Höhe 40–50 cm
- Volle Sonne bis Halbschatten
- Hoch

Sumpf-Wolfsmilch

Euphorbia palustris

J F M A M J J A S O N D

Einige der europäischen Wolfsmilch-Arten sind lästige Unkräuter, andere wuchern nur wenig. Die Sumpf-Wolfsmilch wird im Garten nicht lästig. Sie ist eine Horst bildende Pflanze mit reicher Blüte im Frühsommer, sät sich aber selten aus. Die Blüten selbst sind nicht besonders hübsch, doch die sie umgebenden gelben Hochblätter wirken recht ansprechend.

In der Natur wächst diese Art gewöhnlich an Standorten mit nährstoffreichem Laubhumus oder Schlamm. Im Garten benötigt die Sumpf-Wolfsmilch feuchten, fruchtbaren Boden – zum Beispiel neben einem Naturteich oder am Rand eines Wassergrabens. Im Schlamm eines künstlichen Teichs gedeiht sie nicht so gut. An trockeneren oder nährstoffärmeren Plätzen wird die Pflanze selten größer als 60 cm, unter optimalen Bedingungen kann sie jedoch 1,50 m oder höher werden. Die Sumpf-Wolfsmilch ist in Spezialgärtnereien für Wasserpflanzen erhältlich. Man kann die Pflanze zwar durch Teilung des Wurzelstocks vermehren, schädigt sie aber dadurch. Da der weiße Milchsaft vieler Wolfsmilch-Arten giftig ist und bei Berührung zu Hautausschlägen führen kann, sollte man beim Hantieren mit diesen Pflanzen vorsichtig sein.

STECKBRIEF

- *Zahlreiche hübsche „Blüten“*
- *Braucht Platz*
- *Zieht im Winter ein*
- *Höhe 60–150 cm*
- *Volle Sonne*
- *Hoch*

Blütenstand mit Nektardrüsen und Hochblättern

Sumpfdotterblume

Caltha palustris

Die Sumpfdotterblume wächst in freier Natur immer an feuchten Standorten, blüht aber auch in trockeneren Gartenbereichen üppig. Bei ausreichender Bodenfeuchtigkeit gedeiht sie auch in voller Sonne. Die Hauptblütezeit liegt im April und Mai; im August/September kann eine Nachblüte erfolgen. Die großen gelben Blüten sitzen zu Dutzenden auf einer Pflanze und wirken auch aus einiger Entfernung. Als Wildpflanze kommt nur die ungefüllte Form vor, im Garten werden jedoch häufig die gefüllte Kultursorte 'Multiplex' und die Sorte 'Alba' mit weißen Blüten angepflanzt.

Die Sumpfdotterblume lässt sich leicht vermehren und kultivieren; selbst Anfänger haben bei der Aussaat Erfolg. Die Samen werden im Sommer nach der Reife geerntet und dann sofort in Töpfe mit nasser Erde gesät. Nach wenigen Tagen keimen sie, und im Herbst können die Jungpflanzen im Garten ausgepflanzt werden. Dort blühen sie im folgenden Frühjahr. Wenn die Samen erst im Frühling ausgesät werden, dauert es bis zur Keimung häufig ein Jahr. Die Sorte 'Multiplex' kann nicht aus Samen gezogen werden, lässt sich aber nach wenigen Jahren durch Teilung vermehren.

'Multiplex', eine Sorte mit gefüllten Blüten

Teilung des Wurzelstocks

STECKBRIEF

- Zahlreiche Blüten
- Für staunasse und normale Böden
- Höhe bis zu 60 cm
- Volle Sonne bis Halbschatten
- Mäßig

■ *Filipendula purpurea* 'Elegans'

Echtes Mädesüß

Filipendula ulmaria

J F M A M J J A S O N D

Das Mädesüß ist eine der wohlriechendsten Wildpflanzen unserer Flora, zugleich bietet es in voller Blüte einen reizenden Anblick. Es wächst häufig in Sumpfgebieten und an Wassergräben, bildet aber auch große Bestände auf Kahlschlägen.

Das Mädesüß lässt sich leicht im Garten kultivieren. Es sät sich spontan aus. Sein Ausbreitungsdrang ist manchmal zu ungestüm, besonders an Stellen mit ständiger Bodenfeuchtigkeit erscheinen die Sämlinge zu Dutzenden. Überzählige Pflanzen müssen regelmäßig gejätet werden. Da *Filipendula purpurea* 'Elegans' (Blüten hellrosa) weniger wuchert als die Wildart, wird sie häufig im Garten verwendet. Das Mädesüß passt am besten an ein Teich- oder Flussufer zusammen mit anderen Pflanzenarten wie Blutweiderich und Sumpf-Schwertlilie. Diese hohen Stauden bieten monatelang ein farbenfrohes Bild. Wenn die Böschung nicht zu steil ist, wird das Ufer durch sie bedeckt und geschützt. An trockeneren Standorten kann das Mädesüß allerdings stark unter Mehltau leiden. Fliegen, Käfer und Bienen besuchen die Pflanze gerne, da sie viel Pollen produziert; Körner fressende Vögel ernähren sich von den Samen.

STECKBRIEF

- *Zahlreiche duftende Blüten*
- *Breitet sich manchmal stark aus*
- *Höhe 50–180 cm*
- *Volle Sonne bis Halbschatten*
- *Mäßig*

Lythrum salicaria 'Feuerkerze'

Blutweiderich

Lythrum salicaria

Die Pflanze mit langer Blütezeit eignet sich ideal für feuchte Gartenbereiche mit schlechter Dränage, gedeiht bei ausreichender Bewässerung aber auch an trockeneren Stellen. Auf nassem und fruchtbarem Boden kann sie über 1 m hoch werden. Wenn die Konkurrenz durch andere Pflanzen nicht zu groß ist, erscheinen mehrere aufrechte Blütenstände über dem weidenähnlichen Laub; jeder ist auf bis zu 40 cm Länge dicht mit purpurrosa Blüten besetzt. Der Blutweiderich lässt sich gut als Schnittblume verwenden. Er gedeiht an sonnigen oder halbschattigen Plätzen und wirkt am besten in großen Pflanzengruppen am Rand von Wasserläufen oder in sumpfigen Bereichen.

Die Pflanzen säen sich leicht aus. Die Vermehrung erfolgt durch Teilung im August/September oder durch Aussaat. Im Lauf der Jahre sind etliche Sorten gezüchtet worden. 'Robert' besitzt dunkel karminrote Blüten und ist 75 cm hoch, 'Lady Sackville' purpurrosa und 80 cm groß. 'Feuerkerze' blüht dunkelrosa und wird 1,50 m hoch. 'Zigeunerblut' ist mit dunkelroten Blüten und 1,20 m Höhe möglicherweise die eindrucksvollste Sorte. Verschiedenste Arten von Bienen, Schwebfliegen und Schmetterlingen besuchen die Pflanze wegen ihres Pollens und Nektars.

STECKBRIEF

- *Attraktive purpurrosa Blüten*
- *Anpassungsfähig*
- *Höhe 50–120 cm*
- *Volle Sonne bis Halbschatten*
- *Mäßig bis hoch*

Zungen-Hahnenfuß

Ranunculus lingua

Durch seine großen gelben Blüten erscheint der Zungen-Hahnenfuß fast wie eine exotische Tropenpflanze; manchmal glaubt man kaum, dass es sich um eine in Europa heimische Wildpflanze handelt. Der Name leitet sich von den zungenförmigen obersten Blättern ab. Die schmal-lanzettlichen Stängelblätter wirken durch eine Wachsschicht graugrün.

Im Gegensatz zu vielen anderen Hahnenfuß-Arten gedeiht diese nur an sehr nassen Orten. Sie wächst mit Vorliebe in bis zu 20 cm tiefem Wasser, aber auch an sumpfigen Ufern inmitten anderer Pflanzenarten.

Der Zungen-Hahnenfuß wird über Ausläufer vermehrt, die im zeitigen Frühjahr rund um die Mutterpflanze erscheinen. In Kultur keimen die Samen selten spontan. Für kleine Stadtgärten ist die Art ungeeignet, da sie viele Ausläufer bildet und sehr stark wuchern kann.

Die Wahl des Pflanzplatzes muss gut überlegt sein – der Zungen-Hahnenfuß kann einen flachen Teich innerhalb von zwei Jahren vollständig überwachsen und schließlich auch die Ufervegetation dominieren. An Stellen mit trockenem Boden ist es schwierig, die Pflanze anzusiedeln.

STECKBRIEF

- *Große goldgelbe Blüten*
- *Stark wuchernd*
- *Höhe 60–120 cm*
- *Volle Sonne bis Halbschatten*
- *Hoch*

Hängende Segge

Carex pendula

Im Allgemeinen genießen Seggen im Ziergarten kein hohes Ansehen. Die Blüten sind häufig unbedeutend, und an den messerscharfen Rändern der Blätter kann man sich leicht schneiden. Gewöhnlich beschränkt sich das Sortiment für den Garten auf die Wildform oder einige Sorten mit weiß-grün gestreiften Blättern. In freier Natur wächst die Hängende Segge an sumpfigen Ufern von Bächen und Tümpeln, im Garten kann sie am Teichrand gepflanzt werden. Nach wenigen Jahren bildet sie einen kräftigen Horst, der den ganzen Sommer über hängende Blütenähren an bis zu 1,50 m hohen Stängeln trägt. Die scharfen, länglichen Blätter hängen anmutig über der Wasserfläche und bewegen sich im Wind. Die Raupen vieler Tag- und Nachtfalter leben oft auf diesen Blättern.

Die Hängende Segge gedeiht auch an etwas trockeneren Standorten und kann am Rand eines Teiches gepflanzt werden. Bei ausreichender Wasserversorgung wächst sie sogar auf Sandboden. Ein Rückschnitt ist unnötig – es reicht aus, abgestorbene Blätter und Stängel herauszuziehen. Diese Seggenart kann sich stark aussäen, doch die Sämlinge lassen sich leicht entfernen.

STECKBRIEF

- *Als Solitärstaude geeignet*
- *Scharfrandige Blätter*
- *Höhe 50–150 cm*
- *Volle Sonne*
- *Mäßig*

Gilbweiderich

Lysimachia vulgaris

J F M A M J J A S O N D

Der Gemeine Gilbweiderich eignet sich sehr gut zum Schutz eines Ufers. In freier Natur wächst er an wind- und wasserexponierten Stellen. Um dort zu überleben, muss sich das Wurzelwerk in dem oft sumpfigen Boden fest verankern. Dazu bilden die Pflanzen kräftige Horste, die jahrelang am selben Platz bleiben, oder sie erobern durch die Bildung langer Ausläufer die Stellen, an denen sie am besten gedeihen. Durch diesen Ausbreitungsdrang wirkt der Gilbweiderich bei der Verlandung von Gewässern mit und beschleunigt die Umwandlung von Sumpf in trockenes Land. Die Pflanze breitet sich jedoch nicht aggressiv aus und dringt mit ihren Ausläufern nur in Feuchtzonen vor. In trockenen Gartenbereichen ist das Wachstum gemäßigt. Man vermehrt sie durch Teilung im August oder September.

Auf sehr fruchtbaren Böden kann die Pflanze 1,50 m hoch werden. Die gelben Blütenrispen. werden häufig durch die langen Blätter überdeckt und wirken deshalb unauffälliger als die Blüten des Goldfelberichs *(Lysimachia punctata)*, einer Art aus Osteuropa, die in unseren Gärten weit verbreitet ist. Durch Rückschnitt einiger Triebe im Mai lässt sich die Blütezeit verlängern.

Einsiedlerbienen besuchen den Gilbweiderich wegen des Öls, das am Grund der Staubfäden gebildet wird. Es dient zusammen mit dem Pollen als Futter für die Bienenlarven.

STECKBRIEF

- *Bildet Ausläufer, wuchert jedoch nicht*
- *Höhe 75–150 cm*
- *Volle Sonne bis Halbschatten*
- *Mäßig*

Gelbe Wiesenraute

Thalictrum flavum

Fast alle Arten der Wiesenraute schmücken sich im Sommer mit prächtigen Blütenständen, die auf Insekten äußerst anziehend wirken. Die Gelbe Wiesenraute bildet große Horste; in freier Natur vermehrt sie sich zwar durch Ausläufer, in Kultur jedoch selten. Die winzigen gelben Blüten stehen in großen Rispen dicht zusammen. Fast unmittelbar nach dem Aufblühen fallen die Kronblätter ab; was als Blüte erscheint, sind in Wirklichkeit Tausende von gelben Staubblättern. Fliegen, Käfer und Bienen werden vom Blütenstaub angelockt.

Die Unterart *Thalictrum flavum* ssp. *glaucum* wird bis zu 1,80 m hoch und besitzt blaugrau gefärbtes Laub. Sie wird als Blattschmuck-Staude kultiviert und ist leichter zu beziehen als die heimische Unterart mit ihren dunkelgrünen Blättern.

J	F	M	A	M	J	J	A	S	O	N	D

Staubblätter

Die Gelbe Wiesenraute gedeiht in feuchtem, humosem Boden. In freier Natur wächst sie oft in Sumpfgebieten oder neben Wasserläufen. Wenn man diese Bedingungen nicht bieten kann, sollte man die Kleine *(T. minus)* oder die Akeleiblättrige Wiesenraute *(T. aquilegiifolium)* wählen, die auch an trockeneren Standorten gedeihen. Alle Arten der Wiesenraute können durch Teilung oder durch Aussaat unmittelbar nach der Samenreife vermehrt werden. Vorsicht: Die Gelbe Wiesenraute ist giftig für das Vieh!

STECKBRIEF

- *Lockt viele Insekten an*
- *Giftig für das Vieh*
- *Höhe bis zu 180 cm*
- *Volle Sonne bis Halbschatten*
- *Hoch bis mäßig*

Blüte mit Insekten

Fieberklee

Menyanthes trifoliata

Als niedrige Pflanze kann sich der Fieberklee nur schwer gegen die hohen Wasserpflanzen behaupten. Wenn er einmal Fuß gefasst hat, kann er jedoch ganze Böschungsbereiche schnell besiedeln und sich an flachen und stehenden Gewässern über den Uferrand hinaus ausbreiten – lange Ausläufer wachsen ins Wasser hinaus und bilden dort schließlich eine dichte, schwimmende Matte.

Die dunkelgrünen Blätter des Fieberklees sind dreizählig gefiedert. Die weißen, gefransten Blüten bilden einen hübschen Kontrast zu den rosa gefärbten Knospen. Sie werden hauptsächlich von Hummeln und Bienen besucht. Aus der Nähe betrachtet ist der Fieberklee eine der schönsten Blumen der europäischen Flora. Er war früher weit verbreitet, steht heute jedoch unter Naturschutz. Die reifen orangebraunen Samen schwimmen an der Wasseroberfläche und werden von Enten und Fischen verzehrt.

Am schönsten sieht der Fieberklee am sumpfigen Ufer eines größeren Naturteichs aus; dort kann er in kurzer Zeit Bestände bilden. Wenn die Pflanze zu stark wuchert, trennt man überzählige Exemplare mit einem scharfen Messer ab. Man vermehrt durch Teilung im Frühjahr (Mai), wenn neues Wachstum einsetzt.

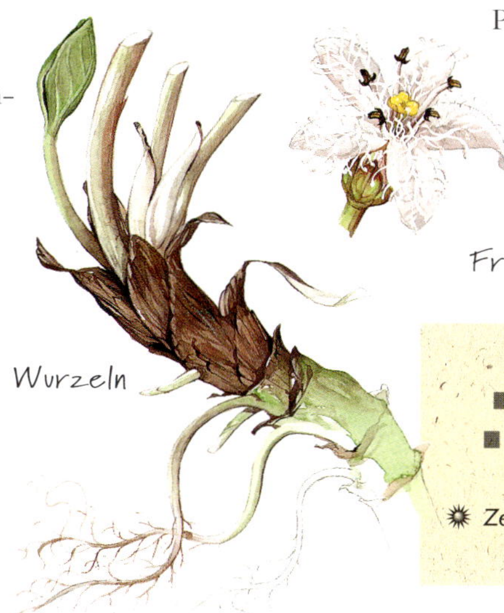

Frühjahrsblüte

Spross mit Wurzeln

STECKBRIEF

- *Niedrige Uferbedeckung*
- *Leicht in Schach zu halten*
- *Höhe 30 cm*
- *Zeitweise Sonne bis Halbschatten*
- *Hoch*

Gnadenkraut

Gratiola officinalis

Das Gnadenkraut ist eine Giftpflanze, die einst offizinell, das heißt medizinisch genutzt wurde – der Artname weist darauf hin. Die Art war früher viel häufiger; heute verschwindet sie, ebenso wie Auenwiesen und andere Feuchtgebiete, da winterliche Überschwemmungen durch die moderne Gewässerregulierung ausbleiben.

Wenn man die optimalen Bedingungen im Garten künstlich schaffen kann, lohnt es sich, das Gnadenkraut an einem Tümpel oder Wassergraben zu pflanzen.

Im Gegensatz zum Großteil der Ufervegetation wird das Gnadenkraut nicht sehr hoch. Es breitet sich gewöhnlich in mäßigem Tempo durch Ausläufer aus. Da sich die Pflanze leicht durch Teilung vermehren lässt, kann man eine große und augenfällige Pflanzengruppe zusammenstellen. Die trompetenförmigen, blassrosa Blüten erscheinen vom zeitigen Frühjahr bis zum Spätherbst und bilden einen Farbfleck.

Das Gnadenkraut gehört zur selben Familie wie die Gauklerblume (*Mimulus*) aus Nordamerika und der Ehrenpreis (*Veronica*), der mit vielen Arten in Europa heimisch ist. In Deutschland steht das Gnadenkraut unter Naturschutz.

Gauklerblume

STECKBRIEF

- *Lange Blütezeit, wuchert nicht*
- *In der Volksmedizin genutzt (keine Selbstmedikation!)*
- *Höhe 20–40 cm*
- *Volle Sonne bis Halbschatten*
- *Mäßig*

früher als Arzneipflanze genutzt

Tannenwedel

Hippuris vulgaris

Der Tannenwedel ist eine Besonderheit: Er bildet in seiner Familie die einzige Gattung und die einzige Art. Auf den ersten Blick ähnelt die Pflanze dem Ackerschachtelhalm, einem schwer zu bekämpfenden Unkraut; denn wie beim Schachtelhalm sitzen dünne, gequirlte Blätter in regelmäßigen Abständen an einem zylindrischen Stängel. Bei genauerem Hinsehen entdeckt man jedoch die unscheinbaren, in den Blattachseln stehenden Blüten. Für Gärtner liegt der Wert des Tannenwedels in der Kombination von straffen Sprossen mit zartem Laub. Wenn die Sonne hinter den Pflanzen steht, kommt dieser Kontrast besonders gut zur Wirkung.

Die winzigen Blüten besitzen keine Kronblätter. Einige Wochen nach dem Verblühen fällt die Frucht von der Pflanze ab und versinkt im Wasser, wo sie entweder vermodert oder von Wasservögeln verzehrt wird.

In der Natur wächst der Tannenwedel auf staunassen Tonböden und in seichten Wassergräben. Im Gartenteich bevorzugt er bis zu 50 cm tiefes Wasser. Bei größerer Wassertiefe bildet die Pflanze Unterwasserformen mit anderen Blättern aus. Um ein Überhandnehmen zu verhindern, entfernt man überzählige Pflanzen. Vermehrt werden sie durch Teilung.

STECKBRIEF

- Dekorativ
- Winzige Blüten
- Höhe bis zu 40 cm
- Volle Sonne bis Halbschatten
- Mäßig

Sumpf-Schwertlilie

Iris pseudacorus

Die Sumpf-Schwertlilie ist in Gesamteuropa heimisch. Sie bevorzugt Sümpfe, Röhrichte und andere feuchte Standorte, muss aber nicht unbedingt mit den Wurzeln im Wasser stehen. Die tief gelben Blüten stehen zu zweit oder dritt und sind ungewöhnlich aufgebaut: Ihre großen äußeren Hüllblätter hängen herunter, während die inneren aufrecht stehen.

Die steifen, schwertförmigen Laubblätter können bis zu 1 m oder größer werden; die Blütentriebe sind etwas höher. Die Sumpf-Schwertlilie wird seit Jahrhunderten als Zierpflanze kultiviert und wurde früher medizinisch verwendet.

In großen Gärten lässt sich ein attraktiver Blickfang anlegen, indem man einen tiefen Graben aushebt und ihn am Grund mit feuchtigskeitsliebenden Pflanzenarten wie Sumpf-Schwertlilie oder Sumpfdotterblume bepflanzt.

Beim Mähen lässt man auf jeder Seite des Grabens einen 1 m breiten Grasstreifen stehen. Innerhalb von wenigen Jahren siedelt sich dort eine Vielfalt von Wildpflanzen an.

Die Sumpf-Schwertlilie bildet einen mächtigen Wurzelstock, der sich langsam ausbreitet. Man vermehrt sie durch Teilung oder sät die Samen in nasse Erde. Die reifen Samenkapseln schwimmen auf dem Wasser.

Samenkapsel als Bastelmaterial

Wurzelstock

STECKBRIEF

- Außergewöhnliche Blüten
- Guter Uferschutz
- Höhe bis zu 100 cm
- Volle Sonne bis Schatten
- Hoch bis mäßig

Baldrian

Valeriana officinalis

Der Arznei-Baldrian kommt in freier Natur meistens an Wasserläufen oder anderen feuchten Standorten sowie in Laubwäldern mit frischem Boden vor. Im Garten ist er nicht so sehr auf feuchte Böden angewiesen; man findet häufig Sämlinge in einiger Entfernung von der Mutterpflanze, sogar an recht trockenen Plätzen. Trotz dieser spontanen Aussaat wird die Art nie lästig, da man überzählige Jungpflanzen leicht entfernen kann. Die Blüten stehen in dichten, rundlichen und verzweigten Blütenständen. Die Knospen sind hellrosa gefärbt, die geöffneten Blüten fast weiß – nur durch die Staubbeutel erscheinen sie blassrosa. Viele Insektenarten wie Käfer, Fliegen, Bienen und Schmetterlinge werden von den Blüten, die einen unangenehmen, mäuseartigen Geruch besitzen, angezogen. Die Vermehrung erfolgt durch Aussaat oder Teilung.

Die Spornblume (*Centranthus ruber*) ist ein Baldriangewächs aus Südeuropa, das im Ziergarten verwendet wird. Sie bleibt deutlich kleiner. Die Blüten unterscheiden sich vom Baldrian durch den Sporn und ihre dunklere, rosarote Farbe. Die Spornblume findet ihren Platz in einem trockenen Gartenbereich.

Spornblume

Baldrian-Einzelblüte

Frucht mit Federhaarkrone

STECKBRIEF

- *Blüten riechen unangenehm*
- *Arzneipflanze (keine Selbstmedikation!)*
- *Höhe bis zu 100 cm*
- *Volle Sonne bis Halbschatten*
- *Mäßig*

Schwanenblume

Butomus umbellatus

Die Schwanenblume, einzige Art ihrer Gattung, ist auch als Blumenbinse bekannt. Es handelt sich um eine echte Wasserpflanze, die man, außer bei extrem niedrigem Wasserstand, niemals am trockenen Ufer findet. Schwanenblumen wachsen in seichtem Wasser; die Blätter mit messerscharfem Rand und die aufrechten Blütenstände ragen hoch über die Wasserfläche. Im Garten kann man die Pflanze an einer sonnigen Stelle im Teich oder am Rand eines Wassergrabens anpflanzen. Sie gedeiht gut im Sumpfboden eines Fertigteiches und toleriert in Folienteichen Wassertiefen bis zu 50 cm. Im Wasser sät sich die Art spontan aus und verbreitet sich über Brutknospen am Wurzelstock. Vermehrt wird durch Teilung im Frühjahr.

Die relativ großen, rosa-violetten Blüten werden durch Fliegen und Bienen bestäubt. Für Libellen und andere Wasserinsekten dienen sie auch als Rastplatz.

STECKBRIEF

- *In Deutschland unter Naturschutz*
- *Messerscharfe Blattränder*
- *Höhe 30–150 cm*
- *Volle Sonne bis leichter Schatten*
- *Hoch bis mäßig*

Bittersüßer Nachtschatten

Solanum dulcamara

Der Bittersüße Nachtschatten wächst häufig in feuchten Wäldern, ebenso im Weidengebüsch. Die langen, biegsamen Stängel klettern und winden sich um die Äste von Bäumen und Sträuchern. Im Hochsommer tragen sie blauviolette Blüten in rispenartigen Blütenständen, gefolgt von roten Beeren.

Die ganze Pflanze ist giftig, die Stängel werden arzneilich genutzt. Der Artname "Bittersüß" weist darauf hin, dass die Stängel zuerst bitter, nach längerem Kauen aber süß schmecken.

Der Bittersüße Nachtschatten kann sich ungebeten im Garten einstellen. Die reifen Früchte sind zwar für Menschen giftig, bei Vögeln aber als Futter beliebt. Mit dem Vogelkot werden die Samen verbreitet. Mit dem Bittersüßen Nachtschatten kann man Zäune verdecken und auflockern oder ihn zum Beispiel auf einer Kopfweide wachsen lassen. Eine mit Humus gefüllte Höhlung in deren Krone ist als Pflanzstelle bestens geeignet; die Triebe des Nachtschattens werden nicht klettern, sondern hinabhängen. Die Vermehrung erfolgt über Samen oder Stecklinge.

Vorsicht: Viele Nachtschattengewächse sind Giftpflanzen! Zu den giftigsten Arten zählen Stechapfel (*Datura stramonium*), Tollkirsche (*Atropa belladonna*) und Bilsenkraut (*Hyoscyamus niger*).

Sommerblüte

giftige Beeren

STECKBRIEF

- *Kletterpflanze*
- *Giftig*
- *Höhe 30–180 cm*
- *Sonne bis leichter Schatten*
- *Hoch bis mäßig*

Lonicera periclymenum 'Belgica'

Wald-Geißblatt

Lonicera periclymenum

J F M A M J J A S O N D

Die gelblich weißen, nektarreichen Blüten des Geißblatts, auch Heckenkirsche genannt, duften so süß wie nur wenige in der europäischen Flora. Der Duft ist abends am stärksten, da sich zu dieser Zeit Nachtfalter und andere bestäubende Insekten auf Nahrungssuche befinden. Die röhrenförmigen Blüten sind auf die Bestäubung durch Falter mit langem Saugrüssel angewiesen. In Gebieten mit wenigen Nachtfaltern übernehmen Hummeln die Rolle der Bestäuber.

Das Geißblatt wirkt noch mehr als der Bittersüße Nachtschatten wie eine Liane, da es sich um Bäume und Sträucher windet. In diesem Gestrüpp bauen verschiedene Singvögel mit Vorliebe ihre Nester. Überdies bietet das Geißblatt Früchte und Blüten und beherbergt zahlreiche Insekten, wodurch es für Vögel besonders attraktiv ist. Junge Bäume können vom Geißblatt bedrängt werden. Größere Bäume hingegen lassen sich ohne Gefahr beranken; auch zum Verdecken von Zäunen ist das Geißblatt nützlich. Die Vermehrung erfolgt gewöhnlich über Stecklinge. Die Wurzeln bevorzugen einen Schattenplatz, während die langen, windenden Triebe zur Sonne hin wachsen. An sonnigen, geschützten Standorten wird das Geißblatt häufig von Blattläusen befallen.

STECKBRIEF

- *Duftende Kletterpflanze*
- *Wird von Nachtfaltern besucht*
- *Höhe bis zu 6 m*
- *Halbschatten*
- *Mäßig*

■ *Eupatorium purpureum*

Wasserdost

Eupatorium cannabinum

J F M A M J J A S O N D

Der Wasserdost oder Wasserhanf wächst meistens im feuchten Randbereich von Gewässern, gedeiht aber auch an trockeneren Schattenhängen. Oft kommt er an nassen Standorten vor, an denen Bäume gefällt wurden.

Die stark duftenden, nektarreichen Blütenköpfchen stehen in gedrängten Rispen. Sie erscheinen im Spätsommer und Frühherbst und locken viele reizvolle Insekten wie Bienen, Schwebfliegen sowie Schmetterlinge an.

Man kann den Wasserdost im Hintergrund eines Beetes, längs eines Gewässers oder an einem natürlichen oder künstlich angelegten Teich anpflanzen, dort wo die Pflanze Feuchtigkeit und volle Sonne vorfindet. Wenn man im Frühjahr einige Triebe zurückschneidet, lässt sich die Blütezeit verlängern. An zusagenden Standorten bildet die Art umfangreiche Horste und ist deshalb am besten für große Gärten geeignet. Wenn die europäische Art farblich zu gedämpft erscheint, kann man eine der nordamerikanischen Arten anpflanzen. Hierzu gehören *Eupatorium maculatum* mit den Sorten 'Album' (weiß) und 'Atropurpureum' (dunkel purpurrosa) sowie *E. purpureum* (alle 2 m hoch). Die Blüten der letzten Art bringen Farbe in den Garten, wenn sich der Sommerflor anderer Blütenpflanzen zum Ende neigt.

STECKBRIEF
- *Blüten ziehen Schmetterlinge an*
- *Späte Blütezeit*
- *Höhe 50–150 cm*
- *Volle Sonne bis leichter Schatten*
- *Mäßig*

Eingriffeliger Weißdorn

Crataegus monogyna

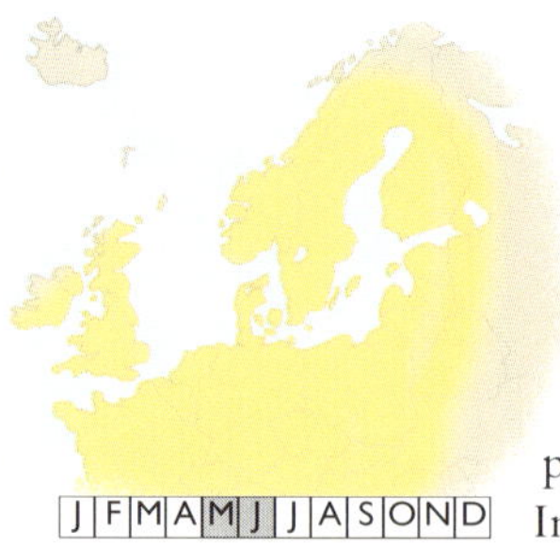

Seit Jahrhunderten hat man den langsam wachsenden Weißdorn mit seinem harten, gegen Fäulnis unempfindlichen Holz und den stark bedornten Ästen eingesetzt, um Felder und Weideflächen einzufrieden und das Vieh am Ausbrechen zu hindern. Deshalb ist vielen Menschen nicht bewusst, dass diese Pflanzenart in vielen Teilen Europas wild vorkommt.

Der Weißdorn ist eine besonders vielseitige Pflanze für den Naturgarten. Die stark riechenden, in Frühsommer erscheinenden Blüten werden von bestäubenden Insekten besucht. Im Spätsommer reifen die essbaren, aber nicht sehr schmackhaften Früchte. Sie sind eine Nahrungsquelle für Vögel wie die Misteldrossel. Mit seinen starken Dornen und dem dichten Laubwerk bietet der Weißdorn zahlreichen Kleintieren Schutz. Er ist ein bevorzugter Nistplatz für viele Kleinvogelarten. In ländlichen Gärten wird der Weißdorn gelegentlich noch als Einfriedung verwendet, da er knorrige, charaktervolle Hecken bildet, die eine reiche Tierwelt beherbergen. In Stadtgebieten werden kleine Bäume von Kultursorten mit rosafarbenen oder roten Blüten gezogen; auch diese bieten Schutz für die Vogelwelt.

Der Weißdorn lässt sich gut stutzen und in Form halten. Wenn er jedoch zu stark zurückgeschnitten wird, bildet er viele Wasserschosser. Die Vermehrung erfolgt über Samen.

STECKBRIEF
- Laub abwerfend
- Schutz für Kleinvögel
- Höhe bis zu 5 m
- Volle Sonne bis Halbschatten
- Mäßig

Misteldrossel

Salix hastata 'Wehrhahnii'

Weiden

Salix spec.

J F M A M J J A S O N D

Weiden können nur an Orten überleben, wo sie mit ihren Wurzeln große Wassermengen aus dem Unterboden ziehen können. Es existieren viele Arten und Formen, von kleinen Büschen wie der Kraut-Weide (*Salix herbacea*) bis zur großen Trauerweide (*Salix × sepulcralis*), die an Flussufern wächst. Die Sorte 'Wehrhahnii' von *Salix × hastata*, die bis zu 1 m hoch und breit wird, ist mit ihren grauen Blättern ein auffälliges Bäumchen für das Ufer von kleinen Teichen oder Bächen.

Weiden wachsen auf verschiedensten Bodentypen – sowohl auf schweren Tonböden als auch auf Sand- oder Moorböden. Die Äste sollten alle zwei bis drei Jahre zurückgeschnitten werden. Zur Vermehrung schneidet man im Winter einen langen Zweig als Steckling. Wenn man diesen auf einer Höhe von 1,50 m kappt, kann man seine eigene Kopfweide ziehen. Pflanzt man eine Reihe solcher Pflanzen, bildet sich im Winter ein dekoratives Strukturelement. Der von den männlichen Kätzchen gebildete Blütenstaub zieht Bienen an, die ihn zu den weiblichen Bäumen transportieren. Der reichliche Pollen dient im Frühjahr auch als Nahrung für Raupen, die wiederum Insekten fressende Vögel anlocken.

Häufig nutzen Steinkäuze die Höhlen in Kopfweiden als Nistplatz.

STECKBRIEF

- Sommergrüne Laubbäume
- Frühe Blüte
- Höhe 1–25 m
- Volle Sonne bis Halbschatten
- Mäßig

Steinkauz in Kopfweide

Schwarzer Holunder

Sambucus nigra

J F M A M J J A S O N D

Wenige heimische Sträucher besitzen so vielfältigen Nutzen wie der Schwarze Holunder. In früheren Zeiten stand er in hohem Ansehen, da er angeblich den Teufel und Hexen fernhielt. Das Holz wurde für alle möglichen Zwecke verwendet, Blüten und Beeren nutzt man zur Herstellung von Konfitüre, zur Aromatisierung von Wein, Gin (Genever) und Tee. Auf alten Bauernhöfen findet man gelegentlich knorrige Holunder, die Baumgröße erreicht haben. Die Baumkrone ragt nicht selten über ein Stall- oder Scheunendach. Diese Exemplare wurden meistens gezielt platziert, um das Gebäude vor Blitz zu schützen und Fliegen abzuhalten.

In einem Naturgarten sollte der Stickstoffgehalt des Bodens nicht zu hoch sein. Da der Schwarze Holunder stickstoffreiche Standorte bevorzugt, kann dies ein Problem darstellen. Zum Glück sind angepflanzte Holunder nicht so wählerisch und können in ärmere Böden gesetzt werden. Die gelblich grünen, stark riechenden Blüten stehen in schirmförmigen Blütenständen, gefolgt von schwarzvioletten Beeren.

Die Blüten und Früchte sind nicht nur schön, sondern auch essbar und werden im Sommer von vielen Vögeln wie der Gartengrasmücke geschätzt. Die grünen Teile des Schwarzen Holunders sind giftig; beim Attich oder Zwerg-Holunder *(Sambucus ebulus)* sind alle Pflanzenteile einschließlich der schwarzen Beeren giftig.

STECKBRIEF

- Laub abwerfend
- Nähr- und Schutzgehölz für Vögel
- Höhe bis zu 6 m
- Volle Sonne bis Halbschatten
- Mäßig

Gartengrasmücke

Schlehdorn

Prunus spinosa

Die Schlehe, auch Schwarzdorn genannt, ist einer der ersten Wildsträucher, die im Frühjahr blühen. Tausende weißer Blüten erscheinen vor dem Laub und sind in der ansonsten noch kahlen Landschaft weithin sichtbar. Im Herbst trägt die Schlehe viele Früchte.

Wie der Weißdorn besitzen Schlehen lange, scharfe Dornen und erschweren größeren Tieren so das Eindringen. In der Landschaft entwickelt sich häufig eine Gruppe von ausgewachsenen Bäumen, da das weidende Vieh die jungen Bäume innerhalb des Dickichts nicht abfressen kann.

Wenn man nichts dagegen unternimmt, bildet ein einziger Busch ein ständig wachsendes Gebüsch. Sie können daher nur unter strenger Kontrolle als einzelne Exemplare wachsen – oder in Form eines Dickichts der Tierwelt Schutz bieten. Schlehen lassen sich gut stutzen; da sie sich aber an der Basis nur wenig verzweigen, sind sie für eine Schnitthecke schlechter geeignet als der Weißdorn. Die Vermehrung erfolgt hauptsächlich über Ausläufer.

Vögel bevorzugen den Schlehdorn nicht nur als schützendes Dickicht, sondern auch wegen der Früchte und der Insekten, die im Gebüsch leben.

STECKBRIEF

- *Laub abwerfend*
- *Schutz für Kleinvögel*
- *Höhe bis zu 4 m*
- *Volle Sonne bis Halbschatten*
- *Mäßig*

Wiesen-Storchschnabel (*Geranium pratense*, links), Telekie (*Telekia speciosa*, rechts)

Weitere Arten

	Name	Blütenfarbe	Höhe	Blütezeit / Besonderheiten
STAUDEN	Sumpf-Vergissmeinnicht *Myosotis palustris*	himmelblau	25–40 cm	Mai–Juli / niedrige Pflanze zwischen hohen Stauden
	Wiesenschaumkraut *Cardamine pratensis*	lila	5–40 cm	April–Juni / für feuchte Blumenwiesen
	Echter Eibisch *Althaea officinalis*	weiß, rot überlaufen	60–150 cm	Juli–Sept. / verträgt Seeklima; alte Arzneipflanze, lockt Bienen an
	Echter Ziest *Stachys officinalis*	purpurrot	30–80 cm	Juni–Aug. / in großen Gruppen sehr auffällig
	Kalmus *Acorus calamus*	grün	60–120 cm	Juni–Juli / aromatisch duftende Blüten, gefolgt von grünlichen Beeren
	Schlangenwurz, Sumpfkalla *Calla palustris*	weiß	15–25 cm	Mai–Juni / Ufer- und Wasserpflanze
	Kuckucks-Lichtnelke *Lychnis flos-cuculi*	rosarot	30–80 cm	Mai–Juni / reiche Blüte; passt in Staudenbeete
	Minze-Arten *Mentha* spec.	lila	15–50 cm	Juni–Sept. / herrliches Minzenaroma; schöne Blütenähren; wuchert
	Sumpf-Schafgarbe *Achillea ptarmica*	weiß	75 cm	Juni–Aug. / pomponartige Blütenköpfchen, passt in Staudenbeete
	Echte Engelwurz *Angelica archangelica*	grünlich weiß	180 cm	Juli–Aug. / dekorative Blütenstände; Gewürzpflanze; lockt Bienen an
	Labkraut *Galium* spec.	weiß	15–60 cm	Mai–Sept. / reiche Blüte; dichter Bodendecker
	Milzkraut *Chrysosplenium* spec.	gelb	15 cm	März–Mai / bildet Polster; leicht zu ziehen
	Wiesen-Storchschnabel *Geranium pratense*	blauviolett	40–70 cm	Mai–Aug. / lange Blütezeit; hübsches Laub; lockt Bienen an
	Gewöhnlicher Hornklee *Lotus corniculatus*	gelb	10–25 cm	Mai–Sept. / zahlreiche Schmetterlingsblüten locken Bienen an
	Großes Flohkraut *Pulicaria dysenterica*	gelb	60–90 cm	Juli–Sept. / hoher Korbblütler; früher Arzneipflanze
	Wald-Geißbart *Aruncus dioicus*	cremeweiß	100–1,80 cm	Juni–Aug. / Solitärstaude für Halbschatten
	Telekie, Großes Ochsenauge *Telekia speciosa*	gelb	120–150 cm	Juli–Aug. / große Blütenstände locken Schmetterlinge an
BÄUME	Schwarzerle *Alnus glutinosa*	grünlich	5–9 m	Feb.–März / sommergrün; gelbe Kätzchen, schwarze Fruchtzapfen; Kätzchen locken Samen fressende Vögel an
	Gemeine Esche *Fraxinus excelsior*	gelblich grün	5–40 m	April–Mai / sommergrün

Saure Standorte

Pflanzen *für* saure Standorte

Kleinodien der Heidemoore

Einödflächen bedeuteten zwar Jahrhunderte lang für ihre Bewohner nur Armut und Hunger, sie besitzen jedoch eine wundervolle Pflanzenwelt. Die mageren Sandböden der weiten Heideflächen und die sauren Böden der Hochmoore beherbergen zahlreiche ungewöhnliche Pflanzenarten.

Vielen ist der Sonnentau (*Drosera*) vertraut, eine winzige Pflanze, die unter sauren, nassen und nährstoffarmen Bedingungen überlebt, indem sie mit ihren Blättern Kleininsekten fängt und verdaut. Die Proteine der Beute werden als Stickstoffquelle genutzt.

Die mittlerweile seltene Arnika (*Arnica montana*) ist eine größere Pflanze, die in europäischen Heidemooren wächst. Ihre auffälligen gelben Blütenstände werden nicht nur wegen ihrer Schönheit, sondern auch wegen ihrer Heilkräfte geschätzt.

Durch die jahrhundertelange Beweidung hat sich die Vegetation vieler Heideflächen verändert, denn unter diesen Bedingungen können nur anspruchslose Pflanzen überleben. Zwei davon sind das Heidekraut (*Calluna vulgaris*), das auf trockenen Heideflächen wächst, und die Glockenheide (*Erica tetralix*), die an feuchteren Standorten vorkommt.

Heideflächen und Hochmoore wie die Lüneburger Heide und das Hohe Venn besitzen eine wilde, unverdorbene Schönheit. Sie wirken auf den ersten Blick trostlos und eintönig, überraschen aber bei genauerem Hinsehen durch ihre Artenfülle. Die größte Vielfalt findet sich am Übergang von Hochland zu Tiefland oder zwischen trockenen und nassen Standorten. Feldwege und offene Flächen bieten vielen Pflanzen eine zeitweilige Heimat.

Wie lässt sich dies im Garten nachahmen? Zunächst kann man versuchen, die Arten aus solchen Gebieten auf nährstoffarmem Sandboden zu ziehen. Weiterhin kann man einen Fertig- oder Folienteich mit Torf oder magerem Sand auskleiden und so ein Biotop für die wenigen, in diesen Gebieten heimischen Wasserpflanzen anlegen, die häufig Libellen und andere Insekten anlocken. Am Übergang zwischen Land und Wasser siedelt sich gerne das Torfmoos (*Sphagnum*) an, und dann können bald ungewöhnliche Pflanzen wie der Sonnentau und das Fettkraut (*Pinguicula vulgaris*) heimisch werden. Trockenere Gartenbereiche können mit Heide-Arten bepflanzt werden.

Sogar eine kleine Balkon-, Terrassen- oder Innenhoffläche kann zum Miniatur-Heidegarten werden, wenn man dort Spezialgefäße aufstellt, die sich in Wasserstand und Substrat genau auf die Bedürfnisse der jeweiligen Pflanze abstimmen lassen („eco bowls“).

■ *Calluna vulgaris* 'Sister Anne'

Heidekraut

Calluna vulgaris

In der großen Familie der Heidekrautgewächse ist die Gattung *Calluna* nur mit einer Art vertreten. Alle anderen Arten, die wir „Heide" nennen, gehören zur Gattung *Erica*. In früheren Jahrhunderten bedeckte das Heidekraut (oder Besenheide, *C. vulgaris*) große Flächen in Deutschland und gedieh bevorzugt an Standorten mit Stickstoff- und Phosphat-armem Boden. Durch die Beweidung mit Schafen wurde der Baumwuchs unterdrückt, und das Heidekraut breitete sich weiter aus. Außerdem sät sich die Art stark aus. All diese Faktoren haben gemeinsam zum Entstehen der großen, stillen Heideflächen beigetragen.

Nach Gründung der Heather Society in England und der Gesellschaft der Heidefreunde in Deutschland begannen Liebhaber, ungewöhnliche Wildformen gezielt auszulesen, über Stecklinge zu vermehren und ihnen Fantasienamen zu geben. So entstand das heutige breite Spektrum an Heidekraut-Sorten. Aus den Samen der Sorten entstehen häufig wieder „normale" Heidekrautpflanzen; deshalb vermehrt man Besenheide am besten im Spätsommer über Stecklinge.

Im Sommer lockt das Heidekraut mit seiner reichen Blüte eine Vielzahl von Bienen und bunten Schmetterlingen in den Garten.

STECKBRIEF

- *Ungeeignet für Tonböden*
- *Gut für Bienen und Schmetterlinge*
- *Höhe bis zu 1,50 m*
- *Volle Sonne*
- *Niedrig*

■ *Erica carnea* 'Aurea' (rechts)

Schneeheide

Erica carnea

Im Gegensatz zu anderen Heideartigen wächst die Schneeheide in freier Natur auf Kalkböden. Sie gedeiht jedoch auch auf neutralen bis schwach sauren Böden, wie in Heidegärten häufig vorhanden. Auch die Blütezeit ist ungewöhnlich: Die fleischfarbenen Blüten erscheinen, anders als bei den meisten Pflanzen der gemäßigten atlantischen Klimaregion, von Dezember bis März. Besonders wenn etwas Schnee gefallen ist, sehen die Blüten sehr hübsch aus. Oft sieht man im März Bienen, die an den Blüten der Schneeheide ihre erste Nahrung nach dem Winter suchen. Wie beim Heidekraut sind viele Sorten im Handel. Die Blütenfarbe reicht von fast reinweiß bis zu dunkelrot. Man sollte die Pflanzen im Garten in 15–20 cm Abstand setzen; nach ein bis zwei Jahren bilden sie einen dichten Teppich. Sie können im März oder April, nach der Blüte, zurückgeschnitten werden.

Die Vermehrung erfolgt über Stecklinge, die sich gut bewurzeln.

Biene am Blütenstand

STECKBRIEF

- *Blüht im Winter*
- *Gute Pflanze für Bienen*
- *Höhe 15–50 cm*
- *Volle Sonne*
- *Hoch bis mäßig*

Lungen-Enzian

Gentiana pneumonanthe

Der Lungen-Enzian war nie eine häufige Art, ist aber heute in freier Natur sehr selten geworden. Die trichterförmig-glockigen Blüten sind blau: Einige sind einfarbig und tiefblau, andere etwas heller, wieder andere sind dunkelblau mit hellen Streifen. Diese Variabilität ist besonders bei einer großflächigen Pflanzengruppe gut zu sehen. Eine ähnliche Vielfalt der Blütenfarben kommt auch bei Enzianarten des Himalaja vor, wie *Gentiana farreri* und *G. sino-ornata*, die saure, feuchte Böden bevorzugen.

Die Kultur des Lungen-Enzians ist schwieriger als die des Stängellosen Enzians (*G. acaulis*), einer typischen Gebirgsart. Der Lungen-Enzian gedeiht auf torfhaltigen und Feuchtigkeit speichernden, sauren Böden, oft an ähnlichen Standorten wie Wild-Orchideen. Wenn man im Garten nicht die richtigen Standortbedingungen bieten kann, sollte man die Art in ein Gefäß pflanzen, mit optimalem Wasserstand und der passenden Spezialerde.

Der Kreuz-Enzian (*G. cruciata*) lässt sich auf kargen Sandböden leicht anbauen; allerdings sind seine Blüten nicht so schön. Man vermehrt durch Aussaat; gelegentlich sät sich die Pflanze spontan aus, wenn ihr die Bodenverhältnisse zusagen.

STECKBRIEF

- *Ungewöhnliche, blaue Blüten*
- *Nicht überall erhältlich*
- *Höhe 5–40 cm*
- *Volle Sonne bis Halbschatten*
- *Mäßig*

■ Geflecktes Knabenkraut (*Dactylorhiza maculata*)

Knabenkräuter

Dactylorhiza *spec.*

Im Lauf der letzten fünfzig Jahre sind die Wildbestände an Orchideen in Europa stark zurückgegangen, in vielen Gegenden sind sie völlig verschwunden. Orchideen oder Knabenkrautgewächse vertragen keine Düngung; deshalb bedeutete die Einführung der Kunstdünger sowie die Trockenlegung vieler Feuchtwiesen für zahlreiche Orchideenarten das Todesurteil.

Für Laien ist es schwierig, die einzelnen Arten zu bestimmen; überdies bilden sie leicht Kreuzungen, sogar zwischen den Gattungen. In den meisten Ländern Europas stehen Orchideen unter Naturschutz, und es ist streng verboten, sie zu sammeln oder auszugraben. Der wissenschaftliche Name *Dactylorhiza* bezieht sich auf den unterirdischen Teil der Pflanze, dessen Form einer Hand gleicht. Fast alle Wurzelknollen von Knabenkräutern besitzen einen moderigen Geruch.

Es ist nicht einfach, Knabenkräuter im Garten zu kultivieren, auch deshalb, weil die Wurzeln auf spezielle Bodenpilze angewiesen sind. Die Pflanzen bevorzugen ziemlich saure und nährstoffarme Böden. Eine Vermehrung durch Teilung ist schwierig; gelegentlich säen sie sich spontan aus. Das Angebot im Gartenfachhandel ist begrenzt, doch langsam werden Orchideen häufiger angeboten.

STECKBRIEF

- *Verschwindet in freier Natur*
- *Nur begrenzt erhältlich*
- *Höhe bis zu 60 cm*
- *Volle Sonne bis Halbschatten (je nach Art)*
- *Hoch bis mäßig*

Pflanze mit Wurzelknolle

■ *Myrica gale* var. *tomentosa*

Gagelstrauch

J F M A M J J A S O N D

Der Gagelstrauch wächst an nassen, torfhaltigen Standorten. Bei Verletzung verströmen die dunkel glänzenden Blätter einen angenehmen, aromatischen Geruch, ebenso wie Samen und Rinde. Gelegentlich werden die getrockneten Früchte zum Würzen und die getrockneten Blätter als Abwehrmittel gegen Insekten verwendet.

Männliche und weibliche Blüten stehen auf getrennten Pflanzen und erscheinen im Frühjahr vor den Blättern. Die gelbbraunen, männlichen Blütenstände sind am auffälligsten, die weiblichen Blüten eher klein und leuchtend rot.

In freier Natur bietet der Gagelstrauch ein ungepflegtes Bild, da die Zweige häufig zum Boden hängen und sich dort bewurzeln. Mit der Zeit breitet sich ein derartiger Busch beträchtlich aus, umso mehr, als Tiere das stark riechende Laub nicht fressen.

Es ist recht einfach, den Gagelstrauch im Garten zu ziehen. Man steckt einen Steckling in den Boden, schneidet ihn zurück, sobald er sich bewurzelt hat, und benutzt den neuen Trieb erneut als Steckling. Die niedrige *M. gale* var. *tomentosa* wird nur 75 cm hoch und ist reichblühender.

STECKBRIEF

- *Sommergrün*
- *Aromatisches Laub*
- *Höhe bis zu 1,80 m*
- *Halbschatten bis tiefer Schatten*
- *Hoch*

Männliche Frühjahrsblüten

Rosmarinheide

Andromeda polifolia

J F M A M J J A S O N D

Die Rosmarinheide wird in freier Natur immer seltener, da Hochmoore, ihre bevorzugten Lebensräume, sehr stark zurückgegangen sind, und sie auf sehr saure Böden angewiesen ist. Im Garten lässt sich die Pflanze etwas leichter ziehen. Auch hier bevorzugt sie saure, torfhaltige Böden, kann jedoch jahrelang überdauern und sich langsam durch Spontanaussaat und Ausläufer vermehren.

Bei genauem Hinsehen entdeckt man, dass die Blüten winzigen chinesischen Laternen ähneln. Sie stehen in Trauben auf langen Stängeln, sind porzellanweiß gefärbt und rosarot überlaufen. Die Rosmarinheide gedeiht in kühlem Klima und kommt in südlichen Teilen Europas nicht vor. Die nordamerikanische Art *Andromeda glaucophylla* lässt sich leichter im Garten kultivieren. Die Sorte 'Latifolia' ist leicht zu beschaffen und blüht in normalen Heidegärten gewöhnlich sehr reichlich.

In der Natur sind Heideflächen wichtige Lebensräume für viele Tiere, angefangen von Heuschrecken über Amphibien bis zu Insekten fressenden Vögeln.

STECKBRIEF

- Immergrün
- Giftig
- Höhe 8–50cm
- Volle Sonne bis Halbschatten
- Hoch bis mäßig

Frühjahrsblüten

Scheinbeere

Gaultheria shallon

Die Scheinbeere ist in Nordamerika heimisch und mittlerweile in Teilen von Europa eingebürgert. Sie kommt in alten, parkartigen Waldgebieten vor und gedeiht dort besonders unter Nadelbäumen. Dort bildet sie üppige Bestände und breitet sich durch Ausläufer aus. Die großen, steifen Blätter wirken dekorativ. Auf die schlichten weißen bis blassrosa Blüten, die im Sommer erscheinen, folgen im Herbst große, dunkle und saftige Beeren. Diese sind bei verschiedenen Vogelarten und auch bei kleinen Nagetieren beliebt; Bienen und andere Insekten werden vom Blütennektar angelockt.

Man kann die Scheinbeere als frei wachsende Hecke verwenden oder am Waldrand als Gebüsch, das sich langsam ausbreitet. Die Pflanze kann über unterirdische Ausläufer vermehrt werden, die man einfach abtrennt und an anderem Ort einsetzt. Wenn man eine begrenzte Zahl an einem Schattenplatz im Heidegarten oder in einem lichten Nadelwald pflanzt, fügt sie sich ins Bild.

In unseren Gärten verbreitet ist *G. procumbens* mit roten Beeren.

STECKBRIEF

- *Immergrün*
- *Die Beeren locken Vögel an*
- *Höhe 0,30–3 m*
- *Mäßiger bis tiefer Schatten*
- *Mäßig bis hoch*

Gaultheria procumbens

Vaccinium angustifolium

Heidelbeer-Arten

Vaccinium spec.

J F M A M J J A S O N D

Die Arten dieser Gattung fühlen sich wohl in Gesellschaft anderer Heidepflanzen in einem Garten mit einem kleinen Teich. Die Preiselbeere (*Vaccinium vitis-idaea*) ist in der Natur wesentlich seltener als die Blau- oder Heidelbeere (*V. myrtillus*). Deren Früchte locken in den Sommermonaten nicht nur menschliche Sammler an, sondern auch Vögel und Kleinsäuger. Die Blüten der Preiselbeere sind jedoch wesentlich auffälliger als Blaubeerblüten, und ihre roten Beeren hängen lange am Strauch.

Preiselbeeren bevorzugen einen nicht zu trockenen Standort. Sie vertragen Schatten und gedeihen gut in einem Moorgarten. Gelegentlich kann man in Spezialgärtnereien die reich fruchtende *V. vitis-idaea* ssp. *minus* mit kurzen Trieben finden. Sie ist besonders für ein kleines Moorbeet geeignet. Blaubeeren bevorzugen eine trockenere Umgebung und vertragen gut Schatten. Die Preiselbeere ist immergrün, die Blaubeere verliert im Winter ihre Blätter. Die Amerikanische Blaubeere *(V. corymbosum)* trägt große blaue Beeren und wird wegen ihrer Früchte angebaut. Sie ist an einigen Stellen in Europa verwildert.

All diese Arten bilden unterirdische Ausläufer. Man kann sie leicht vermehren, indem man diese abtrennt.

STECKBRIEF

- *Immergrün*
- *Gute Bienenpflanze*
- *Die Beeren ziehen Vögel an*
- *Höhe 15–50 cm*
- *Mäßiger bis tiefer Schatten*
- *Mäßig bis hoch*

Asteraceae: Korbblütler · Staude

Arnika

Arnica montana

J F M A M J J A S O N D

Wie viele andere Pflanzenarten, die in der Natur auf sauren, feuchten Böden wachsen, ist Arnika oder Berg-Wohlverleih wegen der Zerstörung ihres natürlichen Lebensraums selten geworden. Wenn sie jedoch einmal im Garten heimisch ist, kann man sie durch Samen vermehren.

Die Suche nach dieser Pflanze kann Zeit und Mühe kosten, doch es lohnt sich; denn im Heidegarten bilden die großen gelben Korbblüten einen lebhaften Farbfleck zu einer Zeit, wenn kaum andere Pflanzen blühen. Arnika gedeiht gut auf offenen Flächen zwischen anderen Heidepflanzen. Nicht zu nasse Sandböden in voller Sonne sind am besten geeignet.

Arnika wird schon seit langem als Arzneipflanze genutzt, und Arnikasalbe gehört zur Hausapotheke vieler Familien. Für pharmazeutische Zwecke werden kommerziell angebaute Pflanzen gesammelt. Von den meisten Säugetieren wird Arnika als Giftpflanze gemieden.

Sommerblüte

STECKBRIEF

- Steht unter Naturschutz
- Arzneipflanze
- Höhe bis zu 40 cm
- Volle Sonne bis Halbschatten
- Mäßig bis hoch

Arnikasalbe

Beinbrech

Narthecium ossifragum

In der Natur wächst der Beinbrech an sumpfigen Standorten in Heide- und Torfmooren. Obwohl früher weit verbreitet, ist er heute in vielen Gegenden rar. Im Volksglauben hieß es, die Knochen von Schafen, die Beinbrech fraßen, würden brüchig – man weiß, dass er schwach giftig ist. In vielen Ländern steht die Pflanze unter Naturschutz; es ist streng verboten, sie in freier Natur auszugraben.

Die grasartigen, schwertförmigen Blätter wirken rund ums Jahr dekorativ. Ab Juni erscheinen die gelben Blüten in endständigen Trauben auf langen Stängeln über dem Laub. Nach der Blüte beginnen die Fruchtkapseln zu reifen und färben sich: Innerhalb weniger Wochen färbt sich eine Wiese mit Beinbrech von gelb nach orange. Wenn man ihn mit anderen Moorbeetpflanzen wie Sonnentau, Wollgras und Orchideen kombiniert, entsteht eine auffällige, gleichzeitig natürlich wirkende Komposition.

Der Beinbrech muss meist von Spezialgärtnereien bezogen werden. Man vermehrt ihn durch Teilung im Frühsommer und topft die Teilstücke ein oder pflanzt sie sofort an Ort und Stelle. Die Pflanze benötigt feuchten, sauren Boden und volle Sonne. Man kann Beinbrech auch in ein spezielles Gefäß pflanzen. Auf diese Weise entsteht sogar auf einer Terrasse oder einem Balkon ein Stückchen Heidemoor.

STECKBRIEF

- *Schwach giftig*
- *Gut zu kombinieren mit anderen Torfmoorpflanzen*
- *Höhe 20–30 cm*
- *Volle Sonne*
- *Hoch*

Sommerblüte

orangefarbene Fruchtkapsel

■ Rundblättriger Sonnentau (*Drosera rotundifolia*)

Sonnentau

Drosera *spec.*

Gewöhnlich lebt der Sonnentau auf nährstoffarmen Böden, häufig inmitten von Torfmoos oder in Wagenspuren, in denen etwas Wasser steht. Häufig wächst er in großen Beständen, und der gesamte Bereich scheint rötlich zu leuchten. Diese Wirkung entsteht durch die Färbung der Blätter und wird durch die Drüsenhaare, mit denen sie besetzt sind, verstärkt. Das Sekret dieser Drüsen ist so klebrig, dass Insekten daran festkleben. Ferner enthält es Verdauungsenzyme, welche das Eiweiß der gefangenen Insekten zersetzen, sodass die Pflanze auf diese Weise mit Stickstoff versorgt wird.

In Europa sind drei Arten heimisch: Der Mittlere (*Drosera intermedia*), der Langblättrige (*D. anglica* syn. *D. longifolia*) und der Rundblättrige Sonnentau (*D. rotundifolia*). Letzterer ist am häufigsten, obwohl er auf besondere Moorgebiete und Heidemoore beschränkt ist und deshalb in weiten Teilen Europas fehlt. Die Kultur im Garten ist nicht einfach. Er ist schwer erhältlich, sogar der Erwerb weniger Pflanzen oder Samen kann sich schwierig gestalten. Man sät die Samen am besten vor Winterbeginn in Töpfe mit sehr nasser Torferde und stellt die Töpfe auf Untersetzer, die ständig mit Wasser gefüllt sein müssen. Auch in einem Spezialgefäß kann der Sonnentau gezogen werden, in Torferde bei sehr hohem Wasserstand.

STECKBRIEF

■ *Fleisch fressende Pflanze*
■ *Unauffällige Blüten*
■ *Höhe 7–9 cm*
✹ *Volle Sonne bis Halbschatten*
💧 *Hoch bis mäßig*

Königsfarn

Osmunda regalis

J F M A M J J A S O N D

Der Königsfarn ist einer der prächtigsten Farne Europas. Die Pflanzen werden sehr alt und besitzen schließlich ein dichtes, filziges Wurzelgeflecht. Früher wurden diese Wurzeln gesammelt, um als Zusatz für Orchideenerde zu dienen. Daher ist der Königsfarn heute in freier Natur selten geworden.

Am besten wirkt der Königsfarn, wenn er am Rand eines Teiches, eines Moorbeets oder eines Wäldchens gepflanzt wird. Es dauert ungefähr zwanzig Jahre, bis sich ein ausgewachsener Horst entwickelt, aber die Pflanze benötigt währenddessen keine Pflege.

Die Sporen sitzen nicht wie bei den meisten Farnen auf der Unterseite der Wedel, sondern in einer reich verzweigten Rispe am Ende der Blätter. Im reifen Zustand sind sie braun, sodass die Pflanze vertrocknet wirkt.

Der Königsfarn lässt sich leicht vermehren. Zu diesem Zweck bringt man in einem feuchten Gartenbereich eine Lage Torf aus. Wenn sich die Sporen braun färben, streut man sie auf den feuchten Torf. Nach wenigen Tagen wird ein grüner Schleier sichtbar – der Beginn der jungen Farnpflanzen.

STECKBRIEF

- *Langlebig; nicht umpflanzen!*
- *Steht unter Naturschutz*
- *Höhe 30–150 cm*
- *Halbschatten bis tiefer Schatten*
- *Mäßig*

■ *Ulex europaeus 'Plenus'*

Stechginster

Ulex europaeus

J F M A M J J A S O N D

Den Stechginster fasst man nicht mit bloßen Händen an: Die ganze Pflanze ist dicht mit scharfen Dornen besetzt – selbst gierige Ziegen haben vor ihr Respekt.

In der freien Natur bevorzugt der Stechginster Sandböden. Er ist ziemlich frostempfindlich und kann in strengen Wintern zurückfrieren. Die Blüte beginnt oft schon im Herbst und erstreckt sich über Winter, Frühling und Frühsommer. Die gelben, süß duftenden Blüten bieten eine kontinuierliche Nektar- und Pollenquelle für Bienen.

Im Garten ist der Stechginster eine ausgezeichnete Heckenpflanze, die für verschiedene Vogelarten wie Dorngrasmücke und Goldammer ideale Nistmöglichkeiten und für Kleinsäuger wie Igel Unterschlupf bietet.

Die Pflanzen sind nicht überall erhältlich; eventuell muss man in Spezialbaumschulen suchen. Die Samen keimen leicht, wenn man sie nach der Reife in ein Gefäß sät und feucht hält. Der Stechginster wächst auf Sandböden sowie in guter Gartenerde; er gedeiht auch sehr gut an trockenen Standorten. Die Samen sind giftig.

STECKBRIEF

- *Immergrün*
- *Lange Blütezeit*
- *Höhe bis zu 2,50 m*
- *Volle Sonne*
- *Niedrig*

■ *Juniperus communis* 'Compressa'

Gewöhnlicher Wacholder

Juniperus communis

Der Wacholder ist ein immergrüner Strauch mit scharf spitzigen, blaugrünen Nadeln. Die schlanken Säulen der Jungpflanzen entwickeln sich im Alter zu massigen Exemplaren, die schließlich umfallen, aber nicht absterben. Durch diese eindrucksvollen Formen besitzt eine Gruppe von Wacholdern ihren eigenen Charme. Auf die unauffälligen Blüten folgen bläuliche Früchte, die bei etlichen Vogelarten beliebt sind. Der Wacholder stellt für Vögel aber auch eine Nistgelegenheit dar. Die Beeren werden zum Aromatisieren von Gin (Genever) genutzt.

Der Wacholder ist im Handel verbreitet, jedoch meistens als Kultursorte erhältlich (z. B. als sehr schlanke oder als flach ausladende Form). Die Wildart ist aber viel besser, da sie im Alter so malerische Formen annimmt. Die Vermehrung durch Stecklinge ist relativ einfach. Im Sommer pflanzt man sie in eine Mischung aus feuchtem Torfsubstrat und scharfem Sand; innerhalb von zwei Monaten sollten sie sich bewurzeln. Wacholder ist sehr anspruchslos; er wächst auf fruchtbaren wie armen Gartenböden. Lediglich auf Tonböden gedeiht er etwas schlechter.

STECKBRIEF

- *Immergrün*
- *Aromatisch*
- *Höhe 0,30–10 m*
- *Volle Sonne bis Halbschatten*
- *Niedrig*

■ Grönländischer Porst (*Ledum groenlandicum*)

Sumpfporst

Ledum palustre

Wie viele andere Heidekrautgewächse ist der Sumpfporst in nördlichen Gegenden heimisch und benötigt einen ziemlich feuchten, sauren und torfhaltigen Boden. Wenn man sicherstellt, dass er nicht austrocknet, ist er recht einfach zu kultivieren.

Die cremeweißen Blüten stehen in endständigen Dolden. Sie erscheinen im Mai und locken viele Bienen an. Die Blätter besitzen einen typischen, Tee-ähnlichen Geruch. Die europäische Wildart ist an ihren Standorten stark zurückgegangen und kommt in Deutschland nur noch an einigen Stellen vor. In manchen Gebieten Großbritanniens hat sich *Ledum groenlandicum* aus USA und Kanada eingebürgert.

Die Triebe der *Ledum*-Arten sind sehr brüchig; deshalb sollte man beim Zurückschneiden oder anderen Gartenarbeiten sehr vorsichtig sein.

Porst kann aus Samen gezogen werden, lässt sich aber wesentlich einfacher im Sommer durch Stecklinge vermehren. Außerdem kann man die Pflanzen mit Torfsubstrat umgeben und nach ein, zwei Jahren die bewurzelten Zweige von der Mutterpflanze abtrennen.

STECKBRIEF

- Immergrün
- Zahlreiche cremeweiße Blüten
- Höhe bis zu 80 cm
- Volle Sonne bis Halbschatten
- Hoch

Färberginster

Genista tinctoria

Im Gegensatz zum Besenginster (*Cytisus scoparius*) sind Arten der Gattung *Genista* wie der Färberginster gewöhnlich niedrige, nicht besonders auffällige Sträucher – sogar zur Blütezeit. Der Färberginster trägt eine Vielzahl von leuchtend gelben Schmetterlingsblüten in der Zeit von April bis August, mit einem Blütenhöhepunkt in Juni.

Die Art gedeiht in großen Teilen von Europa, gelegentlich an Stellen, wo sie ursprünglich nicht heimisch war. Seit der Römerzeit wurde der Färberginster zum Gelb- oder Grünfärben von Wolle benutzt und früher deshalb häufig angebaut. Durch die Zerstörung seiner natürlichen Lebensräume beginnt er jetzt selten zu werden.

Ginsterarten sind im Garten besonders einfach zu ziehen. Sie stellen kaum Ansprüche und gedeihen gut auf armen Sandböden. Man vermehrt durch Aussaat der Erbsenähnlichen Samen.

Die Blüten des Färberginsters bilden keinen Nektar, sind aber trotzdem bei Bienen wegen des Pollens sehr beliebt. Dieser wird auf den Bienen abgelagert, wenn sie einen Federmechanismus auslösen, durch den sich die Blüte schlagartig öffnet.

STECKBRIEF

- *Lange Blütezeit*
- *Lockt Bienen an*
- *Höhe 30–60 cm*
- *Volle Sonne bis Halbschatten*
- *Niedrig*

gefärbte Wolle

Schwarze Krähenbeere

Empetrum nigrum

Krähenbeeren ähneln zwar dem Heidekraut, blühen aber nicht so reich; tatsächlich sind die Blüten der Krähenbeere ziemlich unauffällig. Trotzdem lohnt es sich, in einem großen Heidegarten eine Gruppe der Krähenbeeren zu pflanzen. Im Laufe der Zeit bilden diese einen dichten Teppich, dessen grünes Laub nicht nur ganzjährig gut aussieht, sondern auch Unterschlupf und Nahrung für Kleinvögel bietet. Der Standort muss jedoch sorgfältig gewählt werden, da die Krähenbeere die weniger wüchsigen Heidekraut-Arten überwuchern kann.

In freier Natur wächst die Schwarze Krähenbeere häufig auf armen, sauren Böden. Männliche und weibliche Blüten stehen auf getrennten Pflanzen. Damit sie Früchte ansetzen, müssen mindestens zwei Exemplare beieinander stehen. Die glänzend schwarzen Beeren sehen hübsch aus und sind bei einigen Vögeln wie Säugetieren beliebt.

Die Krähenbeere lässt sich leicht durch Stecklinge vermehren. Man schneidet etwa 5–10 cm lange Triebspitzen im August, entfernt die unteren Blätter und steckt die Triebe in eine Mischung aus Torfsubstrat und scharfem Sand. Sie können nach der Bewurzelung vorerst in ein Beet für Jungpflanzen ausgepflanzt werden.

STECKBRIEF

- Immergrün
- Horst bildend
- Höhe 15–50 cm
- Volle Sonne bis Halbschatten
- Niedrig

Besenginster

Cytisus scoparius

J F M A M J J A S O N D

Im Frühjahr werden Heidegebiete und trockene, sandige Straßenböschungen häufig durch die Blütenpracht des Besenginsters mit seinen zahlreichen gelben Schmetterlingsblüten geschmückt. Dies ist eine der wenigen Arten, die von den menschlichen Eingriffen in die Umwelt profitiert, denn sie wächst neben Autobahnen von Dänemark bis zu den Alpen und von Irland bis nach Polen. Der Besenginster sät sich leicht selbst aus; deshalb erholen sich selbst Bestände, die nach mehreren strengen Wintern stark reduziert sind, schnell wieder. Die Pflanze ist für das Vieh giftig.

Der Besenginster ist zwar immergrün, wirft aber seine Blätter ab – die Zweige bleiben ganzjährig grün. Aus den Zweigen hat man Besen gebunden, daher der Name. Die Pflanze ist ziemlich anspruchslos und wegen ihrer üppigen Blüte, die Bienen anlockt, seit Jahrhunderten in Kultur. Es gibt zahlreiche Sorten mit verschiedenen Wuchstypen und Blütenfarben.

Alte Exemplare besitzen nur wenig Zierwert. Sie nehmen viel Platz ein, und die dicken alten Zweige werden leicht beschädigt. Durch Stutzen kann der Besenginster jedoch in Form gehalten werden. Wenn man die alten Äste abschneidet, werden sie durch Jungtriebe ersetzt. Der Besenginster lässt sich durch Samen vermehren. Außerdem kann man durch Teilung vermehrte Pflanzen kaufen.

Bestäubung durch Hummeln

STECKBRIEF

- *Immergrün*
- *Besenförmiger Wuchs*
- *Reiche Blüte*
- *Höhe bis zu 2,50 m*
- *Volle Sonne*
- *Niedrig*

Blutauge (*Potentilla palustris*, links), Gemeiner Teufelsabbiss (*Succisa pratensis*, rechts)

Weitere Arten

	Name	Blütenfarbe	Höhe	Blütezeit / Besonderheiten
STAUDEN	Kleinfrüchtige Moosbeere *Oxycoccus palustris*	rosa	15–30 cm	Mai–Juni / Früchte locken Vögel an
	Gemeines Fettkraut *Pinguicula vulgaris*	blau	10–15 cm	Mai / fängt Fliegen mit den klebrigen Blättern
	Englische Kratzdistel *Cirsium dissectum*	purpurviolett	30–50 cm	Juni–Juli / Nahrung für Samen fressende Vögel
	Blutauge *Potentilla palustris*	rötlich violett	30 cm	Juni–Juli / Ufer- und Wasserpflanze
	Blaues Pfeifengras *Molinia caerulea*	blassgrün	30–100 cm	Juli–Sept. / Ziergras
	Scheiden-Wollgras *Eriophorum vaginatum*	weiß	30–60 cm	März–Mai / ungewöhnliches Gras für feuchte Standorte
	Blutwurz *Potentilla recta*	gelb	15–30 cm	Juni–Aug. / reiche Blüte
	Feld-Thymian *Thymus serpyllum*	lilarosa	15–30 cm	Juni–Sept. / Polsterpflanze; aromatisch; lockt Schmetterlinge an
	Gemeiner Teufelsabbiss *Succisa pratensis*	blau	30–100 cm	Juli–Sept. / reiche Blüte; gute Zierpflanze; lockt Bienen ans
	Heide-Nelke *Dianthus deltoides*	rot	20–40 cm	Juni–Aug. / sät sich gut aus
	Mausohr, Kleines Habichtskraut *Hieracium pilosella*	gelb	25–35 cm	Mai–Juni / Polster bildend; für trockene Standorte
BÄUME	Gewöhnliche Traubenkirsche *Prunus padus*	weiß	15 m	April–Mai / Winternahrung für Vögel
	Eberesche *Sorbus aucuparia*	weiß	10 m	Mai–Juni / Fruchtschmuck im Herbst lockt Vögel an
	Föhre, Waldkiefer *Pinus sylvestris*	gelb und rot	30 m	Mai / Schutz und Nistplätze für Vögel und Kleinsäuger

Trockene Böden

PFLANZEN *für* TROCKENE BÖDEN

Überleben in trockenen Landstrichen

Wildpflanzen wachsen nur an den Plätzen, wo sie sich unter allen denkbaren Umständen behaupten können. Einige Pflanzenarten besitzen ausgedehnte Wurzelsysteme, um an das Wasser zu gelangen, und können sich nach langen Trockenperioden erstaunlich schnell erholen. Andere wie die *Sedum*-Arten haben ihren eigenen Wasservorrat – sie speichern es in fleischigen Blättern, die durch eine harte Oberfläche vor Verdunstung geschützt sind. Auch mit dichtem Haarfilz bedeckte Blätter verdunsten weniger Wasser; andere Pflanzen tragen im Sommer nur wenige Blätter.

Einige Arten überstehen lange Trockenzeiten, indem sie eine Ruheperiode einlegen. Die frühjahrsblühenden Zwiebel- und Knollenpflanzen aus den Trockengebieten des Balkans und des Vorderen Orients sterben im Sommer oberirdisch ab, um Hitze und Wassermangel zu umgehen.

Trockene Lagen finden sich sogar in Ländern, wo es häufig regnet und wo die Vegetation fast ganzjährig grün ist. Es ist ein großer Unterschied, ob man an einem Hang im Sauerland oder auf den trockenen Sandböden Norddeutschlands einen Garten bestellt. Die dortigen Pflanzenarten werden sich in jedem Fall von anderen Lagen derselben Region unterscheiden, die feuchte Ton- oder Humusböden aufweisen.

Selbst in Landstrichen, die als trocken gelten, kommen häufig Bereiche vor, die viel feuchter sind. Eine wasserundurchlässige Fels- oder Tonschicht verhindert vielleicht das Versickern, und es entstehen Fennlandschaften, Sümpfe und Seen. Entlang von Bächen und kleinen Flüssen befindet sich gewöhnlich eine Feuchtzone mit nährstoffreichem Boden. Manchmal sorgt eine Quelle dafür, dass das Erdreich ständig feucht ist.

Nicht zuletzt deshalb ist es wichtig, auf die Wildpflanzen der Umgebung zu achten; sie geben einen Hinweis auf die Struktur des Bodens wie auch auf seinen Feuchtigkeits- und Nährstoffgehalt.

Die Lehren der Natur können wir in unseren eigenen Gärten anwenden: Es ist nicht sehr sinnvoll, Pflanzenarten, die große Feuchtigkeitsmengen benötigen, in einem trockenen Garten anzupflanzen. Schließlich gibt es in der Natur alle möglichen wunderschönen Pflanzen, die trockene Standorte sogar dringend benötigen.

So kann man es beispielsweise mit Dost versuchen; mit seinen duftenden rotvioletten Blüten zieht er Bienen magnetisch an, während die Purpur-Fetthenne dieselbe Wirkung auf Schmetterlinge hat. Die Auswahl ist groß, und die meisten Pflanzen sind problemlos in Gartencentern oder Staudengärtnereien erhältlich.

■ Pfirsichblättrige Glockenblume (*Campanula persicifolia*)

Glockenblumen

Campanula *spec.*

Die meisten Glockenblumen-Arten wachsen in der Natur auf Wiesen, an Hecken oder Waldrändern. Sie gedeihen aber auch gut an sehr heißen, trockenen Standorten. Zu den besten gehören die kriechenden, bodendeckenden Arten *Campanula portenschlagiana* und *C. poscharskyana* mit zahlreichen Blüten. Die Nesselblättrige Glockenblume (*C. trachelium*) wird bis zu 80 cm hoch und passt am besten in Staudenbeete.

J F M A M J J A S O N D

Der Blütenstängel der Pfirsichblättrigen Glockenblume (*C. persicifolia*) ist nur schwach beblättert. Die wesentlich kleinere Rundblättrige Glockenblume (*C. rotundifolia*) wächst auf Wiesen. All diese Arten sind für Gärten sehr empfehlenswert.

Die hier vorgestellten, blau blühenden Arten haben eine lange Blütezeit – vom Sommeranfang gelegentlich bis zum Herbst; *C. portenschlagiana* und *C. poscharskyana* blühen im Frühjahr.

Glockenblumen können im Frühjahr ausgesät werden. Die meisten Arten lassen sich im Frühling oder im August/September gut teilen.

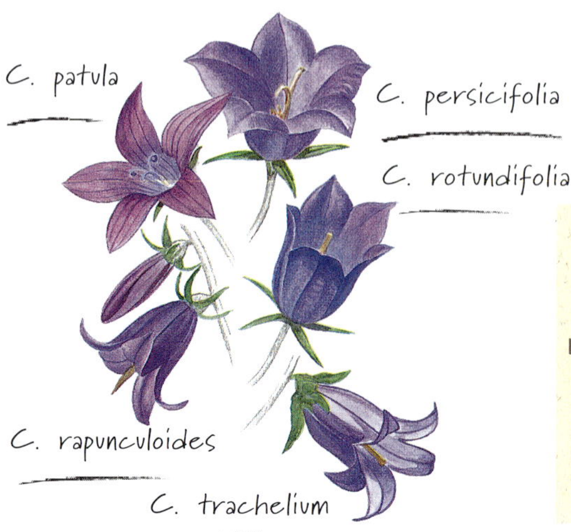

STECKBRIEF

- *Leicht zu kultivieren und zu vermehren*
- *Einige Arten sind gute Schnittblumen*
- *Gute Bienenpflanze*
- *Höhe bis zu 80 cm*
- *Volle Sonne bis Halbschatten*
- *Niedrig*

Echter Ziest

Stachys officinalis

Der Echte Ziest, eine hübsche Pflanze trockener Gebüsche und Heiden, blüht so üppig, dass er schon seit langem als Gartenpflanze kultiviert wird. Durch Auslese hat man im Lauf der Jahre verschiedene Sorten mit gedrungenerem Habitus oder leicht abweichender Blütenfarbe gezüchtet. Der Ziest wurde auch als Arzneipflanze genutzt und kann noch heute in der Nähe von alten Klöstern gefunden werden.

Der Echte Ziest lässt sich problemlos kultivieren und unter Kontrolle halten. Er kann durch Teilung vermehrt werden. Auf fruchtbaren Böden kann er recht groß werden, wodurch sich die Stängel in alle Richtungen neigen. Dies kann man verhindern, indem man die äußersten Triebe im Mai abschneidet. Die schnell nachwachsenden neuen Blütenstängel bleiben viel kürzer und stützen die hohen Triebe in der Mitte der Pflanze ab. Durch diese Maßnahme wird außerdem die Blütezeit verlängert.

Der Sumpf-Ziest (*Stachys palustris*) bevorzugt feuchte Standorte und kann mit seinen unterirdischen Ausläufern wuchern. *S. grandiflora* ist eine bekannte Gartenpflanze aus Sibirien mit großen, malvenfarbenen Blüten und langen Blütenstielen.

STECKBRIEF

- *Zahlreiche Blüten*
- *Arzneipflanze*
- *Gute Bienenpflanze*
- *Höhe 30–80 cm*
- *Volle Sonne bis Halbschatten*
- *Mäßig bis niedrig*

Sedum telephium 'Herbstfreude'

Purpur-Fetthenne

Sedum telephium

Die Purpur-Fetthenne blüht spät im Jahr und ist ein gutes Beispiel für eine Pflanze, die in Struktur und Aussehen an ein Leben in trockener Umgebung angepasst ist. Die fleischigen, Feuchtigkeit speichernden Blätter sind von einer festen, glänzenden Haut umgeben, so dass die Pflanze selbst in trockenen, heißen Sommern gut blüht und gedeiht. Diese *Sedum*-Art ist sehr variabel und wurde in mehrere Unterarten unterteilt. Die Blütenfarbe reicht von gelb bis zu rotviolett, und auch die Blattfarbe variiert oft sehr stark. Pflanzen mit dunklem Laub bilden einen schönen Kontrast zu verschiedenen Gräserarten.

Die Purpur-Fetthenne lässt sich sehr leicht im Sommer durch Stecklinge oder durch Teilung vermehren. Häufig findet man im Garten weit von der Mutterpflanze entfernt Jungpflanzen, die offensichtlich aus Samen gekeimt sind. Die sehr spät blühende Sorte 'Herbstfreude' besitzt große Blütenstände. Wie auch die Art *S. spectabile* wird die Purpur-Fetthenne im Spätsommer gerne von Schmetterlingen besucht, die auf den flachen Blütenständen gut landen können.

Kleiner Fuchs

STECKBRIEF

- *Reiche Blüte lockt Schmetterlinge an*
- *Leicht zu vermehren*
- *Höhe 25–60 cm*
- *Volle Sonne bis Halbschatten*
- *Niedrig*

Rainfarn

Tanacetum vulgare

In der freien Natur findet man den Rainfarn häufig an Standorten, wo die natürliche Vegetation durch die Einwirkung des Menschen verändert ist (Ruderalflora). Meistens setzt die Blüte nach einer trockenen Hitzeperiode ein, wenn viele Nachbarpflanzen nicht mehr so farbenfreudig sind. Beim Rainfarn als einem typischen Korbblütler besteht jedes der knopfähnlichen Köpfchen aus vielen kleinen Einzelblüten. Sie setzen sich nur aus Röhrenblüten zusammen und wirken fast etwas unfertig. In Trockenblumen-Gestecken ist der Rainfarn sehr wirkungsvoll.

Der Rainfarn eignet sich am besten für größere Gärten, wo er seinen Platz zwischen hohen Gräsern, in Staudenbeeten oder am Rand von Blumenwiesen findet. Er kann stark wuchern und lässt sich wegen der derben Stiele kaum mähen. Durch Teilung kann man aus dem kriechenden Wurzelstock mindestens 15 neue Pflanzen gewinnen.

Es gibt eine Seidenbienen-Art, die ganz auf diese Pflanze angewiesen ist. Der Rainfarn lockt auch nützliche Schlupfwespen an, die zum Beispiel auf Pflanzen fressenden Schmetterlingsraupen parasitieren.

STECKBRIEF

- *Stark riechend*
- *Alte Arzneipflanze*
- *Höhe 60–120 cm*
- *Volle Sonne*
- *Niedrig*

Schnecke am Fuss eines Rainfarns

Asteraceae: Korbblütler · Staude

Achillea millefolium var. lanulosa

Gemeine Schafgarbe

Achillea millefolium

J F M A M J J A S O N D

Wie der Rainfarn wächst auch die Schafgarbe häufig an Orten, die durch die Einwirkung des Menschen verändert sind. In großen Teilen von Europa kommt sie an Straßen und Deichen vor.

Wegen der schönen Blüten wird die Schafgarbe häufig als Beetpflanze verwendet, meistens allerdings nicht in der weißblühenden Wildform, sondern in Sorten mit rosa- oder orangefarbenen, ziegelroten oder gelben Blüten. In freier Natur findet man auch Exemplare mit hell- oder dunkelrosa Blüten.

Der botanische Name *millefolium* („tausendblättrig“) bezieht sich auf das fein gefiederte Blatt. Wegen dieser Eigenschaft wird die Schafgarbe manchmal als Blattpflanze in Hängekörben verwendet.

Seit Jahrhunderten gilt die Gemeine Schafgarbe als Arzneipflanze. Das duftende, würzige Laub wird auch als Küchenkraut und für Kräutertees genutzt. Die Pflanze lässt sich problemlos anbauen und gedeiht sehr gut in trockener, humusarmer Erde. Sie wird durch Teilung vermehrt. Die Pflanze lockt Schmetterlinge wie den mittlerweile seltenen Schwalbenschwanz, ferner auch nützliche Schlupfwespen in den Garten. Diese helfen dabei, die Vermehrung von Pflanzen fressenden Schmetterlingsraupen und anderen Pflanzenschädlingen zu kontrollieren.

STECKBRIEF

- *Lockt Schmetterlinge an*
- *Aromatisches, dekoratives Laub*
- *Höhe bis zu 60 cm*
- *Volle Sonne bis Halbschatten*
- *Niedrig*

Schwalbenschwanz

Edelgamander

Teucrium chamaedrys

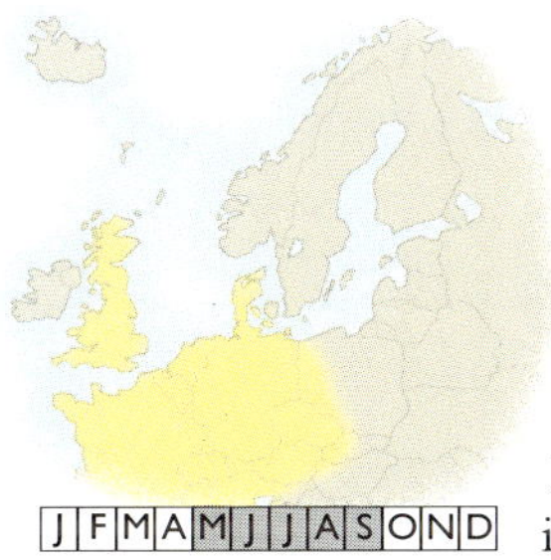

Der Edelgamander ist eine europäische Wildpflanze, die seit langem angebaut wird. Sie ist häufig in Gartencentern und Staudengärtnereien erhältlich.

Die Triebe sterben nicht wie bei gewöhnlichen Stauden im Winter ab, sondern sind oft noch teilweise belaubt. Wie viele Lippenblütler enthält der Gamander ätherische Öle, welche die Pflanze vor Tierfraß schützen. Deshalb wurde sie in alten Kräutergärten oft als Einfassungspflanze verwendet.

Die Kultur ist denkbar einfach: Die Art gedeiht gut an trockenen, steinigen Standorten, kann dort jahrelang stehen bleiben und breitet sich langsam durch kriechende Ausläufer aus. Sie bildet manchmal ein ordentliches Band oder wächst zwanglos über den Rand einer Mauer.

Vermehrt wird durch Stecklinge, die man im Sommer nach der Blüte gewinnt; große Pflanzen kann man auch teilen. Während der Blüte wird der Edelgamander gerne von Bienen besucht.

Zwei weitere Arten sind erwähnenswert: Der Berg-Gamander (*Teucrium montanum*) ist ein dichter, niedriger Bodendecker mit weißen Blüten. Besonders junge, kräftig wachsende Pflanzen können überreich blühen. Der Trauben-Gamander (*T. botrys*) ist zweijährig und sät sich spontan aus, ohne lästig zu werden. Um diese Pflanze im Garten zu halten, muss man die oberste Bodenschicht von Zeit zu Zeit auflockern.

STECKBRIEF

- Halb immergrün
- Gute Bienenpflanze
- Höhe 15–25 cm
- Volle Sonne
- Niedrig

Trauben-Gamander

Berg-Gamander

Gemeine Braunelle

Prunella vulgaris

J F M A M J J A S O N D

Die Braunelle wächst oft an Rainen und auf Wiesen sowie an Stellen, wo die Grasnarbe zeitweilig beschädigt wurde. Außerhalb der Blütezeit ist die niedrige Pflanze im Gras nur schwer zu erkennen. Zu Beginn der Blüte erscheinen kleine braune Knospen, aus denen sich die blauvioletten Blüten entwickeln. Diese sind für Bienen und Schmetterlinge sehr attraktiv.

Eine Pflanze, die so widerstandsfähig ist, dass sie im Gras wächst, ist auch als Trittpflanze geeignet. Die Braunelle kann deshalb zwischen Steinpflaster und auch auf viel begangenen Graswegen verwendet werden. Im Lauf der Zeit wird sie aus dem Mittelteil eines derartigen Weges verschwinden, an den Rändern aber weiterhin gut gedeihen.

Die Gemeine Braunelle sät sich gerne spontan aus, kann aber auch durch Teilung vermehrt werden. Besonders zwischen hohen Stauden ist sie ein farbenfroher Bodendecker, der allerdings keinen undurchdringlichen Teppich bildet. Daher können andere robuste kleine Pflanzen dazwischen keimen und so jedes Jahr für Überraschung sorgen.

Die Großblütige Braunelle (*P. grandiflora*) besitzt so lange Stängel, dass man die Blüten für kleine Blumensträuße verwenden kann.

STECKBRIEF

- *Blütenstand gleicht Bienenkorb*
- *Für Wege und Wiesenbereiche*
- *Bodendecker bis zu einer Höhe von 30 cm*
- *Volle Sonne*
- *Mäßig bis niedrig*

Malvaceae: Malvengewächse · Staude

Malva sylvestris 'Brave Heart'

Wilde Malve

Malva sylvestris

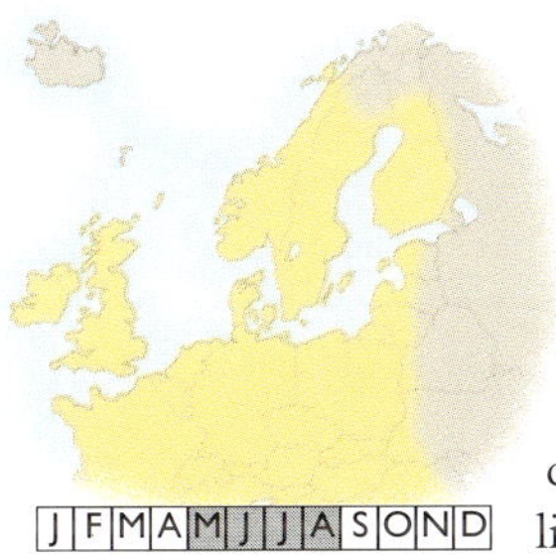

Manchmal ist es kaum zu glauben, dass die überreich blühende Wilde Malve wirklich eine Wildpflanze ist. Diese Art stammt ursprünglich aus Osteuropa und Westasien, ist aber jetzt in ganz Europa eingebürgert. Gewöhnlich wächst sie auf Ödland oder an Straßenrändern – Plätzen, wo die heimischen Flora nicht mehr gedeihen kann.

An solchen Stellen kann sich Wilde Malve durch Selbstaussaat schnell etablieren. Trockenperioden machen ihr nichts aus, auf sehr trockenen Sandböden wächst sie jedoch nicht so gut. An derartigen Standorten sterben die Pflanzen häufig nach der Blüte ab, im nächsten Jahr erscheinen trotzdem neue Triebe. Im Garten kann man die Wilde Malve am sonnigen Gehölzrand pflanzen. Da die Pflanze bis zu 1,20 m hoch werden kann und die Stiele oft niederliegen, wirkt sie etwas unordentlich und sollte deshalb nicht zu nahe an Wegen platziert werden. Die Blüten machen diesen leicht ungepflegten Habitus aber vollständig wett und werden von Schmetterlingen und Bienen gerne aufgesucht.

Die Wilde Malve hat viele „Untermieter", die ihrerseits Insekten fressende Vögel wie den Fitislaubsänger anlocken.

STECKBRIEF

- *Große malvenfarbene Blüten*
- *Früher als Gemüse genutzt*
- *Höhe bis zu 120 cm*
- *Volle Sonne bis Halbschatten*
- *Mäßig*

Dost

Origanum vulgare

Es ist immer eine Freude, durch eine Wiese mit Dost zu gehen. Sein aromatisches Laub und die kleinen, duftenden, rotvioletten Blüten strömen einen berauschenden Duft aus.

In freier Natur wächst der Dost an trockenen Hängen (der botanische Name ist vom griechischen *oros* = Berg, *ganos* = Schmuck abgeleitet), in Gebüschen und auf Trockenrasen. Ursprünglich soll er zwar aus dem Mittelmeergebiet stammen, ist aber mittlerweile in weiten Teilen Europas verbreitet. Gelegentlich kommt der Dost in großen Beständen vor. In den Niederlanden steht er wegen seiner Seltenheit unter Naturschutz und fehlt auch in Nordwestdeutschland fast völlig.

Der Dost stellt im Garten kaum Ansprüche; er benötigt einen trockenen Standort und gedeiht auch auf steinigem Boden (siehe Seite 262). Die Blütenstiele neigen sich oft zu Boden, so dass die ganze Pflanze die Form einer Halbkugel annimmt. Bienen besuchen die duftenden Blüten gerne, und wenn man Schmetterlinge anlocken möchte, ist der Dost ein absolutes Muss im Garten.

STECKBRIEF

- *Von Bienen und Schmetterlingen besucht*
- *Aromatisches Laub*
- *Höhe bis zu 80 cm*
- *Volle Sonne*
- *Niedrig*

Sommerblüte

■ Orangerotes Habichtskraut *(Hieracium aurantiacum)*

Kleines Habichtskraut

Hieracium pilosella

Das Kleine Habichtskraut oder „Mausohr" ist eine anspruchslose Art, die auf reinem Sand wächst und den Boden für nachfolgende Pflanzen, die auf stabileren Boden angewiesen sind, vorbereitet. Man nennt solche Arten „Pionierpflanzen". Wenn die Pflanzendecke höher ist und nicht beweidet wird, verschwinden sie wieder.

Bei großer Trockenheit stellen sich die behaarten Blätter hoch und rollen sich nach innen, so dass die silbergraue Blattrückseite exponiert wird. Diese reflektiert das Licht und vermindert die Verdunstung – eine wirkungsvolle Anpassung an trockene Standorte. Die kleinen, zitronengelben Blütenstände stehen auf langen, kahlen Stielen. Die Größe der Pflanze und der Grad der Behaarung können sehr stark variieren. Das Habichtskraut ist eine wichtige Bienenpflanze und bietet auch anderen Insekten Nahrung. Es vermehrt sich häufig ohne vorhergehende Befruchtung durch Samen; die Nachkommen sind dann mit der Mutterpflanze vollkommen identisch.

An trockenen Plätzen kann das Habichtskraut als Rasenersatz dienen. Die Ausläufer bilden einen dichten Teppich; wenn die Pflanzen zu groß werden, kann man sie durch Hacken problemlos entfernen. Eine bekannte Gartenpflanze ist das Orangerote Habichtskraut (*Hieracium aurantiacum*).

STECKBRIEF

- ■ *Als Bodendecker geeignet*
- ■ *Arzneipflanze*
- ■ *Höhe 2–30 cm*
- ☀ *Volle Sonne*
- 💧 *Mäßig bis niedrig*

Pastinak

Pastinaca sativa

Vom Ende des Mittelalters bis zum 18. Jahrhundert war Pastinak eine der wichtigsten Nahrungspflanzen. Er wurde seit der Römerzeit angebaut, fiel aber vor 200 Jahren, als Möhre und Kartoffel in Mode kamen, in Ungnade. Wilder Pastinak ist an Wegrainen verbreitet und besitzt dünne, unangenehm schmeckende Pfahlwurzeln; die Wurzeln der Kultursorten sind süß, dick und essbar. Heute ist die Nachfrage nach diesem alten Gemüse wieder gestiegen. Die gelbgrünen Blüten fallen bei einer Einzelpflanze nicht auf; in großen Gruppen können sie jedoch sehr wirkungsvoll sein. Wenn er im Garten bessere Wachstumsbedingungen vorfindet als in freier Natur, bildet er höhere und größere Blütenstände.

Pastinak erinnert im Geruch an Kokosnuss. Mit ihrem eigenen Charme passen die Blütenstände gut zu Blumensträußen im ländlichen Stil.

Man kann den Pastinak als Wurzel kaufen oder den Samen in aufgelockerten Boden säen. Seine langen Pfahlwurzeln reichen bis tief in die Erde und machen ihn gegenüber Gräsern und anderen Pflanzen an trockenen Straßenrändern konkurrenzfähig.

Wie die meisten Doldengewächse wird auch der Pastinak von vielen Insekten wie Fliegen, Wespen, Käfern und Bienen wegen seines Nektars besucht.

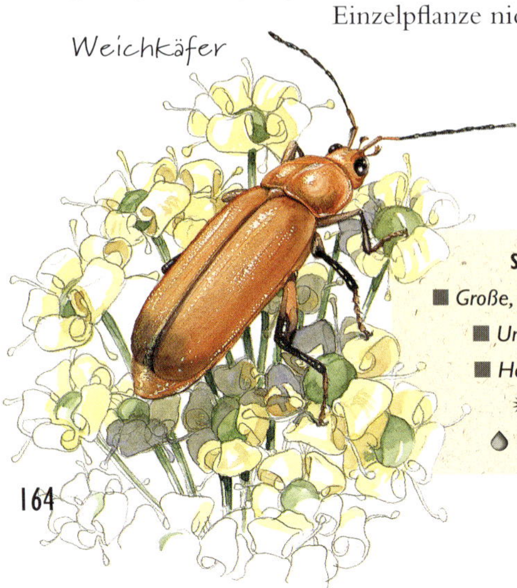

STECKBRIEF

- *Große, gelbgrüne Blütendolden*
- *Ungewöhnlicher Duft*
- *Höhe bis zu 150 cm*
- *Volle Sonne*
- *Mäßig bis niedrig*

Verbascum-Hybride

Königskerze

Verbascum *spec.*

J F M A M J J A S O N D

Die meisten Wildarten der Königskerze haben lange Blütenstände, die einer Fackel gleichen und dicht mit Knospen und gelben Blüten besetzt sind. Häufig sind die Blätter behaart und besitzen bei Arten wie der Kleinblütigen Königskerze (*Verbascum thapsus*) allein so großen Zierwert, dass die Pflanze einen Platz im Garten verdient.

Im Allgemeinen sind Königskerzen zweijährig; sie bilden im ersten Jahr eine Blattrosette und blühen im zweiten Jahr. Nach der Blüte säen sie sich gewöhnlich reichlich aus und sterben dann ab. Nur wenige der vielen Tausend Samen keimen aus, noch weniger kommen zur Blüte. Wenn im Garten zu viele Keimlinge erscheinen, kann man sie mit der Hacke entfernen oder ausjäten. Der Samen der Königskerze behält seine Keimfähigkeit über Jahrzehnte; deshalb können die Pflanzen plötzlich an Stellen erscheinen, an denen jahrelang keine Exemplare gestanden haben.

Die Großblütige (*V. densiflorum*) und die Schwarze Königskerze (*V. nigrum*) weisen beide die für die Gattung typischen gelben Blüten und die aufrechte Form auf; Motten-Königskerze (*V. blattaria*) siehe Seite 183. Die Raupe des Braunen Mönches (*Cucullia verbasci*) ernährt sich von Blättern und Blüten der Königskerze und der Knotigen Braunwurz (*Scrophularia nodosa*).

STECKBRIEF

- *Sät sich reichlich aus*
- *Schönes Laub*
- *Höhe bis zu 180 cm*
- *Volle Sonne*
- *Niedrig*

Raupe des Braunen Mönches

Wermut

Artemisia absinthium

Mit seinem graugrünen Laub und den unauffälligen Röhrenblüten ist der Wermut keine große Schönheit. Als bekannte Arzneipflanze verdient er jedoch, hier vorgestellt zu werden.

Ursprünglich war die Art in warmen, trockenen Gegenden Südeuropas heimisch; durch den Menschen wurde sie in den Kulturlandschaften Mittel- und Westeuropas eingebürgert. Wegen seiner Bitterstoffe war der Wermut als Arzneipflanze sehr geschätzt; angeblich sollte er auch böse Geister vertreiben. Jungpflanzen sind relativ frostempfindlich und sterben in strengen Wintern ab. Bei Verletzung riecht der Wermut streng und würzig. Andere Arten wie Estragon (*A. dracunculus*) und Eberraute (*A. abrotanum*) sind geschätzte Küchenkräuter.

An warmen Sommerabenden kann der strenge Geruch des Wermuts erfrischen und gleichzeitig Fluginsekten vertreiben. Er dient jedoch einigen Arten der gefräßigen Eulenfalter als Nahrungsquelle. Inmitten der farbenfrohen Blüten von anderen Pflanzen bildet sein graues Laub ein ruhiges Element.

Eulenfalter

STECKBRIEF

- Arzneipflanze
- Insekten abschreckend
- Höhe bis zu 100 cm
- Volle Sonne
- Niedrig

Röhrenblüten

Dickblatt-Fetthenne (*Sedum dasyphyllum*)

Fetthenne, Mauerpfeffer

Sedum *spec.*

Diese niedrigen, fleischigen Pflanzen wachsen in freier Natur auf Steinen und Mauern. Die Felsen-Fetthenne oder Tripmadam (*Sedum reflexum*) besitzt hängende gelbe Blüten und zylindrische Blätter. Die Pflanzen bilden nur oberflächliche Wurzeln. Junge Triebe brechen leicht ab, bewurzeln sich aber rasch wieder. Jede Pflanze bildet große Mengen sehr feiner Samen, die durch den Wind verbreitet werden.

Weitere Arten sind die Weiße Fetthenne (*S. album*) und der Scharfe Mauerpfeffer (*S. acre*). Dieser wuchert stark und ist in einem Steingarten nur schwer auszurotten. Die abgebildete Dickblatt-Fetthenne (*S. dasyphyllum*) ist vor allem in den Alpen heimisch.

Die verschiedenen Arten von Fetthenne und Mauerpfeffer eignen sich für steinige Bereiche. Sie bevorzugen Sandböden, gedeihen aber auch auf trockenem Ton. Gut geeignet ist ein offener Standort, an dem wenig Konkurrenz durch höhere Pflanzen herrscht; ideal wäre ein Platz zwischen dem Steinpflaster oder im Mittelteil eines Weges. Vermehrt wird durch Teilung oder Stecklinge, am besten unmittelbar nach der Blüte, so dass die Jungpflanzen genügend Zeit haben, vor dem Winter ausreichend neue Wurzeln und Triebe zu entwickeln.

STECKBRIEF

- Bei Schmetterlingen beliebt
- Wuchert möglicherweise
- Höhe bis zu 20 cm
- Volle Sonne
- Niedrig

Weisse Fetthenne · Scharfer Mauerpfeffer

Tüpfel-Johanniskraut

Hypericum perforatum

Das Johanniskraut besitzt leuchtend gelbe, offene Blüten und verdankt seinen Namen der Tatsache, dass die Blüte um den Johannistag, den längsten Tag des Jahres, einsetzt. Anhand der durchscheinenden Punkte in den kleinen Blättern lässt sich dieses Johanniskraut gut von ähnlichen Arten unterscheiden. Die „Punkte" (in Wirklichkeit Ölbehälter) sind als „Tüpfel" bzw. *perforatum* in den Namen eingegangen.

Früher schrieb man dem Johanniskraut magische Kräfte zu, da sich aus den ungeöffneten Blüten ein „Blutstropfen" drücken lässt. Es galt als Teufel austreibende Pflanze mit starken Kräften. Noch heute wird das Tüpfel-Johanniskraut als Arzneipflanze geschätzt. In freier Natur kommt es gewöhnlich an trockenen, sonnigen Standorten vor, gelegentlich an den Grasböschungen neu gebauter Straßen, wo es jahrelang überdauern kann. Überleben und Ausbreitung werden durch Wurzelausläufer garantiert.

Im Garten wird das Johanniskraut größer und blüht reichlicher, da die Standortbedingungen hier oft günstiger sind als am Wildstandort. Es gedeiht gut auf kargen, trockenen und steinigen Böden, aber auch auf nährstoffreichen Gartenböden. Auf den Johanniskraut-Arten sind besonders häufig Blattkäfer zu finden.

Blattkäfer

STECKBRIEF

- Lange Blütezeit
- Wichtige Arzneipflanze
- Höhe bis zu 80 cm
- Volle Sonne
- Niedrig

Fingerstrauch (*Potentilla fruticosa*)

Fingerkraut

Potentilla *spec.*

J F M A M J J A S O N D

Fingerkräuter sind Pflanzen der trockenen Wegraine und Waldränder – und fast ausnahmslos lohnende Gartenpflanzen. Gewöhnlich blühen sie reichlich; die meist gelben Blüten sind vermutlich beim Hohen Fingerkraut (*Potentilla recta*) am größten. Einige Arten wie das Gänse-Fingerkraut (*P. anserina*) sind niedrig, der Fingerstrauch (*P. fruticosa*) wird natürlich höher. Das Hohe Fingerkraut ist eine anspruchslose Gartenpflanze, die sich schnell durch Sämlinge vermehrt, wenn sie einmal Fuß gefasst hat. Die Sämlinge können sich zu schönen Exemplaren entwickeln, da ihre Pfahlwurzeln ungestört tief in das Erdreich eindringen. Dank seiner Vielseitigkeit kann das Hohe Fingerkraut in einem Naturgarten und in einem gepflegten Staudenbeet seinen Platz finden. Das Gänse-Fingerkraut mit silbergrauem Laub und gelben Blüten ist sehr gut als Bodendecker geeignet und kann wegen seiner Trittfestigkeit zwischen Pflastersteinen gedeihen. Dickkopf-Falter der Gattung *Pyrgus* leben als Raupen eingesponnen zwischen den Blättern der Fingerkräuter.

STECKBRIEF

- *Zahlreiche Blüten*
- *Wuchert gelegentlich*
- *Höhe bis zu 70 cm*
- *Volle Sonne*
- *Mäßig bis niedrig*

Gänse-Fingerkraut Wurzel und Ausläufer

Gewöhnliche Küchenschelle

Pulsatilla vulgaris

Die Gattung *Pulsatilla,* deutsch Küchen- oder Kuhschelle, kommt hauptsächlich in Mitteleuropa wild vor; in den Alpen sind vornehmlich Frühlings- (*P. vernalis*) und Alpen-Küchenschelle (*P. alpina*) heimisch. In tieferen Lagen, vorwiegend auf Kalk, findet sich nur die Gewöhnliche Küchenschelle auf Trockenrasen und in lichten Kiefernwäldern. Da sie sehr empfindlich auf Düngung reagiert, wird sie immer seltener und wächst hauptsächlich in Naturschutzgebieten. Im Frühling trägt sie glockenförmige, blauviolette Blüten mit auffälligen gelben Staubblättern, gefolgt von fedrig behaarten Früchten. Diese überdauern monatelang und wirken fast wie eine zweite Blüte. Die gefiederten Blätter sterben im Winter ab.

Wegen ihrer frühen Blütezeit im März bis Mai ist die Küchenschelle eine beliebte Pflanze für den Frühlingsgarten. Man vermehrt sie am besten durch Samen. Sie gedeiht in voller Sonne an erhöhten Stellen im Steingarten, darf jedoch nicht umgepflanzt werden. Wenn sie ungestört steht, kann sie jahrelang Freude bereiten.

fedrig behaarte Frucht

STECKBRIEF

- Frühe Blüte
- Für Steingärten geeignet
- Höhe 5–30 cm
- Volle Sonne bis Halbschatten
- Mäßig bis niedrig

Alpen-Küchenschelle

Saponaria officinalis 'Rosea Plena'

Gewöhnliches Seifenkraut

Saponaria officinalis

Das Seifenkraut schmückt sich im Sommer mit vielen rosafarbenen Blüten. Die Wurzeln enthalten Saponine, die in Wasser Schaum bilden und wie Seife wirken – daher der Name. Früher hat man die Wurzeln zum Waschen von Wolle und anderen Stoffen dem Waschwasser zugesetzt; noch heute verwendet man sie zur Reinigung von antiken, wertvollen Geweben. Saponine sind giftig, in geringen Mengen jedoch medizinisch wirksam.

Das Seifenkraut wächst häufig an Eisenbahnböschungen und Straßenrändern. Der kriechende, oberflächlich bewurzelte Wurzelstock hilft der Pflanze, große Bestände zu bilden, in denen sich andere Pflanzen kaum durchsetzen können.

Im Garten blüht das Seifenkraut üppig, wirkt aber im Habitus unordentlich, da die schwachen Stängel oft in alle Richtungen fallen. Man kann es zwischen andere Stauden oder auch in eine Blumenwiese pflanzen, die nur ein- oder zweimal im Jahr gemäht wird. Die Vermehrung erfolgt über Samen, Stecklinge oder Teilung.

Verschiedene Insekten besuchen die Blüten des Seifenkrauts. Diese werden häufig von Hummeln, die an den Nektar gelangen möchten, beschädigt. Die Sorte 'Rosea Plena' besitzt gefüllte Blüten.

STECKBRIEF

- *Wuchert*
- *Giftig*
- *Höhe bis zu 60 cm*
- *Volle bis mäßige Sonne*
- *Mäßig bis niedrig*

Langblättriger Ehrenpreis

Veronica longifolia

Der Langblättrige Ehrenpreis ist in Nordost- und Mitteleuropa heimisch und in England eingebürgert. Gewöhnlich wächst er an Stellen, wo trockener Boden an nasse Bereiche grenzt, die Feuchtigkeit aber für die echte Ufervegetation noch nicht ausreicht.

Diese Wildpflanze mit blauen Blüten in langen Trauben ist für Staudenbeete gut geeignet und kann problemlos in Gartencentern oder Staudengärtnereien beschafft werden. Die Sorte 'Blauriesin' mit tiefblauen Blüten wird häufig als Schnittblume gezogen.

Der Langblättrige Ehrenpreis ist eine anspruchslose Gartenpflanze, die bei mittlerer Bodenqualität gut gedeiht und eine hervorragende Begleitpflanze für Rainfarn, Schafgarbe und Purpur-Fetthenne darstellt. Man vermehrt die Art durch Teilung und erhält so in wenigen Jahren große Bestände. Gelegentlich findet man im Garten spontan ausgesäte Pflanzen, doch sät sich Ehrenpreis nie unkontrollierbar aus.

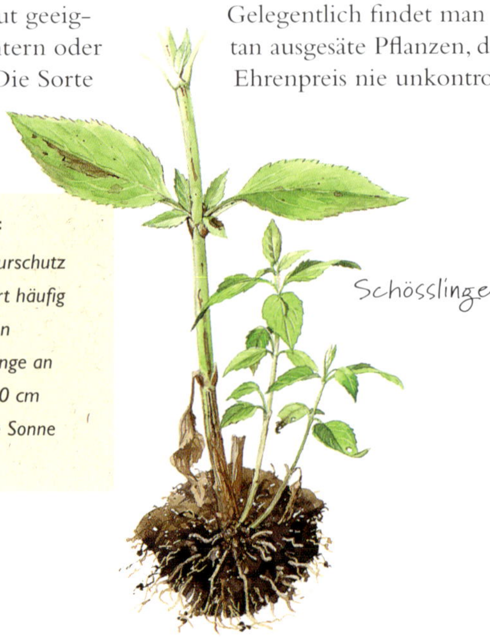

STECKBRIEF

- *Teilweise unter Naturschutz*
- *Dekorativ; verwildert häufig aus dem Garten*
- *Lockt Schmetterlinge an*
- *Höhe bis zu 100 cm*
- *Volle bis mäßige Sonne*
- *Mäßig*

Gewöhnliche Stechpalme

Ilex aquifolium

Die Stechpalme, ein immergrüner Baum mit roten Früchten, spielte früher eine wichtige Rolle in religiösen Zeremonien. Ihre grünen Zweige waren für die alten Germanen während der Wintersonnwende ein Lebenssymbol, welches das Warten auf die Wiederkehr der Sonne versinnbildlichte. Von diesen heidnischen Bräuchen leitet sich die Sitte ab, Stechpalmenzweige als weihnachtlichen Schmuck zu verwenden.

Die Blüten werden von Bienen bestäubt, doch eine weibliche Pflanze kann nur Früchte ansetzen, wenn eine männliche in ihrer Nähe steht. Die Beeren werden von den meisten Vogelarten verschmäht und erst am Ende des Winters von Drosseln verzehrt, wenn andere Früchte rar sind. Drosseln nutzen Stechpalmen auch als Nistplatz. Im Garten zieht man sie gewöhnlich als Strauch, doch in der Natur kann sie zu recht großen Bäumen heranwachsen. Sie stellt keine besonderen Bodenansprüche, gedeiht allerdings nicht auf schweren Tonböden.

Stechpalmen werden als Ballenpflanzen gekauft und am besten entweder im September oder April/Mai gepflanzt. Es gibt Sorten mit gelben Früchten, andere mit panaschierten, besonders stacheligen oder sogar stachellosen Blättern. In Gebieten mit hohem Kaninchenbestand müssen die Jungpflanzen durch Maschendraht geschützt werden.

Rotdrossel

STECKBRIEF

- *Immergrün*
- *Dekorative Früchte locken Drosseln an*
- *Höhe 3–10 m*
- *Halbschatten*
- *Mäßig*

Picea abies 'Acrocona'

Fichte

Picea abies

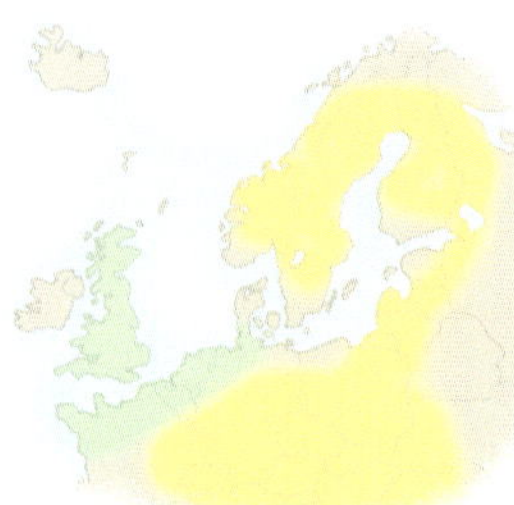

Die Fichte oder Rottanne, für viele der Weihnachtsbaum schlechthin, stammt ursprünglich aus den Gebirgsregionen Nord- und Mitteleuropas. Sie wurde in ganz Westeuropa eingeführt und bedeckt dort große Flächen als Forstbaum. Da sie immergrün ist, wird sie häufig in Schutzpflanzungen verwendet.

Fichten sind prächtige Bäume. Der gerade Stamm ist mit orangebrauner Rinde bedeckt, die sich im Alter rötlich verfärbt und schließlich in Schuppen abfällt. Die länglichen Nadelblätter sind dunkelgrün, die rötlichen, zigarrenförmigen Zapfen erreichen eine Größe von 20 cm; sie stehen zuerst aufrecht und hängen später. Es gibt verschiedene zwergwüchsige Sorten, die aus sogenannten Hexenbesen gewonnen wurden. Diese Formen hat man über Stecklinge vermehrt.

Im Garten wachsen Fichten anfangs langsam, nach ein paar Jahren jedoch wesentlich schneller, sodass sie viel Platz einnehmen. In einem großen Garten bildet eine Fichte einen beeindruckenden Hintergrund, in einem kleineren Garten sollte man sie allerdings fällen, bevor sie zu groß wird. Durch ihre beträchtliche Größe bieten ausgewachsene Fichten in ihrem Geäst vielen Tieren Schutz: Meisenarten, Wintergoldhähnchen und Zeisige brüten hier; Eichhörnchen ernähren sich von den in den Zapfen enthaltenen Samen.

Eichhörnchen

STECKBRIEF

- *Immergrüner Nadelbaum*
- *Nicht für Tonböden geeignet*
- *Höhe bis zu 55 m*
- *Volle Sonne bis Halbschatten*
- *Niedrig*

Pinus mugo var. pumilio

Berg-Kiefer

Pinus mugo

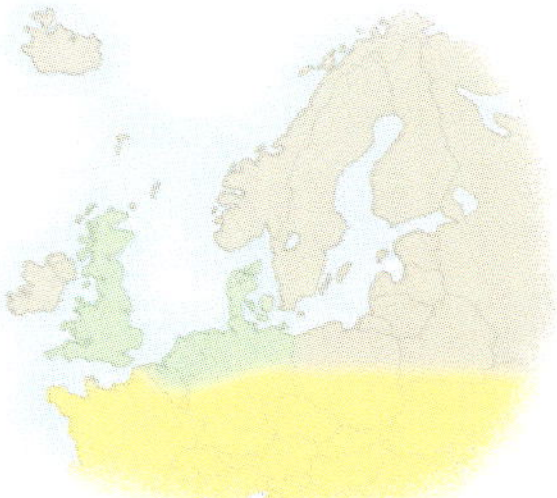

J F M A M J J A S O N D

Die Berg-Kiefer ist ein niedriges Nadelgehölz, das in den Gebirgen Süd- und Mitteleuropas heimisch ist. Im nördlichen Europa wird sie seit langem als Zierstrauch angepflanzt.

Die Berg-Kiefer bildet Dickichte, die wie vom Wind zerzaust wirken; die Stämme liegen flach, ihre Spitzen sind nach oben gebogen. Sie stellt nur geringe Ansprüche und gedeiht zum Beispiel in Steingärten in kleinen Spalten zwischen großen Felsen. Durch Rückschnitt der Triebe im Frühjahr kann man das Wachstum begrenzen. Die Neuaustriebe sitzen viel dichter am alten Holz, deshalb bleibt die Pflanze kleiner, kompakter und gedrungener.

Berg-Kiefern können auch in Heide- und Stadtgärten angepflanzt werden. Durch ihren ungewöhnlichen Wuchs fügen sie sich besser in Naturgärten ein als die steiferen Nadelgehölze aus Asien und Nordamerika.

In freier Natur kann man beeindruckende, krumm gewachsene Exemplare der Föhre (*Pinus sylvestris*) auf kargen Sandböden finden. Im Garten erlangt diese jedoch schnell eine stattliche Größe, ohne das knorrige, verwitterte Aussehen der Wildform beizubehalten. Kiefern sind bei vielen Vogelarten als Schutz und Nistgelegenheit beliebt; außerdem bietet der Baum Insekten und Kiefernzapfen als Nahrung.

Heckenbraunelle

STECKBRIEF

- *Immergrüner Nadelbaum*
- *Windgebeugtes Aussehen*
- *Höhe bis zu 3 m*
- *Volle Sonne bis Halbschatten*
- *Mäßig bis niedrig*

Hufeisenklee (*Hippocrepis comosa*, links), Margerite (*Leucanthemum vulgare*, rechts)

Weitere Arten

	Name	Blütenfarbe	Höhe	Blütezeit / Besonderheiten
EINJ.	Großes Zittergras *Briza maxima*	grünlich	50 cm	April–Juni / Ziergras
ZWEIJ.	Färber-Wau *Reseda luteola*	blassgelb	50–100 cm	Mai–Okt. / Färberpflanze
STAUDE	Hufeisenklee *Hippocrepis comosa*	gelb	25 cm	Mai–Juni / niedrig, Bodendecker
	Gewöhnlicher Hornklee *Lotus corniculatus*	gelb	25 cm	Mai–Herbst / auf trockenen Böden häufig rote Blütenfarbe
	Schwarze Flockenblume *Centaurea pratensis*	rötlich lila	20–60 cm	Juli–Aug. / stark- und reichblühend; lockt Bienen an
	Gemeines Leinkraut *Linaria vulgaris*	gelb mit orange	25–60 cm	Juni–Herbst / wuchert; schöne Blüten, lockt Bienen an
	Pyrenäen-Storchschnabel *Geranium pyrenaicum*	lila	20–40 cm	Mai–Sept. / Lückenfüller, nicht auffällig
	Gundermann *Glechoma hederacea*	violett	20 cm	April–Mai / Kriechpflanze für offenen Standort; lockt Bienen an
	Margerite *Leucanthemum vulgare*	weiß mit gelb	50 cm	Mai–Juni / wuchert möglicherweise; lockt Hummeln an
	Gemeiner Andorn *Marrubium vulgare*	weiß	25–60 cm	Juni–Herbst / duftend, Arzneipflanze
	Spitzwegerich *Plantago lanceolata*	weiss und braun	50 cm	Juni–Sept. / sät sich aus; am besten in Gruppen
	Feld-Mannstreu *Eryngium campestre*	gelblich-grün	60 cm	Juni–Sept. / stacheliges graugrünes Blatt; lockt Bienen an
	Jakobs-Greiskraut *Senecio jacobaea*	gelb	50–150 cm	Juni–Okt. / hübsche Pflanze, giftig für das Vieh
STRAUCH	Pfaffenhütchen *Euonymus europaeus*	rosa bis rot	6 m	Mai–Juni / Strauch mit Zierfrüchten; Nahrung für Vögel
BAUM	Traubenkirsche *Prunus padus*	weiß	15 m	April–Mai / weiße Blüten, schwarze Früchte; Nahrung für Vögel

Offene Flächen

Pflanzen *für* offene Flächen

Blumen der Äcker und Felder

Jahrtausende des Rodens und der Landwirtschaft haben das Gesicht der europäischen Landschaft nachhaltig verändert. Die großen Wälder der Vorzeit haben Feldern und Äckern Platz gemacht. Der Mensch hat durch das Bekämpfen konkurrierender Vegetation eine Umwelt geschaffen, die eine Reihe von Arten begünstigt, die ansonsten nur eine Nische eingenommen hätten oder verloren gegangen wären.

Diese schönen Pflanzen, die zum Teil Vorfahren heutiger Gartenpflanzen sind, konnten sich in den durchgehend bedeckten Wiesen und Waldgebieten nicht durchsetzen. Auf bearbeitetem, von Vegetation gesäubertem Boden hingegen fanden sie ideale Bedingungen zum Keimen und Gedeihen vor. Die zunehmenden offenen Flächen wurden zu ihrem Revier.

Wenn der Mensch künftig die Eingriffe in die Landschaft unterließe, würde bereits in fünfzig Jahren die Rückkehr der alten Urwälder erkennbar werden, und von der jahrhundertealten offenen Landschaft bliebe wenig erhalten. Eine „Rückkehr zur Natur“ unter diesen Umständen würde den Verlust eines Großteils der farbenfrohen Feldflora bedeuten.

Offene Flächen mit niedrigen mehrjährigen Pflanzen sind immer der Lebensraum der großen, Gras fressenden Säugetiere gewesen. Für das Rehwild bedeuten die Wälder Schutz- und Ruhebereiche; zur Nahrungssuche begibt es sich auf offene Areale. Große Weidegänger und grabende Tiere wie Kaninchen und andere Kleinsäuger schaffen ihrerseits die Flächen, wo einjährige, zweijährige und mehrjährige Pflanzen keimen können.

Es ist einfach, die Pflanzenarten der offenen Flächen im Garten zu ziehen. Die Zweijährigen säen sich selbst aus, solange jedes Jahr Areale mit offenem, bearbeiteten Erdreich zur Verfügung stehen. Stauden überleben ohne viel Pflege. Gewöhnlich reicht es, einige Male im Jahr zu mähen und das Mähgut zu entfernen oder den Boden hier und da aufzulockern. Dadurch lässt sich eine große Vielfalt in gestaffelter Blütezeit erzielen. Dies ist ein weiteres Beispiel dafür, wie sich das Eingreifen des Menschen auf Pflanzen positiv auswirken kann.

Wilde Karde

Dipsacus fullonum

J F M A M J J A S O N D

Im Gegensatz zur Weber-Karde (*Dipsacus sativus*), die ursprünglich aus Südeuropa stammt, sind die Wilde Karde sowie die Behaarte Karde (*D. pilosus*) in Mitteleuropa heimisch. Die Wilde Karde wächst häufig in Wäldern, an Grasplätzen und feuchten Stellen.

Die Art ist zweijährig; im ersten Jahr bildet sie eine Blattrosette, im nächsten Jahr Langtriebe und Blüten. Der kantige Stängel ist bestachelt, der hübsche walzenförmige Blütenstand von stacheligen Hochblättern umgeben. Die Stängelblätter sind am Grund verwachsen, so dass sich Regenwasser darin sammeln kann.

Bei der Wilden Karde öffnen sich die Blüten zuerst in der Mitte des Blütenstandes; er blüht anschließend nach unten und oben auf. Die vertrockneten Blütenstände bleiben häufig stehen, die Samen werden dann durch den Wind herausgeschüttelt. Im Garten bilden die Pflanzen den ganzen Winter über einen auffälligen Blickpunkt, besonders wenn sie von Raureif oder Schnee überzogen sind.

Zur Vermehrung streut man die Samen auf offene Flächen; dann erscheinen Jahr für Jahr neue Exemplare.

Die Kardengewächse sind bei Bienen und Schmetterlingen wegen ihres Nektars sehr beliebt. Samen fressende Vogelarten wie Stieglitze ernähren sich von den Samen.

Blätter fangen Regenwasser auf

STECKBRIEF

- Dekorativ im Winter
- Gesamte Pflanze stachelig
- Höhe bis zu 180 cm
- Volle Sonne bis Halbschatten
- Mäßig

Margerite

Leucanthemum vulgare

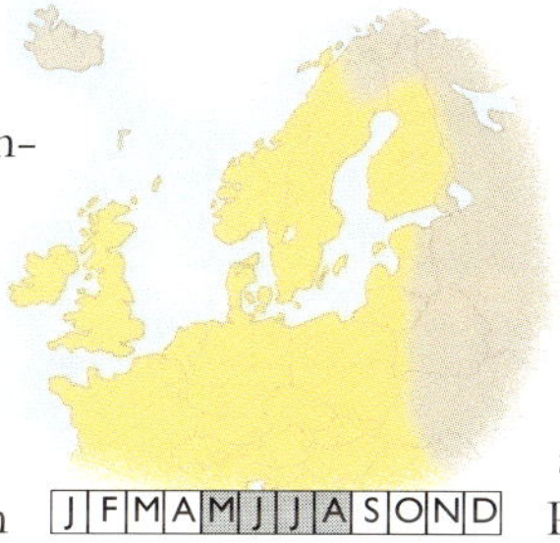

Margeriten oder Wiesen-Wucherblumen sind bekannte Pflanzen, die auf Wiesen, an Straßenrändern und Eisenbahnböschungen wachsen. In manchen Gegenden ist eine Margeritenwiese nichts Besonderes. In Gebieten, wo Margeriten schon selten sind, nehmen sie oft weiter ab, weil sie aus der freien Natur in den Garten verpflanzt werden.

Die schönen Blüten der Margerite sind eigentlich Blütenstände und sitzen auf ziemlich langen Stängeln. Die Grundblätter sind löffelförmig, lang gestielt und rund gezähnt; die Stängelblätter sind variabel. Margeriten passen sehr gut zu Wildblumensträußen; der muffige Geruch kann allerdings störend sein.

Im Garten kann man Margeriten in aufgelockerte Erde gemeinsam mit anderen Stauden oder in eine nährstoffarme Blumenwiese pflanzen. Sie gelten häufig als zu schlicht für ein Staudenbeet; viele Gärtner ziehen die größeren und auffälligeren Gartenmargeriten vor, die meist Hybriden von *Leucanthemum maximum* sind, einer Art aus den Pyrenäen. Von beiden Arten gibt es mehrere, teils gefüllte Sorten.

Eine Blumenwiese mit Margeriten darf erst nach der Blüte gemäht werden, dann allerdings, falls nötig, alle paar Wochen. Da Margeriten flach wurzelnd sind und kurze Ausläufer bilden, gedeihen sie in kurzem Gras besser als in einer dichten, hohen Wiese. Man vermehrt durch Teilung im Frühjahr oder im August/September sowie durch Aussaat.

STECKBRIEF

- *Zahlreiche große Blüten*
- *Für Wiesen und Grasplätze geeignet*
- *Höhe bis zu 60 cm*
- *Volle Sonne bis Halbschatten*
- *Mäßig*

Mittlerer Wegerich

Plantago media

Wegerich-Arten gedeihen oft in großer Zahl an Orten, wo sie eigentlich nicht erwünscht sind. Besonders der Breitwegerich mit seinen breiten Blättern kann ein hartnäckiges Rasenunkraut sein. Die wenigsten Menschen wissen, dass von dieser Art auch die schönen Sorten 'Rosularis' und 'Rubrifolia' existieren.

Der Mittlere Wegerich besitzt locker behaarte Blätter und Stängel. Natürlich wächst er hauptsächlich in Wiesen und an Straßenrändern, bevorzugt an Stellen, wo das Erdreich zeitweilig kahl ist. In der Regel wird dieser Wegerich im Garten nicht lästig und ist wie alle Wegerich-Arten trittfest: Die Blätter liegen flach und werden selbst vom Rasenmäher kaum verletzt. Wenn man die Anzahl der Pflanzen verringern will, sollte man zuerst das Gras sehr lang wachsen lassen. Die Blätter stehen dann aufrecht und werden beim Mähen abgeschnitten. Überreste können durch Hacken entfernt werden.

STECKBRIEF

- *Walzenförmige Blütenähren*
- *Trittfest*
- *Höhe bis zu 40 cm*
- *Volle Sonne bis Halbschatten*
- *Mäßig bis niedrig*

Plantago major 'Rosularis'

Verbascum-Hybriden

Motten-Königskerze

Verbascum blattaria

Als typische Ruderalpflanze wächst die Motten-Königskerze auf Ödland und an Plätzen, auf die Mensch und Tier eingewirkt haben. Zusammen mit der Violetten Königskerze (*Verbascum phoeniceum*) sowie *V. virgatum* besitzt sie im Gegensatz zu den übrigen Arten einzeln stehende Blüten und glänzende, unbehaarte Blätter. Die meisten Königskerzen sind behaart und haben dicht beieinander stehende Blüten. Die Motten-Königskerze wirkt viel unauffälliger; der Stängel ist dünner, häufig sind nur wenige Blüten gleichzeitig geöffnet.

Im ersten Jahr wird nur einen Blattrosette gebildet, erst im zweiten Jahr der Blütenstand. Die Blüten sind gelb, die Staubfäden violett. Auch Exemplare mit weißen Blüten kommen wild vor. Im Garten sät sich die Art spontan aus; Sämlinge findet man oft an den erstaunlichsten Plätzen – zwischen Steinen, unter Gebüsch und in halb vermoderten Baumstümpfen, wo sonst kaum eine andere Pflanze gedeiht. Jungpflanzen, die zwischen Stauden wachsen, sollte man allerdings ausjäten. Als Gruppenpflanzung bilden Motten-Königskerzen einen wirkungsvollen Blickfang im Staudenbeet. Die weißliche, schwarz-gelb gefleckte Raupe des Braunen Mönches (*Cucullia verbasci*) ernährt sich von Blättern und Blüten dieser Art.

STECKBRIEF

- *Spontane Aussaat, jedoch gut zu kontrollieren*
- *Gute Bienenpflanze*
- *Höhe 60–120 cm*
- *Volle Sonne*
- *Niedrig*

weiss blühende Motten-Königskerze

Große Sterndolde

Astrantia major

Die Große Sterndolde kommt in der Natur auf Bergwiesen bis 1800 m und an Waldrändern vor. Sie ist nicht gleichmäßig in Deutschland verbreitet, sondern am häufigsten im Süden und in den Alpen.

Von Natur aus wächst die Art an eher feuchten Standorten, in der Praxis gedeiht sie aber auch in trockeneren Gärten, solange die Pflanzen gut bewurzelt sind. Auf Sandböden erreicht sie eine Höhe von 40 cm, auf Tonböden kann sie wesentlich größer werden.

Am besten wirkt die Große Sterndolde in großen Beständen, zum Beispiel zwischen anderen Stauden, deren Blütenfarben starke Kontraste bilden. Sie kann auch am Gehölzrand oder vor hohen Sträuchern gepflanzt werden.

Gewöhnlich sind die Blütendolden weißlich; im Laufe der Jahre hat man durch Auslese Sorten mit dunkleren Blüten erhalten, wie die rosafarbene 'Rosea' und die rote 'Rubra'. Diese elegant wirkenden Sorten zeichnen sich auch durch eine längere Blütezeit aus.

Vermehrt wird durch Teilung im Frühjahr oder im August/September.

Astrantia major
'Rubra'

STECKBRIEF

- Verschiedene Farbvarianten
- Gute Schnittblume
- Höhe 40–100 cm
- Volle Sonne
- Mäßig

Großer Wiesenknopf

Sanguisorba officinalis

In vielen Teilen Europas ist der Große Wiesenknopf durch die Einwirkung des Menschen schon seit langem von seinen natürlichen Standorten verschwunden. Statt in den Feuchtwiesen des Tieflands kommt er heute in einigen Ländern nur mehr an Straßenrändern vor; in Deutschland ist er zusammen mit dem Kleinen Wiesenknopf im Mittelgebirge noch recht verbreitet.

Die kleinen dunkelroten Blüten stehen dicht in aufrechten Köpfchen; sie besitzen keine Kronblätter, sondern nur Kelchblätter, welche die Blütenfärbung hervorrufen.

Wie der Artname *officinalis* andeutet, wurde die Pflanze auch als Arzneipflanze genutzt. Im Frühjahr kann man die jungen Blätter als vitaminreiche Zutat für einen Frühjahrssalat verwenden, der die Abwehrkräfte stärkt. Im Garten kann man den Großen Wiesenknopf in Beeten und vor Strauchgruppen pflanzen. Auf großen Flächen gedeiht er gut am Rand von Blumenwiesen. Wenn man die Mahd auf einen späten Zeitpunkt verschiebt, sät sich der Große Wiesenknopf selbst aus.

Blütenköpfchen

STECKBRIEF

- *Farbenfrohe Blütenköpfchen*
- *Essbare Pflanze*
- *Höhe bis zu 80 cm*
- *Volle Sonne bis Halbschatten*
- *Mäßig*

Wiesensalbei

Salvia pratensis

Die Gattung *Salvia* ist in Form und Blütenfarbe sehr vielfältig. Allen gemeinsam sind die zweilippigen Blüten in langen Blütenständen, fast alle Arten besitzen aromatisch duftendes Laub und dekorative Fruchtstände. Der Wiesensalbei wächst in freier Natur an Wegrainen, auf trockenen Wiesen und Deichen und ist eine der wenigen Wildpflanzen mit blauvioletten, gelegentlich weißen oder rosafarbenen Blüten. Vielleicht liegt es an dem besser bekannten und auffälligeren Hainsalbei (*S. nemorosa*), dass der Wiesensalbei nicht häufiger kultiviert wird.

Als Frühlingsblüher ist der Wiesensalbei eine Bereicherung für jede Wiese oder Weide. Wenn er eingewachsen ist, steht er bereits wenige Wochen nach der ersten Sommermahd wieder in voller Blüte. Er ist auch als Gruppenpflanzung für Beete geeignet, wo andere Stauden gedeihen.

Wegen der langen Pfahlwurzeln ist es fast unmöglich, die Pflanze durch Teilung zu vermehren. Man nimmt deshalb besser Stecklinge oder sät sie aus. Wie alle Salbei-Arten bevorzugt auch der Wiesensalbei einen sonnigen Standort mit durchlässigem Boden.

Hainsalbei

STECKBRIEF

- *Bei Bienen beliebt*
- *Blauviolette Blüten*
- *Höhe bis zu 50 cm*
- *Volle Sonne bis Halbschatten*
- *Mäßig*

Kriechende Gemswurz

Doronicum pardalianches

Diese in Mittel- und Südosteuropa heimische Art bevorzugt Schattenplätze und wächst hauptsächlich in lichten Wäldern und auf schattigen Böschungen. Aus diesem Grund wird sie auch als Gartenpflanze geschätzt – sie ist für schwierige Schattenbereiche vorzüglich geeignet.

In manchen Gegenden ist die Kriechende Gemswurz als Gartenflüchtling so häufig geworden, dass sie schon als Wildpflanze gilt, obwohl sie dort nicht heimisch ist. In anderen Regionen ist sie nur gelegentlich als Gartenpflanze anzutreffen. Die Kriechende Gemswurz fühlt sich im Halbschatten wohl und bevorzugt nährstoffreiche, humose Böden. Ihre frischgrünen Blätter erscheinen im Frühjahr, die Blüten im Mai. Die Blütenköpfe bestehen aus leuchtend gelben Zungen- und Röhrenblüten. Im Unterschied zu vielen Waldpflanzen, die schon vor dem Ausschlagen der Bäume blühen, reicht die Blütezeit der Kriechenden Gemswurz bis Mitte Juni. Das Laub verwelkt erst im Herbst.

Vermehrt wird durch Teilung im zeitigen Frühjahr.

STECKBRIEF

- Frühe Blütezeit
- Gut an Schattenplätzen
- Höhe bis zu 90 cm
- Halbschatten bis tiefer Schatten
- Mäßig

Schmalblättriges Weidenröschen

Epilobium angustifolium

J F M A M J J A S O N D

Das Schmalblättrige Weidenröschen wächst besonders auf Freiflächen, die durch Kahlschlag oder Waldbrände entstanden sind, sowie auf Schuttplätzen. Die Art ist hier anderen Pflanzen im Wettbewerb überlegen.

Die auffälligen rosafarbenen Blüten stehen in langen, schlanken Ähren und sind reich an Nektar und Pollen. Sie werden gerne von Bienen besucht, die zuerst die Blüten im weiblichen Stadium im unteren Bereich des Blütenstandes aufsuchen, da diese am meisten Nektar enthalten. Anschließend gelangen die Bienen zu den Blüten, die sich im männlichen Stadium befinden, und werden dort bestäubt. Beladen mit Nektar und Pollen fliegen sie zum nächsten Blütenstand und streifen den Pollen dort an Blüten im weiblichen Stadium ab. Das Weidenröschen wird auch von einigen seltenen und sehr schönen Nachtfaltern wie dem Labkrautschwärmer und dem Weinschwärmer besucht.

Zur Vermehrung kann man die Ausläufer der Pflanze nutzen. Im Garten fühlt sie sich auf fruchtbarem, nicht zu trockenem Boden wohl. Durch Abschneiden der Ausläufer lässt sich das wuchernde Wachstum einschränken. In den letzten Jahren sind Sorten mit weißen oder blassrosafarbenen Blüten auf den Markt gekommen.

Hummel

Samen

STECKBRIEF

- *Nektarreiche Blüten*
- *Wuchert*
- *Höhe 30–150 cm*
- *Volle Sonne bis Halbschatten*
- *Hoch bis mäßig*

Filziges Hornkraut

Cerastium tomentosum

Diese niedrige Pflanze ist in Südeuropa heimisch, wo sie an felsigen Stellen, jedoch nicht im Gebirge wächst. Seit Jahrhunderten ist das Filzige Hornkraut wegen seines silbrigen Laubes und der zahlreichen kleinen, schneeweißen Blüten im Frühsommer als Gartenpflanze kultiviert worden. Es ist schon vor langer Zeit verwildert und mittlerweile in ganz Europa heimisch.

Das Filzige Hornkraut ist ein Bodendecker, der mit seinen behaarten Blättern und Trieben einen lockeren Teppich bildet. Die Pflanze behält ihr Laub ganzjährig. Die Triebe bewurzeln sich leicht; dennoch ist die Pflanze problemlos unter Kontrolle zu halten und erfordert ein Minimum an Pflege. Sie blüht im Mai und Juni, mit gelegentlicher Nachblüte im Spätsommer. Zur Vermehrung können bewurzelte Triebe eingepflanzt werden. Ein sonniger Standort mit durchlässigem Boden ist am besten geeignet.

Weitere Arten des Hornkrauts sind das stärker verbreitete Gewöhnliche Hornkraut (*Cerastium fontanum*) sowie das Acker-Hornkraut (*C. arvense*).

STECKBRIEF

- Zahlreiche Blüten
- Wuchert nicht, problemlos
- Höhe bis zu 40 cm
- Volle Sonne
- Mäßig bis niedrig

Carlina acaulis ssp. caulescens

Silberdistel

Carlina acaulis

In Deutschland kommt diese Art in freier Natur hauptsächlich in den Alpen und auf der Alb vor. Die weißen Blütenköpfe sitzen dicht am Boden auf. Sie besitzen in geöffnetem Zustand großen Zierwert und sind nach wie vor für Trockensträuße und -gestecke sehr begehrt.

Die Unterart *Carlina acaulis* ssp. *caulescens*, wörtlich übersetzt "Stängellose Distel mit Stängel", wird häufiger gepflanzt als die gewöhnliche Form. In einigen Gegenden wird die Silberdistel auch als Wetterdistel bezeichnet, weil sich ihre Blütenköpfe bei Regenwetter schließen und bei trockenem Wetter öffnen. Da die Pflanze eine Pfahlwurzel bildet, kann man sie nur schwer versetzen oder teilen. Deshalb wird sie am besten durch Samen vermehrt. Die Sämlinge werden im Frühjahr in normale Gartenerde verpflanzt, an Stellen, wo man das Öffnen und Schließen der Blütenköpfe beobachten kann.

Weitere Arten der Gattung sind die der Silberdistel ähnliche *C. acanthifolia* mit größeren Blütenköpfen und die Golddistel (*C. vulgaris*), eine zweijährige Pflanze, die gewöhnlich einen Blütenstängel mit drei Blütenköpfen besitzt.

Silberdistel mit Stängel

STECKBRIEF

- *Distelähnliche Blattrosette mit Blütenkopf in der Mitte*
- *Blüten schließen sich bei Regen*
- *Höhe 6–30 cm*
- *Volle Sonne bis Halbschatten*
- *Niedrig*

Wollige Kratzdistel

Cirsium eriophorum

Die Wollige Kratzdistel ist eine der schönsten europäischen Wildpflanzen, wird aber häufig aus dem Garten verbannt. Damit tut man der Pflanze Unrecht, denn sie wuchert nicht: Weder bildet sie unterirdische Ausläufer, noch sät sie sich übermäßig aus. Auch die vielen Stacheln sollten kein Hinderungsgrund sein, denn sie dienen als Fraßschutz gegen Tiere.

Die Pflanze bildet im ersten Jahr eine Rosette aus stacheligen, graugrünen Blättern. Im zweiten Jahr erscheint der Blütenstängel mit den bis zu 7 cm breiten Blütenköpfen. Die rotvioletten Röhrenblüten werden gerne von Bienen und Hummeln besucht. Hummeln übernachten bei Regenwetter oft im Blütenstand, da sie hier in den Pollen eine Energiequelle zur Verfügung haben.

Die Wollige Kratzdistel sollte auf gut vorbereitetem Boden an offenen Standorten gesät werden. Nachträgliches Verpflanzen ist wegen der Pfahlwurzel schwierig.

Ein Garten mit solchen Pflanzen wird von Samen fressenden Vögeln, besonders Finkenarten, gerne besucht.

STECKBRIEF

- *Von Hummeln besucht*
- *Große, auffällige Blütenköpfe*
- *Höhe bis zu 150 cm*
- *Volle Sonne bis Halbschatten*
- *Mäßig*

Geum-Hybride 'Fire Opal'

Bach-Nelkenwurz

Geum rivale

In Europa sind mehrere Arten dieser Gattung heimisch, doch ist keine so schön wie die Bach-Nelkenwurz. Die Echte Nelkenwurz (*Geum urbanum*) wächst an verschiedenen, häufig leicht schattigen Standorten und ist am weitesten verbreitet. Ihre Blüten sind unauffällig; früher wurde sie wegen ihrer duftenden Wurzel geschätzt. *G. bulgaricum*, auf dem Balkan heimisch, besitzt gelbgrüne, eher aufrechte Blüten. Wenn man alle drei Arten anpflanzt entstehen leicht Hybriden, die wüchsiger sind als die Art.

Die Bach-Nelkenwurz wächst zwar in freier Natur häufig an feuchten Standorten, in Wäldern, an Flussufern und feuchten Böschungen, kann aber im Garten recht trockene Bedingungen ertragen. Die Pflanze ist niedrig und bildet Horste; sie sollte am besten in größeren Gruppen gepflanzt werden. Die nickenden, gelblich roten Blüten erscheinen im Frühling und Frühsommer.

Vermehrt wird durch Teilung. Nach einiger Zeit verholzt das Herz der Staude, und die Qualität der Blüte lässt nach. Deshalb sollte man sie alle drei Jahre aufnehmen und teilen.

STECKBRIEF

- *Gelblich rote, nickende Blüten*
- *Bodendecker*
- *Höhe 20–60 cm*
- *Volle Sonne bis Halbschatten*
- *Hoch bis mäßig*

■ *Eryngium planum*

Edeldistel

Eryngium maritimum

Die Wildarten der Edeldistel werden überwiegend „Mannstreu" benannt. Alpen-Mannstreu (*Eryngium alpinum*), Feld-Mannstreu (*E. campestre*) und Flachblättriger Mannstreu (*E. planum*) sowie Stranddistel (*E. maritimum*) sehen alle distelähnlich aus und gedeihen auf kargen Böden. Ihre stacheligen Blätter sind durch eine Wachsschicht vor starker Verdunstung geschützt.

Die Stranddistel wächst von Natur aus auf Sand- und Kiesstränden und ist salztolerant. Das Alpen-Mannstreu besitzt große, dekorative Blütenköpfchen und kommt auf den Hochstaudenfluren der Alpen wild vor. In vielen Gegenden Europas wachsen Bestände des Feld-Mannstreus an trockenen Böschungen und anderen steinigen Standorten. Alle drei Arten gedeihen am besten in ziemlich trockenem, steinigem Boden und wirken gut in kleinen Gruppen. Man umgibt die Pflanzen mit einer Abdeckung aus Schotter und bepflanzt die Lücken nur mit wenigen niedrigen und Trockenheit liebenden Pflanzen.

Da das Verpflanzen allen Arten nicht gut bekommt, sollten sie, wenn möglich, jahrelang am selben Platz stehen. Zum Vermehren nimmt man Wurzelschnittlinge. Die Blütenköpfchen werden gerne von Bienen und anderen Insekten besucht.

STECKBRIEF

- *Stachelige, graublaue Blätter*
- *Lockt Insekten an*
- *Höhe bis zu 60 cm*
- *Volle Sonne*
- *Mäßig bis niedrig*

Feld-Mannstreu

Kanadische Goldrute (*Solidago canadensis*)

Goldrute

Solidago *spec.*

Viele Arten der Goldrute kommen in Europa, Asien und Nordamerika wild vor. Sie sind an ein breites Spektrum von Bodentypen angepasst und wachsen an heißen, kalten, trockenen und nassen Standorten. In Europa sieht man am häufigsten die Kanadische Goldrute (*Solidago canadensis*), die auf Brachland und Schuttplätzen richtige "Wälder" bildet. Die Blütenstände werden gerne von Schmetterlingen besucht. Bei uns ist die Gewöhnliche Goldrute (*S. virgaurea*) heimisch; sie wird auf nährstoffreichen Böden am größten.

Die Goldrute ist eine widerstandsfähige, für viele Gartenplätze geeignete Pflanze, die sowohl auf sehr trockenem als auch auf etwas feuchterem, schwerem Boden gedeiht. Sie bildet ein dichtes, Oberflächen nahes Wurzelsystem; störende Wurzeln lassen sich jedoch problemlos entfernen. Für Wildblumengärten ist die Wildart am besten geeignet; doch kann man auch unter den vielen Sorten wählen: 'Cloth of Gold' ist nur 40 cm hoch, noch kleiner ist 'Golden Dwarf'; 'Goldenmosa' wird 70 cm groß, 'Strahlenkrone' (60 cm) besitzt leuchtend gelbe Blüten. Wenn eine Wiese mit Goldrute im Mai gemäht wird, verschiebt sich die Blütezeit um einige Wochen. Die Korbblüten sind bei Bienen beliebt.

Gewöhnliche Goldrute

STECKBRIEF

- *Gute Pflanze für Honigbienen*
- *Wuchert etwas*
- *Höhe bis zu 100 cm*
- *Volle Sonne bis Halbschatten*
- *Mäßig bis niedrig*

Euonymus hamiltonianus

Gewöhnliches Pfaffenhütchen

Euonymus europaeus

J F M A M J J A S O N D

Im Herbst bietet das Pfaffenhütchen mit seinen auffälligen Früchten und dem flammend roten Laub ein so beeindruckendes Bild, dass es einen Platz in jedem Garten verdient. Die Früchte bestehen aus vierkantigen Kapseln, die sich an den Kanten öffnen und vier von einem orangeroten Samenmantel umgebene Samen freigeben. Diese werden von Drosseln verzehrt.

Das Pfaffenhütchen gedeiht überall im Garten, auf schweren Ton- und kargen Sandböden, an torfhaltigen (sofern sie nicht zu feucht sind) oder steinigen Standorten – überall kann man es anpflanzen.

Die Pflanze hat allerdings einen Schönheitsfehler: Die Raupen einer Gespinstmottenart (*Yponomeuta cagnagellus*) ernähren sich von den Blättern und können den Strauch im Frühjahr völlig kahl fressen. Da sich die Raupen in einem flachen Gespinst verbergen, sind sie für Vögel nicht erreichbar. Wenn man die befallenen Sträucher mit einem starken Wasserstrahl abspritzt, sind die jetzt ungeschützten Raupen eine leichte Beute.

Gelegentlich wird auch die japanische Art *Euonymus hamiltonianus* angepflanzt.

STECKBRIEF

- Leuchtend rote Herbstfärbung
- Früchte locken Vögel an
- Früchte für Menschen giftig
- Höhe bis zu 6 m
- Volle Sonne bis Halbschatten
- Mäßig bis niedrig

Weinrose

Rosa rubiginosa

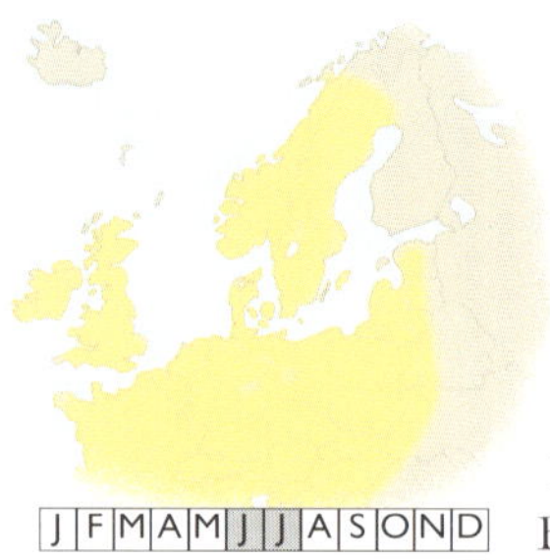

Die Rose ist seit Jahrhunderten wegen ihrer Schönheit und ihres Duftes berühmt. In Europa sind viele Arten heimisch; zwei Arten mit weiter Verbreitung sind die Weinrose, die an trockenen, steinigen Plätzen und in Hecken wächst, und die Hundsrose (*Rosa canina*) mit zart getönten Blüten.

Im Garten kann die Weinrose 3 m hoch werden. Sie besitzt scharfe Stacheln und leuchtend rosafarbene, duftende Blüten sowie später leuchtend rote Hagebutten. Diese sind besonders nach dem ersten Frost bei Vögeln sehr beliebt. Im Winter sieht man häufig Grünlinge mit Hagebuttenresten an ihrem Schnabel.

Die Weinrose gedeiht auf den meisten Böden. Während der Winterruhe kann man die alten Zweige stark zurückschneiden. Vermehrt wird durch Samen oder Stecklinge.

STECKBRIEF

- Früchte als Vogelnahrung
- Blätter riechen bei Verletzung Apfel ähnlich
- Höhe 0,50–3 m
- Volle Sonne bis Halbschatten
- Mäßig

Hänge-Birke

Betula pendula

Hänge-Birke und Moor-Birke (*Betula pubescens*) kommen in vielen Teilen Europas wild vor. Sie bevorzugen Sand- und torfhaltige Böden; auf Tonböden sind sie seltener anzutreffen.

J F M A M J J A S O N D

Birken können problemlos durch Samen vermehrt werden. In freier Natur erscheinen meistens Tausende von Sämlingen nach einem Kahlschlag oder Waldbrand. Die widerstandsfähigsten bilden schließlich ein kleines Dickicht.

Im Garten kann man die Birke als Solitärbaum oder in einer gemischten Gehölzpflanzung verwenden. Ein schönes Element für einen Heidegarten ist eine Gruppe von drei Birken, die so gepflanzt sind, dass sie eine einzige Krone bilden.

Die Rinde der Hänge-Birke fühlt sich ziemlich rau an, bei der Moor-Birke ist sie viel glatter. Die Zwerg-Birke (*B. nana*), die höchstens 1 m hoch wird, ist eine ideale Pflanze für kleine Gärten. Birken wurzeln nahe an der Oberfläche und verbrauchen daher viel Feuchtigkeit und Nahrung. Deshalb ist es schwierig, sie mit Stauden zu unterpflanzen. Der Fliegenpilz (*Amanita muscaria*), ein schöner, aber äußerst giftiger Pilz, wächst gerne an Birkenwurzeln.

Birkenkätzchen sind bei Vögeln wie Birkenzeisig und Erlenzeisig sehr beliebt.

STECKBRIEF

- Dekorative Rinde
- Wirt für verschiedene Pilz- und Insektenarten
- Höhe bis zu 25 m
- Volle Sonne bis Halbschatten
- Mäßig bis niedrig

■ *Bryonia cretica ssp. dioica*

Zaunrübe

Bryonia cretica

Die Zweihäusige Zaunrübe *(B. cretica* ssp. *dioica)* kommt in Hecken und auf Ruderalflächen vor; mit Hilfe ihrer Ranken klettert sie in Bäumen und Sträuchern empor. Die Blätter sind herzförmig und fünflappig. Männliche und weibliche Blüten, beide klein und gelbgrün, stehen in Trauben auf getrennten Pflanzen. Die weiblichen Pflanzen tragen im Spätsommer viele rote Früchte, die zwar schön aussehen, aber sehr giftig sind. Trotzdem verzehren verschiedene Vögel die giftigen Samen – sie scheiden sie unverdaut wieder aus. Die weichen Triebe sterben im Herbst ab; die Rübe überdauert im Boden als Speicherorgan.

Im Garten zieht man die Zaunrübe am besten an Gebäuden oder Maschendrahtzäunen, sollte jedoch daran denken, dass das üppige Laub im Sommer zwar schön aussieht und Schutz für Tiere bietet, die vertrocknete Pflanze im Winter aber unansehnlich ist.

Vermehrt wird durch Samen. Jungpflanzen können spontan erscheinen; man kann sie im Herbst, wenn die Pflanze oberirdisch abgestorben ist, an die gewünschte Stelle umpflanzen.

STECKBRIEF

- *Kleine, gelbgrüne Blüten*
- *Giftige Früchte*
- *Gute Bienenpflanze*
- *Klettert bis zu 3 m hoch*
- *Zeitweise Sonne bis Halbschatten*
- *Mäßig*

Humulus lupulus 'Aureus'

Hopfen

Humulus lupulus

Hopfen, eine mehrjährige Kletterpflanze, wird großflächig angebaut, um die gelbgrünen Fruchtzapfen zu ernten, die auf den weiblichen Pflanzen stehen. Sie werden zum Bierbrauen benötigt und sind für den charakteristischen bitteren Geschmack des Bieres verantwortlich.

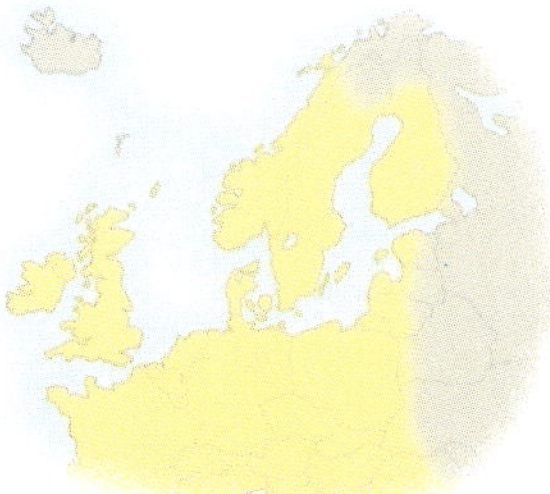

J F M A M J J A S O N D

Männliche Pflanzen tragen keine Fruchtzapfen und besitzen deshalb wenig Zierwert. Man sollte Hopfen zurückhaltend anpflanzen; er bildet einen kriechenden Wurzelstock, der wieder neue Klettersprosse treibt; so entsteht ein Dickicht aus windenden Trieben, die man kontrollieren muss, indem man sie so nahe wie möglich an der Mutterpflanze abschneidet. Diese Arbeit darf man allerdings nicht während der Brutzeit durchführen, da Vögel gerne im Hopfen nisten.

Im Herbst sterben die Pflanzen oberirdisch ab. Zur Vermehrung teilt man den Wurzelstock im November und pflanzt die Einzelstücke wieder ein. Die Sorte 'Aureus' besitzt goldgelbes Laub und ist besonders für städtische Umgebung geeignet.

STECKBRIEF

- *Wuchert*
- *Im Sommer Schutz für Tiere*
- *Klettert bis 6 m hoch*
- *Zeitweise Sonne bis Halbschatten*
- *Mäßig*

Fedrige Flockenblume (*Centaurea nervosa,* links); Schnittlauch (*Allium schoenoprasum*, rechts)

Weitere Arten

	Name	Blütenfarbe	Höhe	Blütezeit / Besonderheiten
ZWEIJÄHRIG	Natternkopf *Echium vulgare*	blau	15–50 cm	Mai–Sept. / erträgt bei Aussaat trockenen Boden; sehr elegant
	Gemeine Ochsenzunge *Anchusa officinalis*	blau	30–90 cm	Mai–Herbst / zwei- bis mehrjährig
	Eselsdistel *Onopordum acanthium*	violett	60 cm–2,5 m	Juli–Sept. / graues Laub; Blüten locken Hummeln an
	Kelch-Steinkraut *Alyssum alyssoides*	gelb	5–30 cm	April–Juni / ein- bis zweijährig; frühe Blüte; für Kaimauern geeignet
STAUDEN	Kleine Bibernelle *Pimpinella saxifraga*	weiß	30–60 cm	Juli–Sept. / winzige hellrosa Blüten
	Flockenblumen *Centaurea* spec.	rötlich violett	30–80 cm	Juni–Aug. / sonneliebend; für Steingärten oder trockene Böschungen geeignet; lockt Bienen an
	Wegwarte *Cichorium intybus*	blau	50–90 cm	Juli–Herbst / Blätter und blaue Blüten essbar
	Schnittlauch *Allium schoenoprasum*	rosaviolett	15–50 cm	Mai–Juli / bekanntes Küchenkraut; lockt Bienen an
	Zypressen-Wolfsmilch *Euphorbia cyparissias*	gelb	15–30 cm	April–Mai / bildet viele Ausläufer
	Kleines Mädesüß *Filipendula vulgaris*	weiß	30–60 cm	Juni–Juli / schönes, fein gefiedertes Blatt; lockt Käfer und Fliegen an
	Tauben-Skabiose *Scabiosa columbaria*	lila	30–90 cm	Juli–Okt. / gute Schnittblume; lockt Bienen an
	Kleiner Wiesenknopf *Sanguisorba minor*	grünlich	30–60 cm	Mai–Juni / sät sich aus; würziges Aroma
STRAUCH	Kanadische Felsenbirne *Amelanchier intermedia*	weiß	90 cm–2,5 m	April–Mai / auch *A. laevis*; Blütenknospen locken Gimpel an

Waldgebiete

PFLANZEN *für* WALDGEBIETE

Schatten und Humus liebende Pflanzen

Die meisten Wälder in Europa sind nicht ursprünglich, sondern Kulturwälder, oft sogar tot gepflegte Wirtschaftswälder, die angelegt werden, um maximalen Gewinn zu erzielen. Langsam gewinnen Kulturwälder ein natürlicheres Aussehen zurück, weil umgestürzte Bäume nicht mehr entfernt werden. So entwickelt sich auf die Dauer eine größere Artenvielfalt.

Der Wald ist nämlich ein kompliziertes Beziehungsgeflecht aus hohen Bäumen und niedrigen krautigen Pflanzen, das vielen Tieren Unterschlupf, Nahrung und Nistplätze bietet. Einige Pflanzenarten blühen vor dem Laubaustrieb der Bäume, sind im Mai schon wieder abgestorben und durchlaufen bis zum nächsten Frühjahr eine unterirdische Ruhephase.

Im Allgemeinen besitzen Waldpflanzen große Blätter, um alles verfügbare Licht auszunutzen. Wenn ein Baum beispielsweise durch Blitzschlag umstürzt, sind alle darunter wachsenden Pflanzen plötzlich dem direkten Sonnenlicht ausgesetzt und werden häufig geschädigt.

Die Pflanzen der Waldränder sind häufig Acker- und Wiesen-Arten, die den Schutz nutzen, den ihnen der Wald bietet. Auf der Sonnenseite wachsen Sonnenliebhaber. Auf der Nordseite dagegen gedeihen Arten, die zwar viel Licht benötigen, jedoch keine direkte Sonnenbestrahlung vertragen. Häufig sind es Waldpflanzen, die vom immer dichteren Innenbereich zum Waldrand verdrängt worden sind.

Die Blätter der Laubbäume werden im Herbst abgeworfen und verrotten zu Humus. Die teilweise verrottete Laubschicht enthält Nährstoffe, ist feucht und luftig und wird von vielen Waldpflanzen geschätzt.

Jede Baumart hat eine typische Schattenwirkung und bildet ihre eigene Humusschicht, sodass der Unterwuchs vollständig auf die Bestand bildenden Bäume abgestimmt ist. Die deutlichsten Unterschiede finden sich zwischen Laub- und Nadelwäldern: Nadelblätter werden aufgrund ihrer Inhaltsstoffe nur sehr langsam zersetzt und säuern den Boden an; nur wenige Pflanzenarten können unter diesen Umständen gedeihen, weshalb der Boden hier meistens sehr kahl ist. Die Krautschicht in Laubwäldern weist eine viel größere Artenvielfalt auf.

Ein Garten kann niemals zu einem echten Wald werden. Es wird immer breite Wege geben, und das Gebiet ist in der Regel so klein, dass Sonnenlicht auf den Boden gelangt. Deshalb kann man im Waldgarten die Pflanzenpalette so erweitern, dass auch Schatten liebende Pflanzen dazugehören, die keine echten Waldpflanzen sind. Einige der hier vorgestellten Pflanzen gehören in diese Kategorie.

Häufig zieht ein Garten, der an einen Wald grenzt, Tiere wie Eichhörnchen, Singvögel, Spechte und Rehwild an.

Wald-Geißbart

Aruncus dioicus

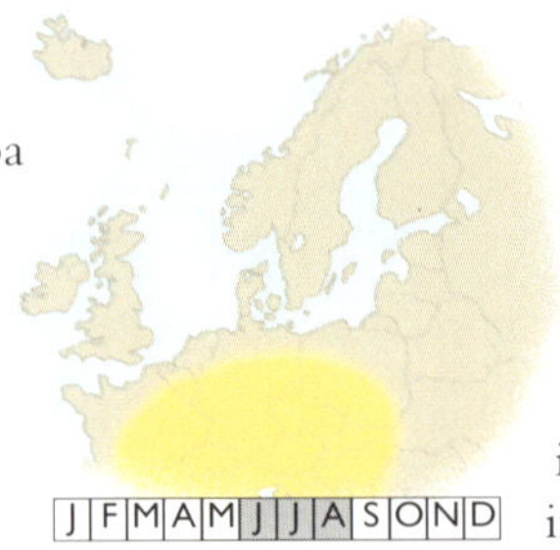

Der Wald-Geißbart ist eine sehr auffällige, in Mitteleuropa heimische Waldstaude. Er besitzt große Blätter und bildet im Sommer Blütenrispen mit Tausenden winziger, gelblich weißer Blüten. Männliche und weibliche Blüten stehen auf getrennten Pflanzen. Der Geißbart sät sich fast niemals spontan aus und wuchert auch nicht durch die Bildung von Ausläufern. Der Geißbart bevorzugt lichten Schatten, muss aber nicht unbedingt in Wäldern wachsen. Er gedeiht gut im Schattenbereich von großen Gärten, zum Beispiel auf der Schattenseite einer Mauer, und an Plätzen, wo seine Wurzeln durch niedrige Pflanzen vor der Sonne geschützt sind. Auf schweren Ton- oder kargen Sandböden fühlt er sich nicht so wohl.

In freier Natur kommt der Wald-Geißbart häufig in Bergwäldern auf steinigen Böden vor. Er ist im Süden Deutschlands relativ verbreitet, fehlt aber im Norden. Sehr schöne Bestände finden sich an den Bergstraßen der Vogesen und in Ostböhmen, aber auch in Österreich oder in der Schweiz.

Vermehrt wird durch Aussaat oder Teilung. Man sollte die Pflanze aber möglichst wenig stören, da es ein bis zwei Jahre dauert, bis sie sich erholt und wieder blüht.

STECKBRIEF

- *Dekoratives Laub*
- *Giftige Früchte*
- *Höhe bis zu 180 cm*
- *Halbschatten bis Schatten*
- *Mäßig*

Schwalbenwurz

Vincetoxicum hirundinaria

J F M A M J J A S O N D

Der Schwalbenwurz ist eine Horst bildende Staude, die in großen Teilen Europas in lichten Wäldern und an Waldrändern wild vorkommt. Sie blüht allerdings in voller Sonne viel besser und bevorzugt trockenen Boden. Die Art ist ziemlich variabel; die gedrungenen Sorten, die wenig Neigung zum Klettern zeigen, sind bei weitem am schönsten. Sie bilden kompakte, bis zu 60 cm hohe Horste, blühen sehr reich und lang anhaltend und können jahrelang an Ort und Stelle bleiben.

Nur wenige Blüten setzen Samen an. Diese besitzen einen weißlichen Haarschopf und sitzen in bis zu 6 cm langen Balgfrüchten. Zur Vermehrung nimmt man bewurzelte Ausläufer; wohlgeformte Pflanzen mit gutem Blütenansatz sind am besten geeignet.

Da der Schwalbenwurz keine besonders auffällige Staude ist, findet man sie eher selten in Staudengärtnereien. Das ist schade, denn der Schwalbenwurz ist eine echte Bereicherung für den Garten.

Alle Teile der Pflanze sind für Mensch und Tier sehr giftig.

Frucht mit Samen

STECKBRIEF

- *Lange Blütezeit*
- *Gesamte Pflanze giftig*
- *Höhe bis zu 60 cm*
- *Volle Sonne bis Halbschatten*
- *Mäßig bis niedrig*

Digitalis-Hybriden

Roter Fingerhut

Digitalis purpurea

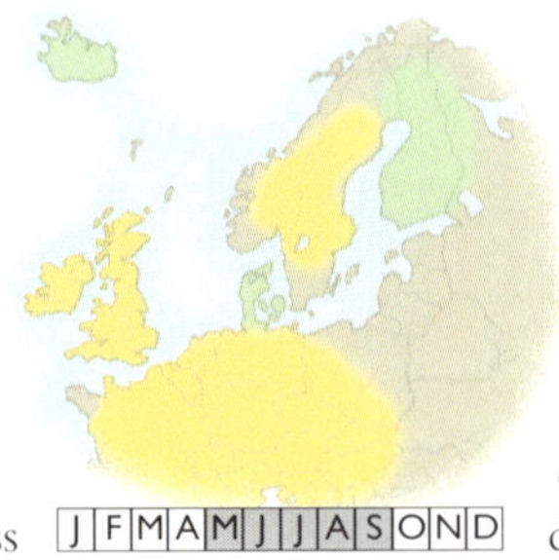

Wenn der Rote Fingerhut einmal Fuß gefasst hat, sät er sich manchmal so stark aus, dass überzählige Pflänzchen gejätet werden müssen. Um eine solche Invasion zu verhindern, muss man die Blütenstände unmittelbar nach der Blüte abschneiden, sodass keine Selbstaussaat erfolgen kann.

Der Rote Fingerhut ist zweijährig; im ersten Jahr bildet er eine Blattrosette und im zweiten Jahr blüht er. Bei der Wildart sind die Blüten außen purpurrot, innen auf hellem Untergrund dunkel gefleckt. Durch diese Zeichnung werden Hummeln zum Inneren der Blüte geführt. Im Garten finden sich weiß, rosa und purpurrot blühende Pflanzen, auch Züchtungen in Aprikot- und Pastell-Tönen existieren. Der Rote Fingerhut ist eine Giftpflanze, aus der man Glykoside isoliert, welche die Herzschlagfrequenz verringern und die Durchblutung verbessern.

Für Naturgärtner sind außer *Digitalis purpurea* nur wenige andere Arten von Interesse: Der Gelbe Fingerhut (*D. lutea*) besitzt kleine, cremefarbene Blüten, der Großblütige Fingerhut (*D. grandiflora*) große, blassgelbe Blüten, und der lange Blütenstand von *D. ferruginea* ist dicht mit kleinen, röhrenförmigen, bräunlich roten Blüten besetzt. Diese Arten verhalten sich überwiegend wie Stauden.

Hummel in einer Blüte

STECKBRIEF

- *Sät sich stark aus*
- *Lockt Hummeln an*
- *Höhe bis zu 150 cm*
- *Zeitweise Sonne bis Halbschatten*
- *Mäßig*

Wald-Erdbeere

Fragaria vesca

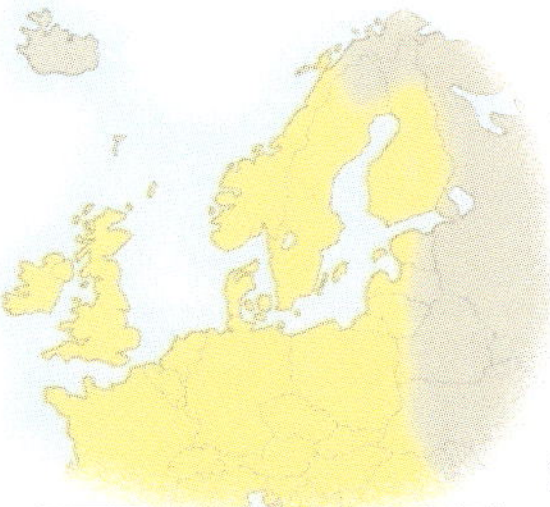

J F M A M J J A S O N D

Wald-Erdbeeren ähneln den Gartenerdbeeren zwar sehr, sind aber nicht deren Vorfahren. Wald-Erdbeeren sind essbar, enthalten jedoch viele Samen, sind kleiner und weniger süß als die Gartensorten, aber mit intensiverem Aroma.

Wald-Erdbeeren sind in ganz Europa heimisch – im Unterholz und in Hecken. Mit ihren vielen Ausläufern bilden sie eine lockere Bodendecke und sind bestens geeignet für Plätze, an denen kaum andere Pflanzen gedeihen. Sie fühlen sich wohl an nicht zu schattigen Standorten mit humosem Boden, können sich aber auch auf verdichteten Tonböden ausbreiten.

Wald-Erdbeeren sind ausgezeichnete Pflanzen für schattige Böschungen. Sie eignen sich allerdings nicht, um Unkraut zu unterdrücken; denn es dauert zu lange, bis sie den Boden vollständig bedecken, und die Pflanzendecke ist zu locker.

Die Pflanzen lassen sich problemlos durch bewurzelte Ableger vermehren. Diese werden von der Mutterpflanze abgetrennt und an anderer Stelle in dichtem Abstand eingepflanzt.

STECKBRIEF

- Essbare Früchte ziehen Tiere an
- Bodendecker
- Höhe 5–30 cm
- Schatten
- Mäßig

Geranium sylvaticum 'Album'

Wald-Storchschnabel

Geranium sylvaticum

Der Wald-Storchschnabel besitzt purpurviolette Blüten und kommt in ganz Europa in Wäldern und auf Wiesen vor. Die Züchtung vieler Sorten hat in den letzten Jahren das zunehmende Interesse an der Gattung *Geranium* begünstigt; meistens lag das Hauptaugenmerk auf auffälligeren Blütenfarben oder gefüllten Blüten.

Zu den Züchtungen von *G. sylvaticum* gehören die Sorten 'Album' mit weißen, in der Knospe rosafarbenen Blüten, 'Birch Lilac' mit fliederfarbenen und 'Mayflower' mit dunkelviolettblauen Blüten. Der Wald-Storchschnabel ist eine Beetpflanze für Sonne oder Halbschatten und wird durch Teilung vermehrt.

J F M A M J J A S O N D

Der Felsen-Storchschnabel (*G. macrorrhizum*), eine bis zu 30 cm hohe Staude vom Balkan, ist ein guter Bodendecker. Schon nach ein bis zwei Jahren lassen sich neue Teilstücke gewinnen, die in lichtem Schatten unter Gehölzen gepflanzt werden können. Die hübschen rosaroten Blüten werden im Juni/Juli in großer Zahl gebildet; weniger angenehm ist der durchdringende Geruch, der beim Berühren der Pflanze frei wird.

Geranium macrorrhizum

'Mayflower'

STECKBRIEF

- Besonders in großen Gruppen wirkungsvoll
- Leicht zu vermehren
- Höhe bis zu 80 cm
- Volle Sonne bis Halbschatten
- Mäßig

Christophskraut

Actaea spicata

Das Christophskraut ist in vielen Teilen Europas heimisch. Es bevorzugt kalkhaltige, humose Böden und bildet besonders auf Waldlichtungen große Bestände. Wenn sich der Wald regeneriert, werden diese wieder kleiner.

Die ganze Pflanze ist giftig, allerdings nicht für Vögel. Sie fressen die Früchte und dienen damit der Samenverbreitung.

Das Christophskraut wird selten angepflanzt. Der Ehrlichkeit halber muss man erwähnen, dass es keine besonders auffällige Pflanze ist. Die kleinen weißen Blütenstände und die schwarzen Früchte besitzen allerdings doch einen gewissen Zierwert. Als Solitärstaude zwischen anderen Pflanzen ist das Christophskraut am wirkungsvollsten. Es gedeiht an vielen Plätzen im Garten, vorzugsweise in leichtem Schatten, jedoch auch in voller Sonne. Man sollte keine großen Gruppen pflanzen, da die Pflanze als Einzelexemplar am besten aussieht.

Zur Vermehrung sät man die Samen sofort nach der Reife aus; größere Pflanzen kann man auch teilen.

STECKBRIEF

- *Vögel fressen die Früchte*
- *Dekorativ*
- *Höhe bis zu 50 cm*
- *Halbschatten bis volle Sonne*
- *Mäßig bis niedrig*

Hain-Gilbweiderich

Lysimachia nemorum

Der Hain-Gilbweiderich gehört zur selben Gattung wie der Gewöhnliche Gilbweiderich (*Lysimachia vulgaris*, siehe Seite 113). Dieser wächst an feuchten Stellen und wird über 1 m groß, während der Hain-Gilbweiderich als Bodendecker häufig nicht höher als 10 cm wird. Beide besitzen gelbe Blüten.

L. nemorum wächst in freier Natur hauptsächlich in feuchten Waldgebieten, an schattigen Hecken und an Quellen, wo er sich gegen die Konkurrenz anderer Pflanzen gut behaupten kann. Da man im Garten korrigierend eingreifen kann, lässt sich die Art auch unter lichten Gehölzen oder zwischen Sträuchern als Bodendecker verwenden. Ebenso gut ist der Hain-Gilbweiderich als Bepflanzung zwischen Blumenzwiebeln geeignet, die im Frühjahr blühen und im Sommer einziehen. Jäten ist hier unnötig; deshalb besteht auch keine Verletzungsgefahr für die Zwiebeln. Die Pflanze lässt sich durch bewurzelte Ausläufer gut vermehren. Wie Pfennigkraut (*L. nummularia*) kann auch der Hain-Gilbweiderich unter Wurzelläusen leiden, besonders bei abweichenden Standortbedingungen.

STECKBRIEF

- *Guter Bodendecker*
- *Viele kleine, gelbe Blüten*
- *Höhe bis zu 25 cm*
- *Halbschatten bis Schatten*
- *Mäßig*

Bärlauch

Allium ursinum

Vielen Menschen ist der durchdringende Knoblauchgeruch unangenehm, den der Bärlauch im Frühjahr abgibt, und sie verbannen die Pflanze deshalb aus dem Garten. Wegen der zahlreichen Blüten ist die Art dennoch eine lohnende Gartenpflanze. Wie viele Frühjahrsblüher der Laubwälder durchläuft der Bärlauch seinen Entwicklungszyklus in der ersten Jahreshälfte. Die glänzenden, dunkelgrünen Blätter erscheinen im zeitigen Frühjahr, die weißen Blüten von April bis Anfang Juni. Im Sommer zieht die Pflanze vollständig ein.

In der freien Natur wächst der Bärlauch in feuchten Wäldern und an anderen schattigen Standorten; im Garten gedeiht er zwischen Gehölzen mit guter Humusschicht und kann sich dort sehr schnell durch Aussaat vermehren. Diese Ausbreitung ist gewöhnlich unproblematisch, da der Bärlauch nicht mit Nachbarpflanzen konkurriert und im Juni abstirbt, sodass andere Pflanzen den Platz nutzen können.

Die Blätter dieser *Allium*-Art sind essbar und besitzen dieselben anregenden und heilenden Eigenschaften wie Knoblauch. Die Blüten locken Schmetterlinge an; die Larven von Schwebfliegen nutzen den Bärlauch als Futterpflanze.

STECKBRIEF

- *Frühjahrs-Zwiebelblume*
- *Durchdringender Knoblauchgeruch*
- *Höhe 10–40 cm*
- *Halbschatten bis Schatten*
- *Mäßig*

Wohlriechendes Salomonssiegel (*Polygonatum odoratum*)

Salomonssiegel

Polygonatum spec.

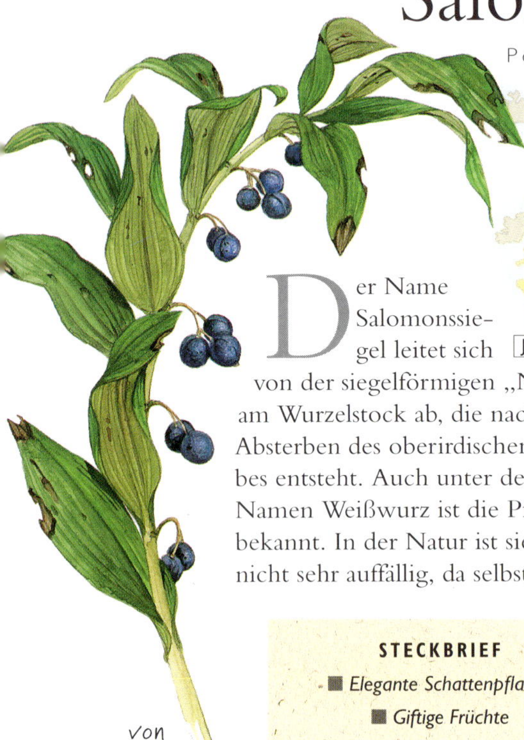

Der Name Salomonssiegel leitet sich von der siegelförmigen „Narbe" am Wurzelstock ab, die nach dem Absterben des oberirdischen Triebes entsteht. Auch unter dem Namen Weißwurz ist die Pflanze bekannt. In der Natur ist sie meist nicht sehr auffällig, da selbst größere Bestände in der umgebenden Vegetation kaum wahrgenommen werden. Eine Gruppe, die auf fruchtbarem Boden im Schatten nicht allzu hoher Bäume steht, bildet im Garten jedoch einen eindrucksvollen Blickpunkt. Die Arten werden bis zu 60 cm hoch. Die zierlichen Blüten hängen an gebogenen, mit Blättern besetzten Stängeln. Drei Arten sind für den Garten geeignet: Das Wohlriechende Salomonssiegel (*P. odoratum*) besitzt duftende, einzeln oder paarweise stehende Blüten, das Vielblütige Salomonssiegel (*P. multiflorum*) mit geruchlosen, in Gruppen bis zu fünf stehenden Blüten sowie das Quirlblättrige Salomonssiegel (*P. verticillatum*) mit einem aufrechten Stängel, der mit schmalen, quirlförmig angeordneten Blättern und winzigen Blüten in den Blattachseln besetzt ist.

Das Salomonssiegel blüht von April bis Juni; im Spätsommer erscheinen giftige blauschwarze Beeren; bei *P. verticillatum* sind sie rot. Vermehrt wird durch Wurzelschnittlinge.

STECKBRIEF

- *Elegante Schattenpflanze*
- *Giftige Früchte*
- *Höhe bis zu 60 cm*
- *Halbschatten bis Schatten*
- *Mäßig*

Gelbes Windröschen

Anemone ranunculoides

J F M A M J J A S O N D

Das Gelbe Windröschen sieht dem verwandten Busch-Windröschen (*A. nemorosa*) sehr ähnlich, ist aber nicht so verbreitet. Es ist in Waldgebieten und am schattigen Gehölzrand heimisch.

Noch vor den Blättern erscheinen im März/April die Blüten. Sie gleichen Hahnenfußblüten, besitzen aber nicht deren Glanz. Das Gelbe Windröschen blüht sehr reich, doch nach wenigen Wochen stirbt die Pflanze oberirdisch ab und verbringt den Rest des Jahres im Ruhezustand. Als typische Frühjahrspflanze der Laubmischwälder vollendet es seinen Entwicklungszyklus, bevor die Bäume voll belaubt sind. Die Wurzelstöcke sind nicht teuer und können deshalb in größerer Menge gekauft und unter lichten Bäumen oder großen Sträuchern gepflanzt werden. Auch an trockenen und sonnigen Standorten gedeihen die Pflanzen gut.

Bei Regen neigen sich die Pflanzen nach vorne, und die Blüten schließen sich teilweise, um den Pollen trocken zu halten. Insekten nutzen diese Eigenschaft und suchen Schutz in den Blüten.

Zur Vermehrung gräbt man den Wurzelstock im Herbst aus, teilt und pflanzt ihn wieder ein.

Gelbes Windröschen

Hahnenfuss-Blüte

STECKBRIEF

- *Boden deckende Frühjahrspflanze*
- *Zierliche Blüten*
- *Höhe bis zu 30 cm*
- *Halbschatten bis Schatten*
- *Mäßig bis niedrig*

Gefleckter Aronstab

Arum maculatum

Der Aronstab kommt wild wachsend in Waldgebieten und am schattigen Gehölzrand fast in ganz Europa vor. Die Blätter erscheinen nur im Frühjahr, zusammen mit dem von einem typischen gelbgrünen Hochblatt umhüllten, kolbenförmigen Blütenstand. Nach der Blüte entwickeln sich giftige, zuerst glänzend grüne, im Herbst rote Beeren. Die Pflanze wurde schon in der Römerzeit medizinisch genutzt.

Der Aronstab kann im Garten zwischen sommergrünen Sträuchern, unter Bäumen oder in einem Beet stehen. An den vorhandenen knolligen Rhizomen bilden sich Tochterknollen, die man in der Ruhezeit problemlos abtrennen und an anderem Ort einpflanzen kann. Die Art sät sich auch spontan aus.

Der Italienische Aronstab (*Arum italicum*) unterscheidet sich durch seine Blätter, die erst im Herbst erscheinen und mit ihren weiß marmorierten Adern sehr attraktiv wirken. Die Blätter des Gefleckten Aronstabs sind, wie der Name sagt, dunkel gefleckt. Die Blüten beider Arten sind ähnlich, die orangeroten Früchte des Italienischen Aronstabs erscheinen im Juli und reifen im Spätsommer.

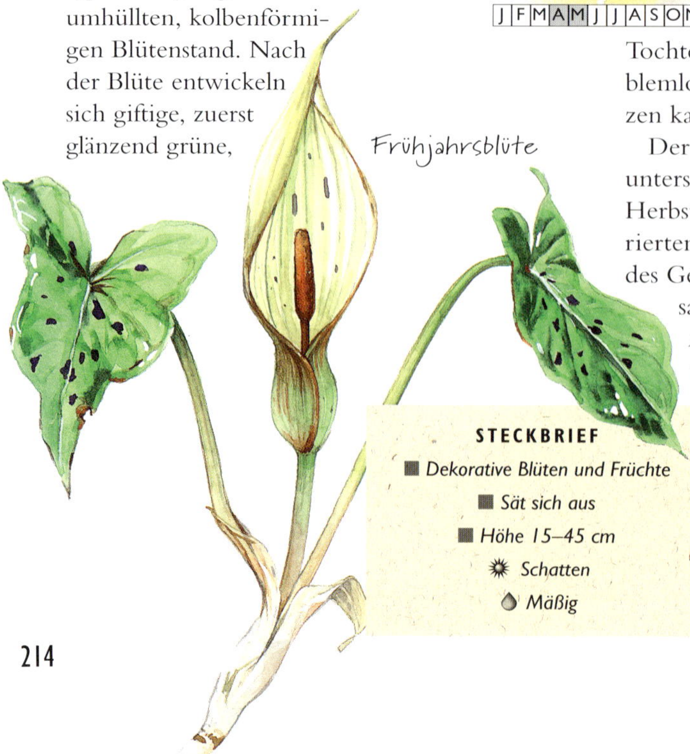

STECKBRIEF

- *Dekorative Blüten und Früchte*
- *Sät sich aus*
- *Höhe 15–45 cm*
- *Schatten*
- *Mäßig*

Duft-Veilchen

Viola odorata

Wilde Duft-Veilchen kommen in ganz Europa vor; sie wachsen an Hecken, in Waldgebieten und im Schatten von Gehölzen. Wie der Name sagt, beginnt die niedrige Staude im März zu blühen. Häufig behält sie einige Blätter über Winter, bei strengem Frost überleben diese allerdings nicht.

Aus den blauvioletten und süß duftenden Blüten wird ein Öl gewonnen, das man in der Parfümindustrie verwendet. Die Blüten können kandiert und zur Dekoration von Süßspeisen und Kuchen eingesetzt werden.

Beim Duft-Veilchen und vielen anderen Veilchenarten kommt Kleistogamie vor: Gegen Ende der Blütezeit entstehen unauffällige, geschlossene Blüten, in denen die Samen ohne Bestäubung gebildet werden.

Die Pflanze vermehrt sich rasch durch Ausläufer und spontane Aussaat, gelegentlich wuchert sie. Am einfachsten kann man Veilchen nach der Blüte im Frühjahr vermehren, indem man sie teilt und neu pflanzt. Wenn man Veilchen aus Samen ziehen will, müssen diese direkt nach der Reife gesät werden. Hain-Veilchen (*Viola riviniana*) und Wald-Veilchen (*V. reichenbachiana*) sind weitere europäische Arten, die Waldgebiete als Wildstandort bevorzugen.

Selbstbestäubung bei geschlossener Blüte

STECKBRIEF

- *Duftende, blauviolette Blüten*
- *Kann wuchern*
- *Höhe 5–20 cm*
- *Zeitweise Sonne bis Schatten*
- *Mäßig*

Stinkende Nieswurz

Helleborus foetidus

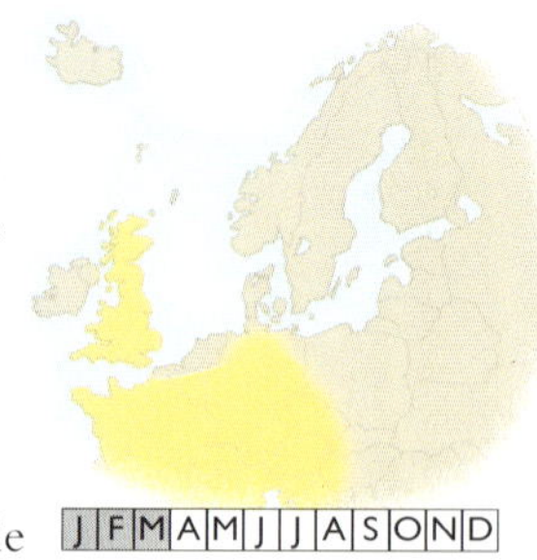

Die Stinkende Nieswurz wächst in Bergwäldern und an steinigen Abhängen. Die gelbgrünen Blüten stehen an einem Spross, der unten mit gefiederten, dunkelgrünen Blättern besetzt ist, und können schon ab Januar aufblühen. Noch im März/April steht die Pflanze scheinbar in Blüte; bei genauem Hinsehen bemerkt man, dass Nektar- und Staubblätter verschwunden und die Früchte schon fast reif sind. Spross und Blätter überdauern den Winter. Auch die Blätter der Christrosen und ihrer Kultursorten (*Helleborus*-Hybriden) sind wintergrün, die Blütenstände erscheinen aber erst im Frühjahr.

Die Stinkende Nieswurz gedeiht an fast allen Standorten. Die Pflanze vermehrt sich durch spontane Aussaat unmittelbar nach der Samenreife. Da sie Frostkeimer ist, dauert es häufig mehr als ein Jahr bis zur Keimung. Die Sämlinge erscheinen oft um die Mutterpflanze herum, sie können als Jungpflanzen an andere Plätze verpflanzt werden. Die Stinkende Nieswurz ist eine Giftpflanze (*Helleborus* bedeutet „giftige Pflanze"), die sogar noch in getrocknetem Zustand giftig ist.

verblühte Blüte mit Samen

STECKBRIEF

- *Blüht im Winter*
- *Giftig*
- *Höhe 40–50 cm*
- *Volle Sonne bis Halbschatten*
- *Mäßig bis niedrig*

Gewöhnlicher Odermennig

Agrimonia eupatoria

J F M A M J J A S O N D

Der Gewöhnliche Odermennig wächst an Waldrändern, im Unterholz oder an schattigen Straßenrändern. In der freien Natur ist die Pflanze meistens schmächtig und bildet nur wenige Blütenstände. Das ist im Garten ganz anders: Wenn der Odermennig auf gut gelockertem, eventuell zusätzlich gedüngtem Boden steht, entwickelt sich eine üppig blühende Pflanze mit vielen Blütenständen. Die sternförmigen, gelben Blüten öffnen sich vom unteren Ende des Blütenstandes her, die Früchte ähneln kleinen Kletten.

Der Odermennig wirkt besonders gut, wenn er in großen Gruppen gepflanzt wird, am besten vor einem Gehölz-Hintergrund. Man kann ihn auch an den Rand einer Blumenwiese setzen, sollte diese aber erst nach der Samenreife mähen. Man vermehrt ihn durch Aussaat; es ist schwierig, den verholzten Wurzelstock zu teilen.

STECKBRIEF

- *Lange Blütenähren mit gelben Blüten*
- *Arzneipflanze*
- *Höhe bis zu 60 cm*
- *Sonne / Halbschatten / Schatten*
- *Mäßig*

Blütenstand

Frucht

Hirschzungenfarn

Phyllitis scolopendrium

J F M A M J J A S O N D

Farne sind elegante Blattpflanzen, die an kühlen Schattenplätzen eine ruhige Atmosphäre schaffen. Sie gedeihen im Schutz von eingewachsenen Laubgehölzen auf humosen Waldböden.

Auffällig am Hirschzungenfarn sind seine immergrünen und ungeteilten, riemenförmigen Wedel. Er gedeiht im Schatten, aber auch in der Sonne gut.

Die Vermehrung erfolgt über die Sporen: Man platziert dazu einige Torfblöcke an schattigen Stellen nahe bei den Pflanzen und hält das Substrat ständig feucht. Nach einigen Monaten stellen sich die jungen Farnpflanzen spontan ein.

Empfehlenswerte Sorten des Farns sind 'Crispum', deren Wedel stark wellige Ränder besitzen, und 'Golden Queen' mit gelblichen Wedeln. Auch die folgenden Farne eignen sich gut für den Garten: der Tüpfelfarn (*Polypodium vulgare*), der auch bei stärkerer Lichtintensität gedeiht; der Pfauenradfarn (*Adiantum pedatum*) aus Nordamerika, der im Schatten zwischen Steinen wächst, sowie der Rippenfarn (*Blechnum spicant*).

sporentragender Wedel

Rippenfarn

STECKBRIEF

- *Immergrün*
- *Ungeteilte, riemenförmige Wedel*
- *Höhe 20–60 cm*
- *Schatten bis Sonne*
- *Mäßig*

■ Porter-Brombeere (*Rubus allegheniensis*)

Brombeere

Rubus fruticosus

Im Garten pflanzt man Brombeeren wegen ihrer schmackhaften schwarzen Früchte an, aber auch weil sie Wildtiere anlocken. Das schützende Dickicht der Brombeertriebe dient verschiedenen Vögeln als Nistplatz; Igel und Kröten überwintern und verstecken sich unter dem Gebüsch. Die Früchte werden von vielen Vögeln, aber auch von Eichhörnchen und Füchsen verzehrt.

Häufig gelangen Brombeeren durch Vogelkot in den Garten. Die unverdauten Samen keimen spontan aus; überhängende Zweige, die Bodenkontakt haben, bilden an den Spitzen neue Wurzeln. So kann aus einem Brombeerbusch innerhalb weniger Jahre ein großes Brombeerdickicht entstehen.

Wenn man Brombeeren im Garten anpflanzen will, sollte man entweder spezielle Kultursorten kaufen (eventuell dornenlose) oder bewurzelte Ableger von einer Pflanze mit schmackhaften Früchten nehmen.

Brombeerbüsche gedeihen fast in jedem Boden und können sowohl in voller Sonne als auch im Schatten stehen.

Da ein Brombeerdickicht fast undurchdringlich ist, kann es gut als Grenzbepflanzung dienen. Abgetragene Ruten schneidet man im Spätwinter ab; innerhalb einer Vegetationsperiode bilden die neuen, gesunden Triebe wieder ein dichtes Gebüsch.

Gartenrotschwanz ♂

STECKBRIEF

- *Schutz und Nahrung für viele Tiere*
- *Laub abwerfend*
- *Höhe bis zu 1 m*
- *Halbschatten bis Schatten*
- *Mäßig bis niedrig*

Waldrebe

Clematis vitalba

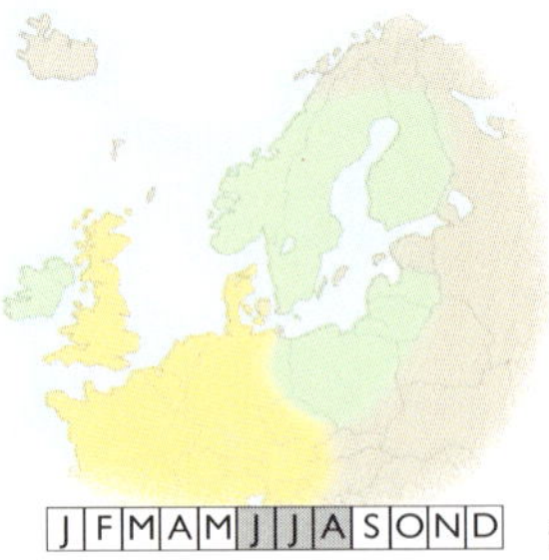

Im Frühsommer ist die Waldrebe mit kleinen weißen Blüten bedeckt; im Herbst und Winter sorgen die fedrig behaarten Früchte für einen silbrig glänzenden Schmuck, der monatelang anhält und den Zierwert erhöht.

Die Waldrebe ist eine verholzte Kletterpflanze, die sich mit ihren langen Trieben hoch in Bäume und Sträucher rankt. Diese manchmal vollständig überwachsenen Gehölze werden von Vögeln gerne als Nistplatz genutzt. Die Waldrebe gedeiht gut am Rand des Unterholzes und im Dickicht, wo die Triebe das Sonnenlicht schnell erreichen können. Sie breiten sich wie ein Teppich über andere Pflanzen aus. Im Garten kann man die Waldrebe an einen Baum, einen Schuppen, eine Pergola oder einen Zaun pflanzen. Die Blüten sind zwar viel kleiner als bei den üblicherweise kultivierten Clematis-Hybriden, doch wächst diese Art viel schneller, leidet nicht unter der Clematiswelke und behält im Winter ihren Zierwert.

Man sollte die Waldrebe an einen schattigen Platz pflanzen; die Wurzeln benötigen einen kühlen Standort. Man vermehrt im Sommer durch Stecklinge oder durch Aussaat direkt nach der Samenreife.

STECKBRIEF

- *Schutz für Vögel*
- *Zierwert im Sommer und Winter*
- *Höhe bis zu 30 m*
- *Zeitweise Sonne bis Schatten*
- *Mäßig bis niedrig*

Efeu

Hedera helix

In der freien Natur sieht man den Efeu meistens als Unterwuchs und Kletterpflanze in Laubmischwäldern. Im Garten verwendet man ihn gewöhnlich zum Verkleiden von Zäunen und Mauern, da er immergrün ist. Die Triebe bilden Haftwurzeln, mit denen sich die Pflanze festklammert. Mit seinem dichten Ast- und Laubwerk bietet der Efeu vielen Vögeln und Insekten Schutz; gleichzeitig dient es als Nistplatz sowie die Früchte als Nahrung.

Der Efeu bildet zwei Wuchsformen aus: In der Jugend sind die Blätter handförmig gelappt, im Alter sind sie ungeteilt, außerdem werden dann Blüten und Früchte, jedoch keine Haftwurzeln mehr gebildet. Bewurzelte Stecklinge der Altersform bilden ebenfalls ungeteilte Blätter und werden weiterhin blühen; diese Pflanzen wachsen eher strauchförmig, klettern nicht und besitzen keine Haftwurzeln.

Efeu blüht erst, wenn die Laubbäume kahl sind, manchmal noch im Winter. Viele Bienen, Fliegen und Käfer suchen diese Nektarquelle spät im Jahr auf.

Vielleicht stellt sich auch spontan die seltene Efeu-Sommerwurz (*Orobanche hederae*) ein. Sie schmarotzt auf dem Efeu und besitzt ungewöhnliche, schöne Blüten.

STECKBRIEF

- *Immergrüner Kletterstrauch und kriechender Bodendecker*
- *Sehr späte Blüte*
- *Höhe bis zu 30 m*
- *Zeitweise Sonne bis Schatten*
- *Mäßig bis niedrig*

Wald-Ziest (*Stachys sylvatica*, links); Breitblättrige Stendelwurz (*Epipactis helleborine*, rechts)

Weitere Arten

	Name	Blütenfarbe	Höhe	Blütezeit / Besonderheiten
ZWEIJÄHRIG	Knoblauchsrauke *Alliaria petiolata*	weiß	28–80 cm	April–Juni / riecht nach Knoblauch; lockt Schmetterlinge an
	Rankender Lerchensporn *Corydalis claviculata*	gelbweiß	20-80 cm	Juni–Okt. / zarte, einjährige Kletterpflanze; keimt im Frühjahr oder Herbst
STAUDEN	Wald-Hainsimse *Luzula sylvatica*	gelbgrün	30–90 cm	April–Juni / unauffällige Blüten; Bodendecker für Schatten
	Große Sternmiere *Stellaria holostea*	weiß	15–40 cm	April–Juni / schwache Stängel; Blüten leuchten im Schatten
	Gewöhnliches Hexenkraut *Circaea lutetiana*	weiß	30–60 cm	Juni–Sept. / wuchert manchmal
	Breitblättrige Stendelwurz *Epipactis helleborine*	verschiedene Farben	40–80 cm	Juni–Juli / leicht zu ziehende Orchidee; lockt Wespen an
	Gold-Hahnenfuß *Ranunculus auricomus*	gelb	30–50 cm	April–Mai / variable Art
	Scharbockskraut *Ranunculus ficaria*	gelb	10–30 cm	März–April / stirbt im Frühsommer ab; aparte Züchtungen erhältlich
	Goldnessel *Lamiastrum galeobdolon*	gelb	15–40 cm	April–Juni / Bodendecker; gefleckte Blätter
	Schöllkraut *Chelidonium majus*	gelb	30–90 cm	Mai–Herbst / orangegelber Milchsaft hilft gegen Warzen
	Weiches Flattergras *Milium effusum*	grünlich	60 cm–120 cm	Mai–Juni / Ziergras
	Wald-Ziest *Stachys sylvatica*	dunkel-rotviolett	60–90 cm	Juni–August / unangenehmer Geruch bei Verletzung; besonders für humosen Gehölzrand geeignet
	Siebenstern *Trientalis europaea*	weiß	10–25 cm	Mai–August / für Nadelwälder und Heidegärten

Kulturlandschaften

Pflanzen *der* Kulturlandschaften

Verwilderte Arten und blinde Passagiere

Diese Pflanzen fallen in zwei Hauptgruppen: Erstens solche, die der Mensch wegen ihrer Schönheit in Kultur genommen hat, häufig von anderen Erdteilen stammend, und die dann verwildert sind. Zweitens Ackerunkräuter, die durch Zufall mit dem Getreide, dem Saatgut oder im Fell von Tieren nach Europa gelangt sind und sich über den Kontinent ausgebreitet haben. Beide Gruppen sind mittlerweile weit verbreitet und zum festen Bestandteil der regionalen Flora geworden.

Die Gartenpflanzen konnten außerhalb ihres natürlichen Verbreitungsgebiets deshalb weitgehend überleben, weil sie gut versorgt und gepflegt wurden. Viele haben auch einen Platz in der Natur gefunden und sind dort genauso willkommen wie im Garten. Die blinden Passagiere jedoch wurden bekämpft. Ursprünglich konnten sie sich auf Allmendeflächen und Brachstreifen zwischen den Feldern halten, wurden allerdings durch die Intensivierung der Landwirtschaft immer mehr bedrängt. Trotzdem konnten immer einige Exemplare überleben, solange die Unkrautbekämpfung nur von Hand oder mechanisch erfolgte. Klatschmohn, Kornblume und Venusspiegel gehören zu den so genannten Ackerunkräutern, die früher Farbe in die Felder brachten. Die wirkungsvollen chemischen Unkrautvernichtungsmittel schienen dann das Ende der Feldflora einzuleiten, doch fast in letzter Minute erkannte man den Wert dieser Pflanzenarten. Da man ihre Schönheit nicht missen und die Artenvielfalt erhalten wollte, gibt es jetzt in vielen Gegenden eigene Areale, auf denen diese Wildkräuter gedeihen dürfen.

Inzwischen haben beide Gruppen der „Neubürger" (so genannte Neophyten) zusammengefunden, sie werden gepflegt und geschätzt. Für Puristen kommt dies einer Florenverfälschung gleich; Naturliebhaber sehen es hingegen eher als Bereicherung an.

Kulturlandschaften haben seit jeher bestimmte Tierarten, sogenannte Kulturfolger, angezogen. Dies gilt besonders für manche Vogelarten – Amseln, Stare und Haussperlinge können gut mit dem Menschen existieren und finden Nahrung und Nistplätze in den vom Menschen geschaffenen Gärten und Parks.

Galanthus spec.

Schneeglöckchen

Galanthus nivalis

J F M A M J J A S O N D

Es gibt nur wenige Wildvorkommen des Schneeglöckchens (z. B. in Süddeutschland). Die gelegentlich großen Bestände in Wäldern und an Wegrainen sind meistens aus Gärten verwildert. Die zierliche Pflanze mit ihren hängenden weißen Blüten wird seit Jahrhunderten kultiviert.

Wie bei vielen Frühjahrsblühern liegt die Ruheperiode beim Schneeglöckchen in der heißen, durch das Laubdach der Bäume lichtarmen Jahreszeit und nicht im Winter. Die Zwiebeln bilden im Herbst neue Wurzeln, Blätter und Blüten erscheinen sehr zeitig im Frühjahr, und im Frühsommer stirbt die Pflanze oberirdisch wieder ab.

Es gibt mehrere Arten und Sorten, zum Beispiel *Galanthus elwesii* mit größeren Blüten. Schneeglöckchen können an vielen Stellen im Garten gepflanzt werden – im Rasen, in Staudenbeeten und Waldflächen sowie unter Sträuchern. Im Herbst kann man die Zwiebeln überall kaufen. Wenn im Garten bereits Schneeglöckchen vorhanden sind, vermehrt man sie durch Teilung während oder unmittelbar nach der Blüte. Die Zwiebeln müssen sofort wieder eingepflanzt werden.

Galanthus elwesii

Galanthus nivalis 'Flore Pleno'

Galanthus nivalis

STECKBRIEF

- *Einer der ersten Frühjahrsblüher*
- *Kann überall gepflanzt werden; leicht zu vermehren*
- *Höhe bis 25 cm*
- *Halbschatten bis Schatten*
- *Mäßig*

Crocus tommasinianus

Krokus

Crocus spec.

J F M A M J J A S O N D

Die leuchtend gefärbten Krokusblüten, die teilweise sogar vor den Schneeglöckchen erscheinen, künden das Winterende an. Häufig kann man die becherförmigen Blüten auf ihren kurzen Stielen inmitten von Schneeresten entdecken.

Die widerstandsfähigen Krokuszwiebeln können gleich bei der Anlage eines Rasens, noch vor der Einsaat, in die obere Bodenschicht gelegt werden. Viele Krokus-Arten säen sich gut aus; dies ist jedoch nur dann möglich, wenn die Pflanze ihr Laub lange genug behält, um ausreichend Nährstoffe für die Samenbildung zu assimilieren. Deshalb darf der umgebende Rasen erst nach dem Einziehen der Blätter gemäht werden. Im nächsten Frühjahr erscheinen Sämlinge mit einem Blatt; sie bilden jedes Jahr mehr Blätter und können im dritten Jahr blühen. Leider fressen Mäuse sehr gerne Krokuszwiebeln.

Der Frühlings-Krokus (*Crocus vernus*) ist die bekannteste Art und der Prototyp der großblütigen Krokus-Hybriden. Es gibt Hybriden mit weißen, violetten, gelben und gestreiften Blüten. *C. flavus* besitzt gelbe Blüten; auch von dieser Art existieren zahlreiche Kultursorten. *Crocus tommasinianus* sät sich unter Umständen reichlich aus und ist deshalb zum Verwildern geeignet.

STECKBRIEF

- *Einige Arten säen sich selbst aus*
- *Vögel spielen mit Blüten*
- *Höhe 15–25 cm*
- *Volle Sonne bis Halbschatten*
- *Mäßig*

Gefingerter Lerchensporn (*Corydalis solida*)

Lerchensporn

Corydalis spec.

Der Gefingerte (*Corydalis solida*) und der Hohle Lerchensporn (*C. cava*) werden häufig miteinander verwechselt. Beide sind in Europa weit verbreitet. Der Gefingerte Lerchensporn ist die häufigere Art; die Knolle ist massiv, und die Tragblätter unter den Blüten sind gefingert. Der Hohle Lerchensporn besitzt eine hohle Knolle, fast so groß wie eine kleine Küchenzwiebel; die Pflanze wirkt etwas kräftiger und die Blüten ein wenig größer. Die Tragblätter sind ungeteilt. Beide Arten kommen wild in Wäldern und Hecken, in Obstgärten und Weinbergen vor.

Der Lerchensporn bevorzugt halbschattige Standorte und blüht, bevor die Bäume belaubt sind; der Gefingerte Lerchensporn etwas früher. Zu dieser Zeit ist er für Bienen eine wichtige Nahrungsquelle. Der Lerchensporn kann auch im Rasen wachsen, doch muss der erste Schnitt dann verschoben werden, bis die Pflanzen Speicherstoffe gebildet haben und oberirdisch abgestorben sind.

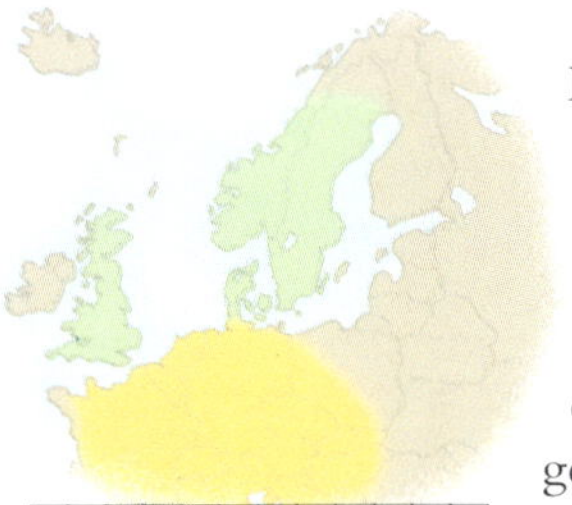

J F M A M J J A S O N D

Die Knollen kann man im Herbst kaufen; sie müssen sofort in gründlich gelockerten Boden gepflanzt werden. In schweren, verdichteten Lehmböden oder in Rasenflächen, die jahrelang nicht belüftet wurden, gedeiht der Lerchensporn schlecht. Häufig tragen Ameisen die Samen fort, sodass diese manchmal in beträchtlicher Entfernung von der Mutterpflanze auskeimen.

STECKBRIEF

- *Frühlingsblühend; sät sich aus*
- *Für ziemlich lockeren Boden*
- *Höhe 20–30 cm*
- *Halbschatten bis Schatten*
- *Mäßig*

Busch-Windröschen

Anemone nemorosa

Ursprünglich war das Busch-Windröschen nicht in allen Gebieten Europas heimisch, wo es heute vorkommt. Es lässt sich problemlos ausgraben und verpflanzen, da der Wurzelstock dicht unter der Oberfläche liegt, und ist deshalb jetzt in vielen Gegenden verbreitet, wo es nicht zur Wildflora gehörte.

Als Waldpflanze bevorzugt das Busch-Windröschen Standorte mit humosem Boden unter Laubbäumen und Sträuchern. Wenn der Boden locker genug ist, gedeiht es auch an sonnigeren Plätzen gut. Die weißen Blüten erscheinen gleichzeitig mit dem Laub; die Pflanze stirbt im Sommer oberirdisch ab, während der Wurzelstock eine Ruhephase durchläuft.

Die Rhizome kann man im Herbst bei Spezialgärtnereien kaufen. Um eine schöne Wirkung zu erzielen, sollte man große Gruppen von Busch-Windröschen unter Bäumen pflanzen – im Sommer wächst hier ohnehin nicht viel anderes. Wenn man einige Exemplare an einen geeigneten Platz pflanzt, kann man diese schon nach ein, zwei Jahren im Herbst ausgraben, die Wurzelstöcke teilen und so einen größeren Bestand erhalten.

STECKBRIEF

- *Blüht im Frühjahr*
- *Liebt Schatten*
- *Höhe bis zu 15 cm*
- *Zeitweise Sonne bis Schatten*
- *Mäßig*

Vinca minor 'Flore Pleno'

Kleines Immergrün

Vinca minor

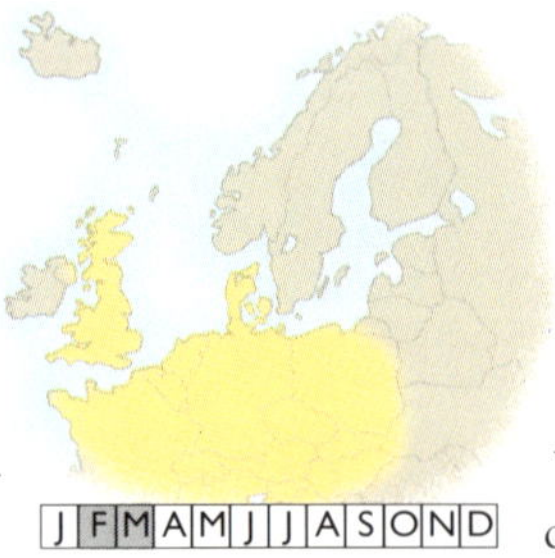

Das Immergrün ist ein niedriger, kriechender Halbstrauch, der gewöhnlich in lichten Wäldern und unter Hecken wächst. Seine Triebe neigen sich nach unten und bewurzeln sich, sodass der Boden dicht bedeckt ist und andere Pflanzen fast erstickt werden.

Mit ihrem immergrünen Laub bringt die Pflanze auch im Winter Farbe in den Garten; sie blüht im Frühjahr. Die radförmigen Blüten sind blau, es existieren aber auch weiße und violette Sorten. Die teilweise unter dem Laub versteckten Blüten sind besser sichtbar, wenn man die Pflanzen im zeitigen Frühjahr zurückschneidet. In freier Natur kommt das Kleine Immergrün nur vereinzelt vor; dort bleibt es niedrig und bietet wenig Schutz für Kleintiere. Im Garten können Igel unter dem Immergrün überwintern.

Das Immergrün gedeiht auf gutem Boden unter Bäumen, aber auch in voller Sonne. In großen Pflanzgruppen wirkt es am besten. Die Vermehrung ist sehr einfach: Entweder teilt man die Pflanzen, oder man trennt die bewurzelten Ausläufer ab und setzt sie an anderer Stelle wieder ein.

STECKBRIEF

- *Immergrüner Bodendecker*
- *Giftig*
- *Höhe 10 cm*
- *Zeitweise Sonne bis Schatten*
- *Mäßig*

Maiglöckchen

Convallaria majalis

In vielen Teilen Europas kommt das Maiglöckchen in Waldgebieten wild vor. Seit Jahrhunderten wird es wegen seiner zarten, wundervoll duftenden Blüten auch als Gartenpflanze geschätzt. Die aus den Blüten extrahierten Duftstoffe finden Verwendung in der Parfümindustrie.

Das Maiglöckchen ist eine anspruchslose Waldpflanze, die sowohl in Laubwäldern als auch an offeneren Standorten gedeiht und auch in Bezug auf den Boden nicht sehr wählerisch ist. Unter günstigen Bedingungen kann das Maiglöckchen jedoch stark wuchern und andere Pflanzen überwachsen. Im Herbst bilden sich am Ende der Rhizome dicke oder dünne Knospen. Aus denen dicken Knospen entstehen im nächsten Jahr die Blütenstände, aus den dünnen die Laubblätter. Wenn man gegen Winterende Rhizome mit dicken Endknospen in einen Topf mit Pflanzerde setzt und diesen an einem kühlen Ort aufstellt, werden nach etwa 14 Tagen die Blüten erscheinen.

Zur Vermehrung trennt man einige Rhizome von der Mutterpflanze ab und pflanzt sie an anderer Stelle wieder ein. Das Maiglöckchen ist eine Giftpflanze – auch die im Herbst reifenden Beeren sind giftig!

STECKBRIEF

- *Stark duftende Blüten*
- *Wuchert*
- *Giftige Früchte*
- *Höhe 20–30 cm*
- *Zeitweise Sonne bis Schatten*
- *Mäßig bis niedrig*

Winterling

Eranthis hyemalis

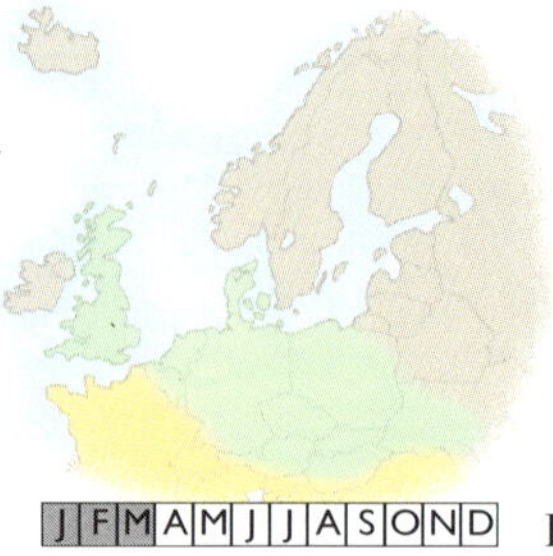

Der Winterling stammt ursprünglich aus dem Balkangebiet, ist aber schon seit Jahrhunderten in Schlossparks und großen Gärten in Kultur. Er verwildert leicht, wird aber nie lästig.

In milden Wintern erscheinen die leuchtenden, goldgelben Blüten oft schon im Januar. Der Winterling ist eine typische Pflanze der Laubwälder – er nutzt die Wintersonne und blüht, solange die Bäume noch kahl sind. Sobald sie ausschlagen, stirbt er oberirdisch ab, und schon Ende Mai können andere Pflanzen seinen Platz einnehmen.

Der Winterling bevorzugt schwere Tonböden und kann im Umkreis von großen Bäumen im Rasen verwildern. In einigen Gärten gedeiht er sehr gut, in anderen überhaupt nicht – die Ursache ist nicht bekannt.

An den Samen des Winterlings sitzen eiweißreiche Happen, die besonders von Ameisen geschätzt werden. Diese tragen die Samen fort und verzehren die Nahrung. Aus den verschleppten Samen entwickeln sich neue Pflanzen.

Die Knollen sind im Herbst erhältlich. Sie dürfen nicht austrocknen und müssen so schnell wie möglich gepflanzt werden.

STECKBRIEF

- *Blüht im Spätwinter*
- *Sät sich aus*
- *Höhe 5–15 cm*
- *Volle Sonne bis Halbschatten*
- *Mäßig*

Lungenkraut

Pulmonaria officinalis

J F M A M J J A S O N D

Das Lungenkraut kommt in weiten Gebieten Europas wild vor; viele Bestände scheinen aber auch von verwilderten Gartenpflanzen abzustammen.

Das Lungenkraut ist eine alte Arzneipflanze, die heute jedoch nur mehr in der Volksmedizin und in der Homöopathie eingesetzt wird. Es wird als Zierpflanze geschätzt, da es besonders in den kühlen, feuchten Frühjahrsmonaten bis zum Juni durch sein schön gezeichnetes, gesundes Laub und seine reiche Blüte auffällt. In den heißen Sommermonaten wirkt die Pflanze unansehnlich und sollte deshalb an einem schattigen Standort unter Gehölzen stehen, damit sie durch andere Pflanzen verdeckt wird.

Die Blüten sind rosarot und werden im Alter blau. Durch Auslese und Kreuzung sind verschiedene Sorten in anderen Farben entstanden – 'Sissinghurst White' ist ein bekanntes Beispiel.

Das Lungenkraut benötigt guten, feuchtigkeitsspeichernden, humosen Boden, gedeiht aber wie viele andere Stauden nicht gut unter Buchen.

Zur Vermehrung teilt man die Pflanzen etwa alle drei Jahre im Frühling oder Herbst.

uneinheitlich ausgebildete Staubblätter und Griffel

weiss geflecktes Blatt

STECKBRIEF

- *Lockt Hummeln an*
- *Gedeiht im Schatten*
- *Höhe bis zu 25 cm*
- *Zeitweise Sonne bis Halbschatten*
- *Mäßig*

Frühlings-Knotenblume *(Leucojum vernum)*

Sommer-Knotenblume

Leucojum aestivum

Knotenblumen stammen ursprünglich aus Mittel- und Südeuropa, doch zwei Arten sind seit langem in ganz Europa in Kultur. Die Frühlings-Knotenblume oder Märzenbecher *(Leucojum vernum)* kommt in manchen Gegenden von Deutschland noch wild vor, ist aber auch aus Gärten und Parks verwildert. Ihre duftenden, glockenförmigen Blüten erscheinen im Frühjahr; gelegentlich finden sie sich noch in großen Beständen.

Die Sommer-Knotenblume blüht gegen Ende des Frühjahrs, bevor das Gras zu hoch wird, um damit zu konkurrieren, und zieht im Hochsommer wieder ein. Die Wildbestände haben stark abgenommen. Beide Arten stehen in Deutschland unter Naturschutz.

Frühlings- und Sommer-Knotenblume sind im Herbst bei Spezialgärtnereien für Zwiebelpflanzen erhältlich. Die Sommer-Knotenblume wirkt im Naturgarten an einem Teich, einem Wassergraben oder Bach besonders attraktiv. Am besten pflanzt man sie in Gruppen und lässt sie verwildern. Sommer-Knotenblumen fühlen sich an feuchten Standorten im Halbschatten wohl. Märzenbecher entwickeln sich häufig dort gut, wo auch Krokus und Schneeglöckchen gedeihen.

STECKBRIEF

- *Zwiebelgewächs für feuchte Standorte*
- *Weiße, hängende Glöckchen*
- *Höhe bis zu 50 cm*
- *Volle Sonne bis Halbschatten*
- *Hoch bis mäßig*

Sommer-Knotenblume

Brauner Storchschnabel

Geranium phaeum

Der Braune Storchschnabel ist eine bekannte Pflanze, die an abgelegenen Stellen und auf halb wilden Beeten vorkommt. Er gedeiht sowohl in voller Sonne als auch im Halbschatten gut, zum Beispiel unter Obstbäumen. Die Blütezeit reicht von Mai bis August, die Hauptblüte liegt im Mai/Juni.

Durch die schöne Blattzeichnung wirkt die Pflanze auch außerhalb der Blütezeit attraktiv. Seit kurzem sind viele neue Sorten mit weißen, blassvioletten und lilafarbenen Blüten auf dem Markt; doch die Wildsorte mit ihren schwarzvioletten Blüten ist für Naturgärten nach wie vor am besten geeignet. Auch verwandte Arten mit helleren Blüten wie *Geranium endressii, G. renardii* und *G. psilostemon* wirken in einem Naturgarten harmonisch.

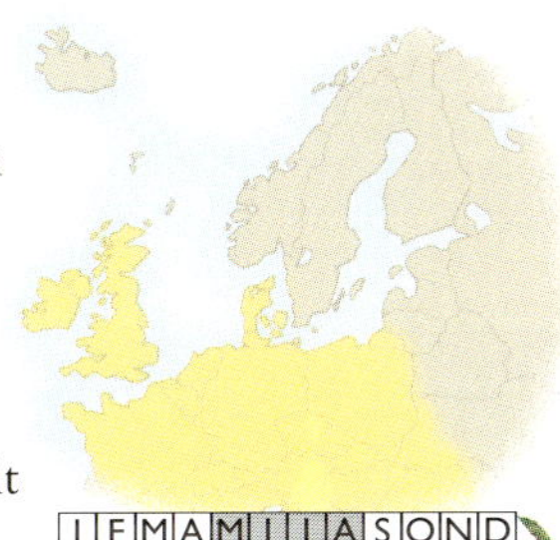

STECKBRIEF

- Lange Blütezeit
- Hübsch gezeichnetes Blatt
- Höhe 40–60 cm
- Volle Sonne bis Halbschatten
- Mäßig

Der Braune Storchschnabel bevorzugt humosen Boden; er kann jahrelang an Ort und Stelle bleiben und vermehrt sich durch Aussaat. Besonders am Waldrand und unter lichten Gehölzen fühlt er sich wohl, ist aber auch für traditionelle Staudenbeete geeignet, wo er hässliche Ecken ausfüllen kann. Vermehrt wird durch Teilung der ausgewachsenen Pflanzen oder Aussaat.

Waldmeister

Galium odoratum

Der Waldmeister besitzt zwar hübsche weiße Blüten, wurde aber ursprünglich eher wegen seines Krauts in Kultur genommen. Dieses verströmt beim Welken und Trocknen einen süßlichen, angenehmen Duft wie frisches Heu. Deshalb wird Waldmeister als Duftpflanze für Wäscheschränke, bei der Parfümherstellung und zur Aromatisierung von Wein und Likören verwendet.

Der Waldmeister ist in ganz Europa heimisch und wächst gewöhnlich in lichten Wäldern, gedeiht aber auch in voller Sonne recht gut, wenn der Standort nicht zu warm ist.

Diese flach wurzelnde Art bevorzugt die humusreiche Laubschicht des Waldbodens. Sie breitet sich durch Ausläufer aus und kann in wenigen Jahren ein großes Areal besiedeln. Waldmeister ist als Zierpflanze für Naturgärten und als Gewürzkraut geeignet. Nach der Blüte kann ein Teil der Triebe abgeschnitten und getrocknet werden; die Pflanze nimmt dadurch keinen Schaden.

Waldmeister gedeiht jahrelang am selben Standort, kann aber auch durch Teilung vermehrt werden. Die zahlreichen Blüten ziehen Schmetterlinge und andere Insekten an.

STECKBRIEF

- *Reiche Blüte im Frühjahr*
- *Bodendecker*
- *Nektarpflanze für Bienen*
- *Höhe 15–30 cm*
- *Halbschatten bis Schatten*
- *Mäßig bis niedrig*

■ Spanisches Hasenglöckchen I (*Hyacinthoides hispanica*)

Gemeines Hasenglöckchen

Hyacinthoides non-scripta

J F M A M J J A S O N D

Das Hasenglöckchen ist eine atlantische Art, die in Nordfrankreich, Belgien, in Teilen von England und Irland verbreitet, in Deutschland aber sehr selten ist. In einigen Gegenden Südenglands verwandelt sich der Waldboden im Mai in ein blaues Meer von Hasenglöckchen. Das größere und auffälligere Spanische Hasenglöckchen (*Hyacinthoides hispanica*) existiert auch in verschiedenen Kultursorten. Beide Arten werden seit Jahrhunderten im Garten angepflanzt und sind gelegentlich verwildert.

Das Gemeine Hasenglöckchen bevorzugt leicht schattige Standorte mit humosem Boden. Es entwickelt sich am besten, wenn der Boden nicht zu trocken ist, und bildet unter solchen Bedingungen sehr viele Samen. Wenn diese auskeimen, können nach einigen Jahren große Bestände entstehen. Der gelegentlich an Blättern auftretende Rostpilz nimmt niemals katastrophale Ausmaße an.

Bodenbearbeitung schadet den Zwiebeln nicht – sie scheinen sogar davon zu profitieren. Besonders das Gemeine Hasenglöckchen kann gelegentlich massenhaft verwildern. Doch seine schönen blauen Blüten im Frühjahr machen jeden Ärger wett.

STECKBRIEF

- ■ *Zahlreiche blaue Blüten*
- ■ *Verwildert leicht*
- ■ *Höhe bis zu 40 cm*
- ✹ *Halbschatten bis Schatten*
- 💧 *Mäßig bis niedrig*

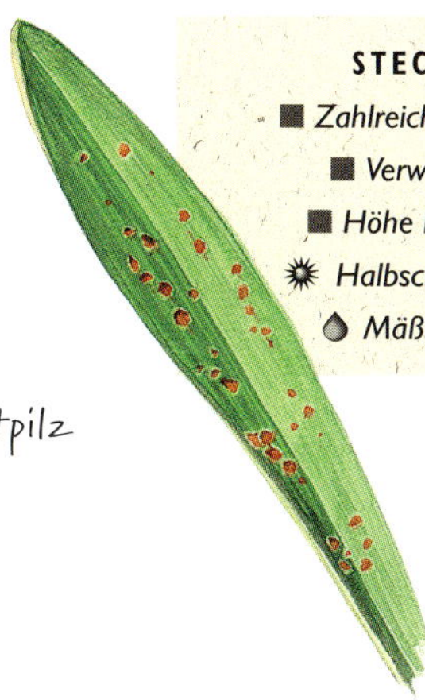

Kornrade

Agrostemma githago

Wie viele Arten ist die Kornrade als blinder Passagier nach Mitteleuropa gelangt; sie ist vermutlich mit Saatgut aus dem Mittelmeergebiet eingeschleppt worden. Früher wuchs sie in Getreidefeldern und war wegen der giftigen Samen ein gefürchtetes Ackerunkraut; wenn das Erntegut mit zu viel Kornrade verunreinigt war, konnten starke Vergiftungserscheinungen auftreten. Heutzutage kommt die Kornrade nur mehr selten vor. Da sie reichlich blüht und sich problemlos kultivieren lässt, wird sie jedoch als Gartenpflanze zunehmend beliebter und ist häufig in Samenmischungen für Wildblumen und so genannte Ackerwildkräuter enthalten. Man sät die Samen im Frühjahr in leicht gerechten Boden aus. Bei Herbstaussaat keimen die Samen im Spätwinter, und die Pflanzen blühen manchmal schon Ende April.

Die Knospen öffnen sich zu flachen, radförmigen Blüten, die in verschiedensten Schattierungen von rotviolett, rosa, lila und weiß vorkommen; die Blütezeit dauert bis in den Spätsommer.

STECKBRIEF

- *Einjähriges Ackerunkraut*
- *Giftige Samen*
- *Höhe bis zu 80 cm*
- *Zeitweise Sonne bis Halbschatten*
- *Mäßig*

Klatschmohn

Papaver rhoeas

Durch die modernen Methoden der Saatgutreinigung und Unkrautbekämpfung ist der Klatschmohn auf Äckern selten geworden. Stattdessen schmückt er heutzutage Böschungen und Straßenränder mit einem roten Saum: Wenn der Boden an solchen Stellen nach langer Zeit bearbeitet wird, erscheint auf einmal massenhaft Klatschmohn. Das liegt daran, dass der Samen jahrelang keimfähig ist und bei passenden Bedingungen auskeimt.

Der Klatschmohn kommt in Garten am besten gemeinsam mit anderen Einjährigen oder mit Gräsern zur Entfaltung. Man kann Samenmischungen mit Mohnsamen kaufen oder sich seine eigene Mischung zusammenstellen, die beispielsweise Kornblumen, Kamille und etwas Ryegras enthält. Diese Mischung kann im zeitigen Frühjahr oder im Spätwinter ausgesät werden.

Der Klatschmohn ist leider als Schnittblume ungeeignet, da die Blütenblätter sehr schnell abfallen. Er ist für das Vieh giftig, aber die Vögel verzehren die Samen gerne. Mittlerweile gibt es auch Züchtungen in anderen Blütenfarben.

Feldsperlinge

STECKBRIEF

- Sehr auffällige Blüten
- Samen jahrelang keimfähig
- Höhe 25–80 cm
- Volle Sonne bis Halbschatten
- Niedrig

■ *Lilium bulbiferum ssp. bulbiferum*

Feuerlilie

Lilium bulbiferum

J F M A M J J A S O N D

Lilien werden zu Tausenden von Spezialbetrieben kommerziell angebaut. Hierbei handelt es sich jedoch um Züchtungen, die mit den früher in Europa verbreiteten Wildarten wenig gemein haben. Nur gelegentlich werden die jetzt seltene Türkenbundlilie (*Lilium martagon*) und auch die Feuerlilie, die bis vor kurzem vom Aussterben bedroht war, angeboten.

Im Gegensatz zu den meisten Ackerunkräutern, die aus Samen vermehrt werden, ist die Feuerlilie eine Zwiebelpflanze. Sie pflanzt sich über die kleinen Brutzwiebeln fort, die über der alten Zwiebel stehen. Diese Zwiebeln sind gegen normale Bodenbearbeitung unempfindlich und werden dadurch sogar im Feld verteilt, sodass sie nicht miteinander konkurrieren. Die modernen Tiefpflüge sind jedoch sehr schädlich für die Feuerlilie, da die Zwiebeln zu stark untergepflügt werden.

Mit ihren großen, orangefarbenen Blüten ist die Feuerlilie eine Bereicherung für jeden Garten. Sie passt sich an die meisten Bodentypen und Standorte an. Sie kann in Staudenbeeten wachsen oder auch gemeinsam mit anderen Lilien und Begleitpflanzen wie Venusspiegel, Kamille, Klatschmohn und Kornblumen ein farbenfrohes „Lilienfeld“ bilden. Leider können das Lilienhähnchen (eine rote Käferart) und auch seine Larven die Lilien völlig kahlfressen.

STECKBRIEF

■ *Seltene Lilie*

■ *Brutzwiebeln am unterirdischen Stängelabschnitt*

■ *Höhe bis zu 100 cm*

✹ *Volle Sonne bis Halbschatten*

💧 *Mäßig*

Brutzwiebeln

Gemeiner Venusspiegel

Legousia speculum-veneris

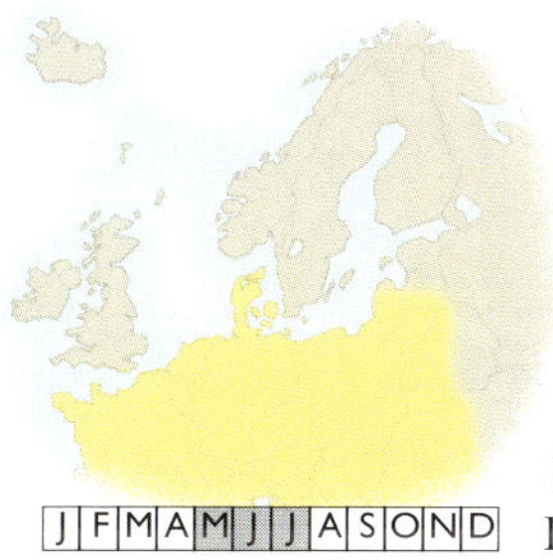

Viele Ackerunkräuter sind durch chemische Unkrautbekämpfung, Kunstdünger und Tiefpflüge von der Ausrottung bedroht gewesen. Auch der Gemeine Venusspiegel gehörte in diese Kategorie. Wegen mangelnder Nachfrage wurde er zusätzlich aus den Samenkatalogen herausgenommen und war nur mehr für einige engagierte Wildblumen-Liebhaber ein Begriff. Verschiedene Saatgutfirmen führen die Pflanze heute wieder im Sortiment.

Die violetten, radförmig ausgebreiteten Blüten besitzen auffällige Staubblätter. Im Garten kann der Venusspiegel gemeinsam mit Ackerunkräutern oder Wildblumen wachsen. Die einjährige Pflanze wird etwa 30 cm hoch, wenn sie zwischen anderen Pflanzen steht. Als Einzelexemplar bleibt sie jedoch niedriger und blüht wesentlich üppiger, obwohl sie eine typische Pflanze der Getreidefelder ist.

Die Samen können im Frühjahr auf fein gerechtem Boden ausgesät werden. Ebenso gut ist es möglich, die Pflanzen vorzuziehen und anschließend im Garten auszupflanzen. An Stellen, wo das Erdreich umgegraben wird, keimen die im Vorjahr ausgefallenen Samen im Frühjahr spontan aus. Am besten hebt man eine kleine Samenmenge für das nächste Jahr auf.

Sommerblüte

STECKBRIEF

- *Zarte Pflanze*
- *Zahlreiche violette Blüten*
- *Höhe 30 cm*
- *Volle Sonne bis Halbschatten*
- *Mäßig bis niedrig*

Asteraceae: Korbblütler · Einjährig

Kornblume

Centaurea cyanus

J F M A M J J A S O N D

Schon vor langer Zeit hat die Kornblume ihren Platz im Kornfeld gegen einen Gartenplatz eingetauscht. Heute sieht man sie in Getreidefeldern nur noch selten.

Kornblumen sind ein- bis zweijährige Pflanzen, die auf Beeten zusammen mit anderen Einjährigen, in gemischten Pflanzungen und auf Äckern verwendet werden können. Im Getreidefeld bildet die Pflanze relativ wenige Blütenstängel, doch bei freiem Stand kann sie sehr üppig blühen. Die schönen Blütenköpfe bestehen aus vielen Einzelblüten; für Form und Farbe sind die blauen Zungenblüten am Rand des Blütenstandes verantwortlich. Man kann Kornblumen problemlos durch Samen vermehren, der im zeitigen Frühjahr ausgesät wird. Wenn man die Pflanzen in Töpfen vorzieht und anschließend auspflanzt, blühen sie früher.

Kornblumen sind haltbare Schnittblumen. Die Pflanzenzüchtung hat Sorten mit weißen, rosafarbenen und roten Blüten hervorgebracht; Liebhaber von Wildpflanzen empfinden das aber nicht als Fortschritt.

Gemeinsam mit anderen blau blühenden Pflanzen bildet die Kornblume eine attraktive Bienenweide.

Knospe

blaue Kornblume

STECKBRIEF

- Reiche Blüte
- Gute Schnittblume
- Höhe 30–60 cm
- *Volle Sonne bis Halbschatten*
- *Mäßig bis niedrig*

Strand-Kamille (*Matricaria perforata*)

Echte Kamille

Chamomilla recutita **syn.** Matricaria recutica

Diese einjährige Arzneipflanze wächst in Getreidefeldern und an Wegrainen. In manchen Ländern wird sie für die pharmazeutische Industrie angebaut. Kamille wird unter anderem als aromatischer und reinigender Tee zubereitet, sie wirkt krampflösend und entzündungshemmend.

Die Pflanze gedeiht auf den meisten Bodentypen und an vielen Standorten: auf offenen Flächen, an Straßenrändern und Hecken und in verwilderten Gärten. Im Garten kann man die Echte Kamille in offenen Bereichen und gemischten Pflanzungen verwenden. Es reicht, im Frühjahr etwas Samen auszubringen. Kamille ist auch eine gute Schnittblume.

Die Blüten der Echten Kamille ähneln Gänseblümchen: weiße Zungenblüten und gelbe Röhrenblüten. Die Strand-Kamille (*Matricaria perforata*) ist der Echten sehr ähnlich, doch die Basis des Blütenbodens ist flach, während sie bei der Echten Kamille gewölbt ist.

Eine weitere aromatisch duftende Art ist die Strahlenlose Kamille (*Chamomilla suaveolens*), die grünlich gelbe, halbkugelige Blütenköpfe besitzt, meist ohne Zungenblüten.

J F M A M J J A S O N D

STECKBRIEF

- *Arzneipflanze*
- *Leicht zu kultivieren*
- *Höhe 10–60 cm*
- *Volle Sonne*
- *Mäßig bis niedrig*

Johannis- und Stachelbeeren

Ribes *spec.*

Verschiedenste *Ribes*-Arten werden wegen ihrer schmackhaften Früchte angebaut, die man für Konfitüren, Fruchtsäfte und Kompott verwenden kann. Die Wildarten sind in Europa heimisch, doch die heute verbreiteten Kultursorten wurden durch die Züchtung sehr stark abgewandelt.

Häufig findet man verwilderte Johannisbeerbüsche in großen Obstgärten auf dem Land und in Naturgärten. Die Früchte werden von Vögeln verzehrt und die Samen durch den Vogelkot verbreitet, so dass neue Pflanzen entstehen. Vermehrt wird, indem man im Winter etwa 30 cm lange Stecklinge schneidet und diese etwa 10 cm tief in den Boden steckt. *Ribes*-Arten gedeihen in voller Sonne ebenso wie im Schatten von Bäumen oder Gebäuden; sie können als lockere Hecke oder als Hintergrund für Einjährige und Stauden dienen.

Die Blüte dieser Beerensträucher ist nicht auffällig, kann aber Bienen und andere Bestäuber anlocken. Das dichte Gebüsch dient als Nistplatz für Singvögel und als Unterschlupf für Kleintiere.

STECKBRIEF

- *Essbare Früchte*
- *Nistplatz für Singvögel*
- *Höhe bis zu 1,80 m*
- *Halbschatten bis Schatten*
- *Mäßig*

Viburnum opulus 'Compactum'

Gemeiner Schneeball

Viburnum opulus

Der Gemeine Schneeball wächst in ganz Europa wild in Wäldern und an Bächen. Der Strauch mit seinen großen, dunkelgrünen Blättern wird aber auch häufig in anspruchslosen öffentlichen Grünanlagen verwendet, zum Beispiel entlang der Autobahnen. Im Frühjahr erscheinen weiße Blüten, gefolgt von roten Früchten im Herbst. Diese sehen verlockend aus, sind jedoch in frischem Zustand giftig. Die meisten Vögel verschmähen sie, Drosseln verzehren sie nach dem Frost. Ein Liebhaber der Schneeball-Früchte ist der Seidenschwanz.

J F M A M J J A S O N D

Der Gemeine Schneeball bevorzugt nicht zu trockene Standorte und toleriert etwas Schatten. Er ist bestens als Sicht- oder Windschutz für große Gärten geeignet. In kleinen Gärten muss man aufpassen, dass er nicht zu dominant wird, da er robust wächst. Der Schneeball lässt sich problemlos zurückschneiden, bildet aber im nächsten Jahr sehr viele neue Triebe. Die Vermehrung durch Stecklinge ist ziemlich langwierig.

Seidenschwanz ♂
(seltener Wintergast)

STECKBRIEF

- *Früchte locken Vögel an*
- *Als Sichtschutz geeignet*
- *Höhe bis zu 3,50 m*
- *Zeitweise Sonne bis Halbschatten*
- *Hoch bis mäßig*

Taxaceae: Eibengewächse — Großer Strauch bis kleiner Baum

Eibe

Taxus baccata

Unter den Nadelhölzern ist die Eibe eine Besonderheit, denn sie bildet keine Zapfen, sondern eine Art Beere. Sie war einst in ganz Europa heimisch, wurde fast ausgerottet. Die Bestände haben sich etwas erholt; in Deutschland kommt sie hauptsächlich in den Alpen und im Alpenvorland wild vor. Am besten gedeiht die Eibe auf humosen Sandböden, ferner auf Lehm- und nicht zu schweren Tonböden. Im Gebirge wächst sie auch auf Geröllhalden.

Alle Teile der Eibe sind äußerst giftig (besonders für das Vieh); nur der fleischige Samenmantel, der gerne von Vögeln und Kleinsäugern gefressen wird, ist harmlos. Die giftigen Samen werden nicht verdaut, sondern mit dem Kot ausgeschieden und verbreitet.

Damit eine weibliche Pflanze Früchte bilden kann, muss eine männliche in der Nähe stehen. Die männlichen Exemplare bilden während der Blütezeit sehr viel Pollen. Bemerkenswert ist auch das äußerst harte Holz mit schöner Maserung.

Die Eibe kann durch Stecklinge oder durch Aussaat vermehrt werden. Sie wächst sehr langsam, kann gut in Form geschnitten werden und leidet kaum unter Krankheiten.

STECKBRIEF

- *Immergrüner Nadelbaum*
- *Sehr giftig, nicht neben Viehweiden pflanzen*
- *Höhe bis zu 18 m*
- *Halbschatten bis Schatten*
- *Mäßig bis niedrig*

Kleiber ♀

Corylus maxima 'Purpurea'

Haselnuss

Corylus avellana

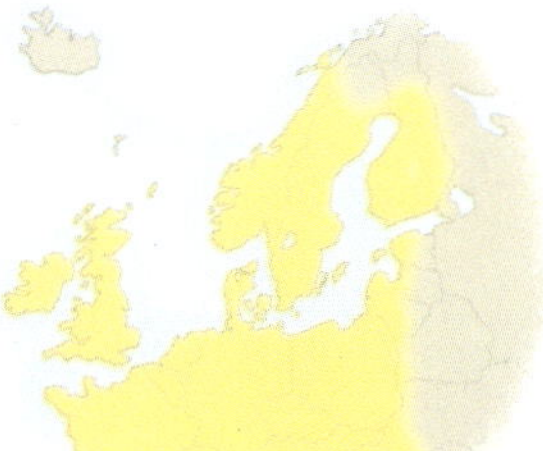

J F M A M J J A S O N D

Haselsträucher gedeihen auf gutem, nährstoffreichem Boden in Laubwäldern. Sie bildet direkt aus dem Wurzelstock lange, schlanke Äste. Mit ihrer Gestalt passt sie am besten in große Gärten.

Haselsträucher werden häufig wegen ihrer frühen Blüte gepflanzt. Im Spätwinter erscheinen die männlichen Kätzchen; der in großen Mengen gebildete Blütenstaub wird durch den Wind verbreitet. Die weiblichen Blüten, aus denen später die Nüsse entstehen, sind rot und sehr klein. Eichelhäher, Eichhörnchen und Mäuse sammeln die Nüsse als Wintervorrat. Vögel wie der Kernbeißer brechen die Nüsse einfach auf. Haselsträucher gedeihen gut im Schatten und können mit frühjahrsblühenden Zwiebelgewächsen unterpflanzt werden. Aus Südeuropa stammt die Lambertsnuss (*Corylus maxima*). Die Sorte 'Purpurea' wird wegen ihres schönen, dunklen Laubes im Garten geschätzt.

Haselsträucher müssen auf besondere Art gestutzt werden, um ihre anmutige Form zu bewahren: Alte Äste, die zu lang geworden sind, müssen unten an der Basis abgesägt werden; dort entstehen die neuen Triebe. Auf diese Weise sollte man den Strauch alle drei bis vier Jahre verjüngen.

Kernbeisser ♂

STECKBRIEF

- *Blüht im Spätwinter*
- *Essbare Früchte*
- *Höhe bis zu 6 m*
- *Halbschatten bis Schatten*
- *Mäßig*

Schachbrettblume (*Fritillaria meleagris*, links), Dolden-Milchstern (*Ornithogalum umbellatum*, rechts)

Weitere Arten

	Name	Blütenfarbe	Höhe	Blütezeit / Besonderheiten
EINJÄHRIG	Saat-Wucherblume *Chrysanthemum segetum*	gelb	30–75 cm	Juni–Sept. / Ackerpflanze; gute Schnittblume; lockt Hummeln an
	Gewöhnlicher Erdrauch *Fumaria officinalis*	rosa	20–70 cm	April–Sept. / Ackerpflanze; bei Turteltauben beliebt
STAUDEN	Gewöhnliche Akelei *Aquilegia vulgaris*	blauviolett	50–60 cm	Mai–Juni / giftig; auffällige blaue Blüten; viele Sorten in etlichen Farben
	Stängellose Schlüsselblume *Primula vulgaris*	gelb	10 cm	März–Mai / braucht Schatten, Boden nicht zu trocken; als Frühlingsblume überall beliebt
ZWIEBELPFLANZEN	Wild-Tulpe *Tulipa sylvestris*	gelb	40 cm	April / Exemplare blühen unterschiedlich; stark duftend
	Dolden-Milchstern *Ornithogalum umbellatum*	weiß	20–30 cm	April–Mai / niedrige Mehrjährige; Blüten öffnen sich nur bei Sonnenschein vollständig
	Schachbrettblume *Fritillaria meleagris*	purpur + weiß gefleckt	20–40 cm	Ende April / für feuchte Standorte
	Herbstzeitlose *Colchicum autumnale*	lila	30 cm	Aug.–Sept. / Laub erscheint im Frühjahr; sehr giftig
	Gemeiner Gelbstern *Gagea lutea*	gelb	20 cm	April–Juni / schön in großen Gruppen

Steinige Standorte

PFLANZEN *für* STEINIGE STANDORTE

Aus der Not eine Tugend gemacht

Pflanzen an Standorten mit steinigem und sehr durchlässigem Untergrund wachsen scheinbar unter schwierigsten Bedingungen, in denen sie gerade noch überleben können. In Wirklichkeit fühlen sie sich unter diesen Umständen wohl: Die hier heimischem Pflanzen sind an die meist dünne, humusarme Erdschicht angepasst. Sie gedeihen gut in trockenem Klima, und es ist wichtig, dass sie im Herbst vollständig ausreifen können, um die nassen, kalten Wintermonate zu überstehen. Wenn man solche Arten in nährstoffreiche, humose Erde pflanzt, erweist man ihnen keinen Dienst, sondern begünstigt eher, dass sie im Winter absterben.

In ganz Europa gibt es Gebirgsgegenden und Regionen mit geringen Niederschlägen oder sehr durchlässigem Boden. Auch in Gebieten mit wenig natürlichem Fels wie in Norddeutschland wachsen verschiedenste Steingartenpflanzen. Allerdings machen sie dort aus der Not eine Tugend und wachsen auf künstlichen Felsen, die der Mensch geschaffen hat: Häuser, Mauern und steinige Uferbefestigungen.

In der Regel bleiben diese Arten eher klein und blühen sehr reich. Für diese Pflanzen ist das eine Notwendigkeit, da nur wenige Samen an Stellen gelangen, wo sie auch auskeimen können.

Auch ihre Größe ist eine Anpassung an den Standort, wo häufig starke Winde herrschen. Diese würden hohen Pflanzen viel mehr zusetzen als kleinen, die sich an den Fels schmiegen. Die Polsterform einiger Arten stellt eine Anpassung an extreme Temperaturdifferenzen dar: Tagsüber kann sich die Südseite einer Felswand so stark erhitzen, dass man sie kaum berühren kann, während es nachts sogar im Sommer bis auf Gefrierpunktnähe abkühlen kann. Die Luft im Inneren des Polsters bildet eine eigene Isolationsschicht.

Es ist nicht unbedingt notwendig, einen Steingarten anzulegen, um solche Pflanzen zu kultivieren. Kräftigere Felspflanzen können zwischen den Steinen einer Stützmauer oder zwischen dem Terrassenpflaster gedeihen. Wenn man einen eigenen Bereich für seltenere Arten schaffen möchte, kann man einen Schutthügel aus Recyclingmaterial errichten, zum Beispiel aus alten Ziegeln oder zerbrochenen Ziegelsteinen, und die Pflanzen in die Zwischenräume setzen. Bei solchen Konstruktionen wie auch im Steingarten muss das Baumaterial relativ porös sein und sich problemlos aufeinander schichten lassen. Das beste Substrat ist sandiger Lehm oder eine eigens hergestellte Mischung aus Lehm, Sand und Steinsplitt; sie darf kaum Humus enthalten.

Wenn man die Zwischenräume bepflanzt, sollte man junge, abgehärtete Pflanzen mit kleinem Wurzelballen verwenden. Diese bewältigen den Übergang vom Topf zum raueren Freilandstandort am besten.

Sandnelke (*Dianthus arenarius*)

Nelken

Dianthus *spec.*

Nelken sind im Allgemeinen sehr reichblütig und duften wunderbar. Die meisten europäischen Wildarten der Gattung *Dianthus* sind seit langem in Kultur und gelegentlich verwildert. Die Federnelke (*D. plumarius*), eine bekannte Art aus Mitteleuropa, besitzt stark duftende, weiße oder leuchtend rosafarbene Blüten und blaugrünes Laub. Von ihr sind verschiedenste Sorten im Gartencenter erhältlich.

J F M A M J J A S O N D

Auch die Prachtnelke (*D. superbus*), die kleinere Sandnelke (*D. arenarius*) und die Dolomit-Nelke (*D. monspessulanus*) sind mittlerweile verbreitete Gartenpflanzen und in Sorten verfügbar. Die Blütenstängel dieser Arten sind nicht besonders kräftig, wodurch die Blüten scheinbar wie ein Blumenstrauß über und zwischen den Blättern stehen.

Dagegen besitzen die Raue Nelke (*D. armeria*), die Bartnelke (*D. barbatus*) und die Gewöhnliche Karthäuser-Nelke (*D. carthusianorum*) robuste Blütenstängel, die kompakte Blütenbüschel tragen. Diese Arten sind am besten für trockene Wiesen geeignet.

Nelken gehören zu den Felspflanzen mit den einfachsten Kulturansprüchen. Sie säen sich spontan aus und kreuzen sich gelegentlich. Vermehrt wird durch Aussaat oder Stecklinge.

Karthäuser-Nelke

STECKBRIEF

- *Ziehen Schmetterlinge an*
- *Herrlicher Duft*
- *Höhe bis zu 45 cm*
- *Volle Sonne*
- *Niedrig*

Gelber Lerchensporn

Corydalis lutea

Der Gelbe Lerchensporn ist eine Felspflanze, welche die „künstlichen Felsen" der Städte erobert hat. Ursprünglich ist er in Südeuropa an schattigen, nicht zu trockenen Felsstandorten heimisch. Ein kleiner Felsspalt reicht, damit ein Samen sich zur ausgewachsenen Pflanze entwickeln kann. Da die Samen ein eiweißreiches, von Ameisen geschätztes Anhängsel (so genanntes Elaiosom) besitzen, werden sie von diesen verschleppt und im Garten verbreitet.

J F M A M J J A S O N D

Der Gelbe Lerchensporn kann sich im Steingarten oder an einer alten, schattigen Mauer stark ausbreiten und andere Pflanzen überwuchern. Um ihn unter Kontrolle zu halten, müssen größere Exemplare ständig entfernt werden. Es ist fast unmöglich, ältere Pflanzen, die in Mauerwerk oder Felsspalten wachsen, vollständig auszujäten; sie brechen an der Wurzel ab und wachsen innerhalb weniger Wochen wieder nach.

Wenn man einen Steingarten mit seltenen alpinen Pflanzen besitzt, sollte man den Gelben Lerchensporn dort besser nicht ansiedeln.

STECKBRIEF

- *Lange Blütezeit*
- *Wuchert*
- *Höhe bis zu 40 cm*
- *Halbschatten bis Schatten*
- *Mäßig bis niedrig*

Feld-Thymian

Thymus serpyllum

Der Matten bildende Feld-Thymian duftet bei Berührung aromatisch, aber nicht so intensiv wie der verwandte Garten-Thymian (*Thymus vulgaris*). Der Feld-Thymian kommt in freier Natur an Felsstandorten, aber auch an anderen sonnigen Plätzen vor, beispielsweise an trockenen Böschungen und sogar in Dünengebieten. Wichtigste Standortvoraussetzung ist durchlässiger Boden. So überleben nach nassen, kalten Wintern meistens die Triebe, die über steinigen Untergrund wachsen, während die auf dem Erdreich liegenden häufig absterben.

Am besten pflanzt man den Feld-Thymian zwischen Pflastersteinen oder in den Spalten einer Stützmauer. Wenn nur einige Pflanzen das erste Jahr überleben, kommen im nächsten überall Sämlinge zum Vorschein.

Der Garten-Thymian verholzt und bildet kleine, bis zu 30 cm hohe Sträucher. Das bekannte Gewürzkraut bevorzugt einen durchlässigen Standort in voller Sonne. Thymian ist eine gute Schmetterlingspflanze. Besonders der Große Fleckenbläuling wird angelockt und legt seine Eier auf der Pflanze ab.

STECKBRIEF

- Bodendecker
- Aromatisch
- Höhe 5–10 cm
- Volle Sonne
- Mäßig

Common rock-rose cvrs

Gewöhnliches Sonnenröschen

Helianthemum nummularium

J F M A M J J A S O N D

Die lange Blütezeit des Sonnenröschens reicht von Frühjahr bis Herbst. Während dieser Zeit ist es mit leuchtend gelben, offenen Blüten bedeckt. Der niedrige Halbstrauch lässt sich problemlos kultivieren; er gedeiht an sehr trockenen Standorten wie auch auf sandigen Böschungen.

Man kann die Pflanzen durch Aussaat vermehren; am einfachsten nimmt man jedoch im Juli oder August Stecklinge. Die bewurzelten Jungpflanzen können dann im nächsten Frühjahr ausgepflanzt werden. Um eine eindrucksvolle Wirkung zu erzielen, sollte man gruppenweise viele Exemplare pflanzen. Auch Kultursorten mit roten, rosa- und lachsfarbenen sowie gefleckten und gefüllten Blüten sind im Handel.

Sonnenröschen werden in freier Natur gerne von Bienen besucht. Die Kultursorten sind für sie nicht so attraktiv – ein Argument mehr für die Wildsorte. Die Unterart *Helianthemum nummularium* ssp. *oelandicum* bleibt wesentlich niedriger und besitzt buttergelbe Blüten.

STECKBRIEF

- *Für sehr trockene Standorte*
- *Lockt Bienen an*
- *Höhe 10–40 cm*
- *Volle Sonne*
- *Niedrig*

Campanula portenschlagiana

Glockenblumen

Campanula spec.

J F M A M J J A S O N D

Die Gattung *Campanula* ist groß und vielfältig. Sie umfasst sehr kleine Arten, aber auch solche, die über einen Meter hoch werden. Aus den Alpen, vom Balkan und aus der Türkei stammen einige sehr schöne, gelegentlich aber auch anspruchsvolle Steingartenpflanzen. Andere Arten wie die Acker-Glockenblume (*C. rapunculoides*), die zum lästigen Unkraut werden kann, sind im Garten nicht so erwünscht.

Die Rundblättrige Glockenblume (*C. rotundifolia*) ist problemlos zu kultivieren. Obwohl sie nicht wirklich wuchert, kann sie sich zwischen anderen Pflanzen ausbreiten und ist dort schwer zu entfernen. Auf offenen Flächen und in Felsritzen wird sie 25–30 cm hoch, zwischen hohem Gras und anderen Stauden kann sie jedoch 60 cm erreichen, da sie sich zum Licht strecken muss.

Diese Art lässt sich im Garten an verschiedensten Plätzen verwenden, solange der Boden gut durchlässig ist. So kann sie beispielsweise zwischen den Steinen eines grob gepflasterten Weges, in den Spalten einer Stützmauer oder in etwas größeren Steingärten wachsen.

Die Kleine Glockenblume (*C. cochleariifolia*) ist am besten für kleinere Steingärten geeignet. Sie ist Teppich bildend und trägt auf drahtigen Stängeln 1 cm große Blüten. Eine der besten Arten für einen felsigen Standort ist *C. portenschlagiana*, die üppig blüht und sich häufig spontan auf Mauern ansiedelt.

STECKBRIEF

- *Blüten meist blau*
- *Einige Arten wuchern*
- *Höhe bis zu 100 cm*
- *Volle Sonne*
- *Mäßig bis niedrig*

Campanula cochleariifolia

Mandel-Wolfsmilch

Euphorbia amygdaloides

Die Mandel-Wolfsmilch wächst gewöhnlich an Waldrändern und in lichtem Gebüsch, gedeiht aber auch an offeneren Standorten. Sie wird gerne im Garten gezogen, häufig wegen ihrer frühen Blüte im April. Außerdem trägt die Pflanze ganzjährig dunkel- bis rötlich grüne Blätter.

Die Mandel-Wolfsmilch toleriert leichten Schatten. Wenn sie an einem sonnigen, gut dränierten Standort gepflanzt wird, ist die Färbung aber wesentlich intensiver und die Pflanze kompakter.

Containerpflanzen besitzen gewöhnlich nur kurze Lebensdauer; Sämlinge, die spontan erscheinen, sind viel widerstandsfähiger. Zwei weitere Wolfsmilch-Arten sind für steinige Standorte geeignet: die Zypressen-Wolfsmilch (*Euphorbia cyparissias*), eine Pflanze mit schmalen Blättern und kriechenden Wurzeln, die innerhalb kürzester Zeit große Flächen bedecken kann, sowie die Walzen-Wolfsmilch (*E. myrsinites*) mit dicken, blaugrünen Blättern und Stängeln, die locker überhängen. Beide Arten bevorzugen trockene, sonnige Standorte.

Gelegentlich kommt an sonnigen Hängen der Wolfsmilchschwärmer auf Euphorbien vor.

STECKBRIEF

- *Immergrün; frühe Blüte*
- *Gesamte Pflanze giftig*
- *Höhe 40–90 cm*
- *Volle Sonne*
- *Mäßig bis niedrig*

Gewöhnliche Akelei

Aquilegia vulgaris

Häufig findet man die Akelei in den verwilderten Gärten alter Bauernhöfe. Diese Art ist ziemlich vielgestaltig und kreuzt sich leicht mit anderen Formen. Gewöhnlich sind die Blüten violett, es gibt aber auch weiße oder rosafarbene Exemplare. Das Auffälligste an den Blüten sind die fünf langen, rückwärts gerichteten Sporne der Nektarblätter. Schmetterlinge können den Nektar darin erreichen, Bienen, deren Mundwerkzeuge zu kurz sind, beißen stattdessen ein Loch in den Sporn, um an den Nektar zu gelangen.

Die Akelei lässt sich sehr einfach kultivieren und gedeiht genauso gut in voller Sonne oder an sehr trockenen Standorten wie im Halbschatten und unter Gehölzen. Die besten Pflanzen erscheinen im Garten an Plätzen, wo sie sich selbst ausgesät haben. Deshalb ist die Akelei für Naturgärten, in denen Pflanzen sich mehr oder weniger selbst überlassen bleiben, besonders geeignet. Wie viele Hahnenfußgewächse ist auch die Akelei giftig.

Grünader-Weissling

STECKBRIEF

- Reiche Blüte; problemlos zu kultivieren
- Gute Schnittblume
- Höhe bis zu 80 cm
- Halbschatten bis Schatten
- Mäßig

Berg-Sandkraut

Arenaria montana

J F M A M J J A S O N D

Das Berg-Sandkraut ist die bekannteste Art der Gattung *Arenaria*. Es lässt sich problemlos kultivieren, blüht reichlich und bildet mit der Zeit dichte grüne Teppiche, die kaum von Unkraut durchwachsen werden können.

In der freien Natur wächst das Berg-Sandkraut an Waldrändern. Es blüht nur selten üppig, und auch die Wuchsform ist eher schlaff und uninteressant. Wenn man die Art aber im Garten an einen sonnigen Standort zwischen Felsen pflanzt, bietet sich ein anderes Bild: Dort bildet sie viele Blüten, wächst kräftig und kompakt. Der Unterschied kommt zustande, weil sie am Naturstandort meistens inmitten von Gras wächst, das ihnen Licht und Nahrung streitig macht; im Garten kann der Mensch diesen Wettbewerb weitgehend ausschalten. *Arenaria montana* ist anspruchslos und besonders für größere Steingärten oder für die Krone von Stützmauern geeignet. Die Triebe kriechen zwischen den Steinen, bewurzeln sich und bilden schließlich ein Polster. *A. serpyllifolia*, das Quendelblättrige Sandkraut, ist eine einjährige Pflanze mit noch lockererem Wuchs. Vermehrt wird durch Teilung, Stecklinge oder Aussaat.

STECKBRIEF

- *Besonders reiche Blüte*
- *Ausbreitung durch bewurzelte Triebe*
- *Höhe etwa 30 cm*
- *Volle Sonne*
- *Mäßig bis niedrig*

Filzige Schafgarbe

Achillea tomentosa

Die äußere Gestalt dieser Pflanze gibt einen Hinweis auf ihren natürlichen Standort: Blätter und Stängel sind dicht mit weißen Wollhaaren besetzt, sodass die Blätter scheinbar zusammenkleben – eine Anpassung an heiße, trockene Gegenden. Die Filzige Schafgarbe ist hauptsächlich in Südeuropa verbreitet und wächst dort an Trockenhängen und auf Felsen. In solchen Lebensräumen muss die Pflanze mit dem verfügbaren Wasser gut haushalten und Wasserverluste vermeiden; durch die Behaarung wird die Verdunstung auf ein Minimum herabgesetzt.

Die Filzige Schafgarbe lässt sich im Garten an Trockenmauern, im Steingarten oder an sandigen oder sehr gut dränierten Standorten verwenden. Man kann sie auch zwischen das Terrassenpflaster oder an eine sandige Böschung pflanzen. Die goldgelben Blüten stehen in flachen Blütenständen.

Am besten lässt sich die Pflanze durch Teilung im zeitigen Frühjahr oder im August vermehren. Die Teilstücke müssen sofort wieder eingesetzt werden; das Substrat darf auf keinen Fall nährstoffreich oder humos sein. Es besteht sonst die Gefahr, dass die Blätter ihre schöne graugrüne Färbung verlieren, oder dass die Pflanzen im Winter verfaulen und absterben, weil sie nicht genügend ausgereift sind.

STECKBRIEF

- *Sehr stark behaarte Blätter*
- *Für Sandböden geeignet*
- *Höhe bis zu 30 cm*
- *Volle Sonne*
- *Niedrig*

Alpenbalsam

Erinus alpinus

Das Alpenbalsam ist eine kurzlebige Staude, die auf Felsen und Geröllhalden wächst. Im Tiefland gedeiht sie auf Mauern und an ähnlichen Standorten. Wenn man in den Alpen große Felsblöcke sieht, die mit blühendem Alpenbalsam bedeckt sind, wünscht man sich diese Art zweifellos auch für den Garten. Hier kann sie jedoch enttäuschen, denn die Pflanzen sterben nach der Blüte oder spätestens nach dem ersten Winter ab. Meistens liegt das an einem Untergrund, der zu nährstoffreich und deshalb für das Alpenbalsam nicht geeignet ist. Die zahlreich gebildeten Samen säen sich in winzigen Ritzen und Spalten aus und keimen dort problemlos. Diese Pflanzen bilden dann den Grundstock einer neuen Generation, die sich schnell auf steinigen Arealen ausbreitet.

Auf nährstoffreichen Böden wird die Pflanze bis zu 15 cm hoch und blüht nur mäßig, auf armen Böden bleibt sie nur 5–10 cm hoch, blüht aber dafür sehr üppig.

weiss blühendes Exemplar

STECKBRIEF

- Reiche Blüte auf magerem Boden
- Sät sich gut aus
- Höhe 5–15 cm
- Volle Sonne bis Halbschatten
- Niedrig

Lamiaceae: Lippenblütler · Staude

■ *Origanum vulgare* 'Compactum'

Dost

Origanum vulgare

J F M A M J J A S O N D

Dost ist wegen seines starken, würzigen Geruchs schon immer beliebt gewesen. Seit Jahrhunderten wird er als Gewürzkraut (in der Mittelmeerküche als Oregano bekannt), für Kräutertees und sogar zum Färben genutzt. Dost bevorzugt einen sonnigen Standort mit trockenem Boden, stellt aber sonst wenig Ansprüche. Siehe auch Seite 162.

Die Art ist in freier Natur sehr variabel, was Höhe und Blütenfarbe betrifft. Züchter haben von den schönsten Exemplaren Samen gesammelt, um Sorten wie 'Compactum' mit lilarosa Blüten und kompaktem Wuchs auszulesen. Die Sorte 'Thumble's Variety' besitzt gelbe Blätter und ist deshalb auch außerhalb der Blütezeit attraktiv. Andere Arten sind als Küchenkräuter oder Zierpflanzen beliebt; dazu gehört der Majoran (*Origanum majorana*), eine bei uns nur einjährige Gewürzpflanze, oder *O. pulchellum*, eine schöne buschige Art, die im Sommer Rispen mit winzigen Blüten hervorbringt.

Der Dost wird meistens durch Samen vermehrt, die Sorten jedoch durch Stecklinge oder Teilung. Er gedeiht sehr gut in großen Steingärten, an Felshängen oder Mauern.

mit Dost gefärbt

STECKBRIEF

■ *Pflanze mit intensivem Duft*

■ *Zahlreiche Blüten, gute Pflanze für Bienen und Schmetterlinge*

■ *Höhe bis zu 80 cm*

☀ *Volle Sonne*

💧 *Niedrig*

Küchenkraut

Rote Lichtnelke (*Silene dioica*)

Leimkraut, Lichtnelke

Silene *spec.*

J F M A M J J A S O N D

Die Gattung Silene ist in ganz Europa verbreitet. Die häufigsten Arten sind die Rote (*S. dioica*) und die Weiße Lichtnelke (*S. latifolia*). Das formenreiche Taubenkropf-Leimkraut (*S. vulgaris*) besitzt mehrere Unterarten; eine davon, *S. vulgaris* ssp. *maritima*, kommt an den Felsküsten von Westeuropa bis hin nach Jütland vor.

Diese Art gedeiht im Garten häufig nicht gut; die schwachen Stängel neigen sich zu Boden, die Pflanze wirkt etwas unansehnlich. Doch die Blüten sind beeindruckend: Der stark aufgeblasene Blütenkelch überdauert wochenlang, weil sich in seinem Inneren die Samenkapsel entwickelt. Die größeren Arten der Lichtnelke wachsen gewöhnlich an etwas feuchteren Standorten mit schwererem Boden, doch passen sich die Sämlinge oft auch an eher trockenen und felsigen Untergrund an. Man kann die Samen auf verwitterten Felsen aussäen, die mit Spalten und Ritzen durchsetzt sind. Pflanzen, die sich dort entwickeln, sind kompakt und häufig sehr reichblütig. In den Blattachseln der Roten Lichtnelke sieht man oft die „Spucke" der Wiesen-Schaumzikade; diese Ausscheidungen der Larve dienen der Tarnung.

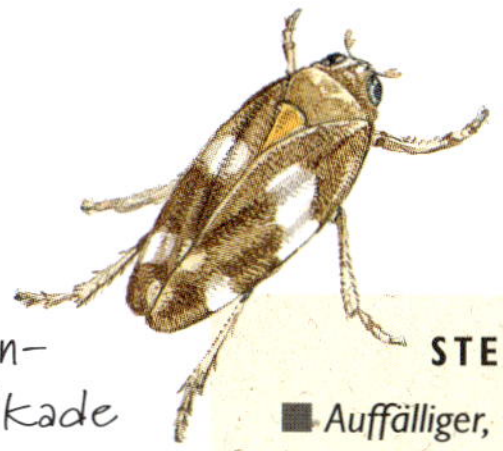

STECKBRIEF

- *Auffälliger, aufgeblasener Kelch*
- *Ziemlich lockerer Wuchs*
- *Höhe bis zu 60 cm*
- *Volle Sonne*
- *Niedrig*

Stängellose Schlüsselblume *(Primula vulgaris)*

Schlüsselblume, Primel

Primula *spec.*

Die meisten Primel-Arten bevorzugen einen feuchten und relativ schattigen Standort. Viele europäische Arten sind aber auch Gebirgspflanzen, die in schattigen Felsspalten wachsen.

Die Aurikel (*Primula auricula*) fühlt sich in der Sonne wohl und kommt auf Kalkfelsen in Mitteleuropa vor, hauptsächlich im Alpengebiet. Die Pflanze bildet eine Rosette aus dicken, leicht ledrigen Blättern, die im Jugendstadium mehlig bestäubt sind. Die Blütenstängel werden bis zu 25 cm lang und tragen gelbe Blüten mit weißem Zentrum. Es ist nicht einfach, echte Aurikeln zu kaufen; meistens handelt es sich um Sorten mit roten, gelbgrünen oder bräunlichen Blüten.

Schlüsselblumen, insbesondere die Stängellose Schlüsselblume (*P. vulgaris*), gedeihen häufig an schattigen Standorten. Diese gelb blühende Art ist seit langer Zeit in Kultur. Sie fühlt sich an einem sonnigen Standort oder im trockenen Untergrund eines Steingartens nicht wohl, sondern eher auf schattigen Beeten, Blumenwiesen und in Frühlingsgärten. Es gibt verschiedenste Kulturformen, darunter solche mit weißen und gefüllten Blüten.

Vermehrt wird durch Aussaat; am einfachsten ist es, sie im Frühsommer zu teilen.

Stängellose Schlüsselblume

STECKBRIEF

- *Mehlig bestäubtes Blatt*
- *Gute Schmetterlingspflanzen*
- *Höhe bis zu 25 cm*
- *Zeitweise Sonne bis Halbschatten*
- *Mäßig*

Trauben-Steinbrech

Saxifraga paniculata

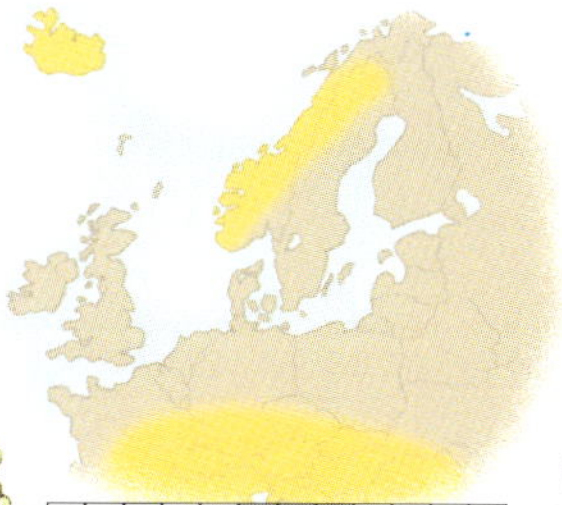

J F M A M J J A S O N D

Liebhaber von Steingartenpflanzen sind immer an der Gattung *Saxifraga* interessiert, besonders an Arten aus dem Balkan- und Himalajagebiet sowie an den daraus entstandenen Hybriden. Diese Arten sind früh blühend und besitzen recht ungewöhnliche Farben. Leider ist es in normalen Gärten schwierig, sie zu kultivieren.

Es gibt aber verschiedenste in Europa heimische Arten, die problemloser sind. Hierzu gehört auch der Trauben-Steinbrech, der in Mitteleuropa auf Felsblöcken und Geröllhalden vorkommt. Die Pflanze bildet kleine Rosetten, die aus graugrünen, am Rand gesägten Blättern bestehen. Die Blütenstängel und die kleinen weißen Blüten erscheinen in den Sommermonaten. Wie andere Steinbrech-Arten besitzt auch der Trauben-Steinbrech außerhalb der Blütezeit großen Zierwert.

Diese anspruchslose Pflanze findet in jedem Steingarten einen Platz, sei es in Stütz- oder Trockenmauern, in Trögen und Schalen oder sogar in den Höhlungen eines Baumstumpfes.

Vermehrt wird durch Teilung oder Stecklinge. Auch die Vermehrung aus Samen ist möglich, erfordert aber viel Geduld und Erfahrung.

Blattrosetten

STECKBRIEF

- *Weiße Blütenrispen*
- *Blattrosetten bilden zusammen kompakte Polster*
- *Höhe bis zu 25 cm*
- *Volle Sonne bis Schatten*
- *Mäßig bis niedrig*

Englischer Mauerpfeffer (*Sedum anglicum*)

Fetthenne, Mauerpfeffer

Sedum *spec.*

J F M A M J J A S O N D

Zur Gattung *Sedum* gehören viele schöne, problemlose Steingartenpflanzen wie zum Beispiel der Englische Mauerpfeffer (*S. anglicum*), der vor allem an den Felsküsten Westeuropas heimisch ist. Einige Arten wie der Scharfe (*S. acre*) und der Milde Mauerpfeffer (*S. sexangulare*) wuchern jedoch stark und sollten nicht angepflanzt werden.

Die Weiße Fetthenne (*S. album*) ist überall erhältlich und eine anpassungsfähige Gartenpflanze, die beispielsweise als Bodendecker in Beeten oder sogar auf Wellblechdächern verwendet werden kann. Sie bevorzugt trockene, sonnige Standorte; wenn der Boden genügend Nährstoffe enthält, bildet sie viele Triebe mit dicken, fast zylindrischen, grünen Blättern. Auf ungeeigneten Standorten erscheinen jedoch nur kraftlose Stängel mit dünnen Blättern. Die weißen Blüten können so zahlreich sein, dass die Blätter fast nicht mehr sichtbar sind. Abgebrochene Triebe bewurzeln sich fast unter allen Bedingungen und bilden neue Pflanzen, sodass sich die Pflanze stark ausbreiten kann. In freier Natur kommen auch Formen mit roten Blättern und weißlich rosa Blüten vor; eine bekannte Sorte mit diesen Merkmalen ist 'Murale'. Der Apollofalter hat eine enge Beziehung zur Fetthenne; seine Larven benötigen sie als Futterpflanze.

STECKBRIEF

- *Immergrüner Bodendecker*
- *Zahlreiche Blüten*
- *Höhe 10–15 cm*
- *Volle Sonne*
- *Mäßig bis niedrig*

Spinnweb-Hauswurz *(Sempervivum arachnoideum)*

Hauswurz

Sempervivum *spec.*

J F M A M J J A S O N D

Die fleischigen Blattrosetten der Hauswurze besitzen großen Zierwert. Drei Arten sind besonders beliebt: die Spinnweb-Hauswurz (*Sempervivum arachnoideum*) mit einem Netzwerk zarter Haare auf den kleinen Rosetten, die Berg-Hauswurz (*S. montanum*) mit 1 bis 5 cm breiten Rosetten und die Echte Hauswurz (*S. tectorum*), deren Rosetten bis zu 8 cm Durchmesser aufweisen können. Die Arten sind sehr variabel und für Laien manchmal schwer zu unterscheiden. Es gibt viele weitere Arten und Dutzende von Hybriden. Die Blüten sind je nach Art gelb, weißlich oder rosarot gefärbt und stehen in dichten Gruppen auf langen, dicken Stängeln. Seit Jahr und Tag wird die Echte Hauswurz auf Dächer gepflanzt, weil sie die Häuser angeblich vor Blitzschlag und Feuer schützt.

Zur Vermehrung topft man einzelne Rosetten ein. Alle hier vorgestellten Arten sind anspruchslos und wachsen auf Dachziegeln, Mauern und zwischen den Steinen von Stützmauern, gedeihen aber auch zwischen Felsblöcken. Die Hauswurz bevorzugt trockene, sonnige Standorte, und ihre fleischigen Blätter speichern Wasser für Trockenperioden.

Spinnweb-Hauswurz auf einem Dach

STECKBRIEF

- *Dekorative Blattrosetten*
- *Ideal für trockene Standorte*
- *Höhe blühend bis zu 60 cm*
- *Volle Sonne*
- *Niedrig*

Rhamnus alaternus 'Argenteovariegatus'

Echter Kreuzdorn

Rhamnus catharticus

Der Kreuzdorn ist ein großer dorniger Strauch, der in ganz Europa vorkommt. In Gebirgsgegenden bevorzugt er trockene Felsstandorte, im Tiefland wächst er meistens im Halbschatten von Gehölzen auf humosem und nicht zu trockenem Boden.

J F M A M J J A S O N D

Auf die unauffälligen, gelbgrünen Blüten folgen im Spätsommer glänzend schwarze Früchte, die ziemlich giftig sind, von Vögeln wie dem Grauschnäpper aber gerne verzehrt werden. Die Pflanze besitzt dunkelgrüne Blätter und einen scharfen Dorn an jedem Zweigende.

Der Kreuzdorn ist in Kultur anspruchslos; er gedeiht auf normalen Gartenböden und bildet einen dichten Strauch, der seine Form ohne Stutzen beibehält. Allerdings wachsen andere Pflanzen wegen seines dichten schwarzen Wurzelgeflechts in seiner Nähe nicht gut.

Zur Vermehrung kann man die Früchte aussäen; besser ist es jedoch, diese langwierige Anfangsphase zu überspringen und etwas größere Exemplare in einem Gartencenter zu kaufen. *Rhamnus alaternus* ähnelt dem Echten Kreuzdorn, ist aber weniger winterhart; die Sorte 'Argenteovariegatus' besitzt zweifarbige Blätter.

STECKBRIEF

- Dornbusch
- Giftige Früchte
- Höhe bis zu 6 m
- Volle Sonne bis Halbschatten
- Mäßig

Dornige Hauhechel

Ononis spinosa

Die Dornige Hauhechel besitzt zähe, verholzte Triebe, die dicht mit kleinen scharfen Dornen besetzt sind. Die rosafarbenen Schmetterlingsblüten erscheinen im Frühjahr und Sommer. Meistens kommt sie in trockenen Rasengesellschaften vor, besonders an Straßenrändern.

Die Art ist wenig bekannt und beachtet, sollte aber häufiger angepflanzt werden. Denn es ist eine schöne und problemlose Pflanze mit üppiger und lang andauernder Blüte, die besonders für Sonnenhänge geeignet ist.

Wie viele Schmetterlingsblütler sind auch die Wurzeln der Hauhechel sehr kräftig und selbst mit einem Spaten schwer zu durchtrennen. Deshalb ist es fast unmöglich, die Pflanze zu teilen, und sie leidet sehr unter einer solchen Operation. Am besten kauft man Jungpflanzen im Gartencenter.

Man kann die Dornige Hauhechel im Frühjahr durch Aussaat vermehren; die Jungpflanzen werden im Folgejahr an Ort und Stelle ausgepflanzt. Sie gedeiht fast in jedem Boden und kann jahrelang am selben Platz stehen, bevorzugt aber trockene, sonnige Standorte.

STECKBRIEF

- *Viele rosafarbene Blüten*
- *Sehr dornige Triebe*
- *Höhe 40–60 cm*
- *Volle Sonne*
- *Niedrig*

Sanddorn

Hippophae rhamnoides

In der freien Natur wächst der Sanddorn hauptsächlich in Dünengebieten, kommt aber auch auf Kiesbänken an Flussufern im Gebirge vor. Die unauffälligen männlichen und weiblichen Blüten stehen auf getrennten Pflanzen und erscheinen vor den Blättern. Der Strauch besitzt starke Dornen und graugrüne Blätter. Erst im Spätsommer zeigt sich sein Zierwert, wenn sich die Früchte manchmal zu Tausenden orange verfärben. Diese sind auch bei Vögeln sehr beliebt, besonders bei der Wacholderdrossel, welche die Samen über den Kot verbreitet. Der Sanddorn ist sehr unempfindlich gegen Trockenheit, sobald er einmal eingewurzelt ist. Wie andere Ölweidengewächse bildet er eine Symbiose mit Bakterien, die in Wurzelknöllchen sitzen und Stickstoff aus der Luft fixieren können. Die Pflanzen nutzen diesen Stickstoff und sind deshalb nicht auf nährstoffreiche Böden angewiesen. Der Sanddorn bevorzugt einen trockenen, sonnigen Standort. Durch seinen dichten und dornigen Wuchs ist er sehr gut als Hecken- oder Sichtschutzpflanzung wie auch als Nistplatz für Vögel geeignet.

Wacholderdrossel

STECKBRIEF

- *Reicher Fruchtbesatz lockt Vögel*
- *Sehr dornig*
- *Höhe bis zu 3 m*
- *Volle Sonne bis Halbschatten*
- *Niedrig*

Kornelkirsche

Cornus mas

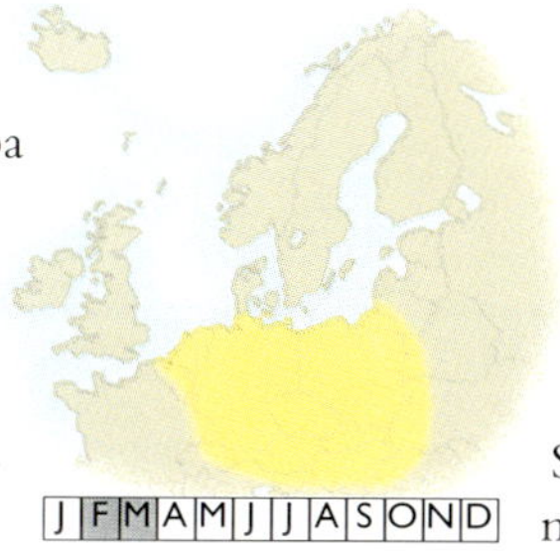

Die Kornelkirsche kommt wild in Mittel- und Südeuropa sowie in Westasien vor. In Frankreich wird sie häufig wegen ihrer kirschroten Früchte angebaut, die zu Konfitüren, Kompott und einem Wein, *vin de cornouille*, verarbeitet werden. Kornelkirschen gehören zu den ersten Blütensträuchern des Frühjahrs; die Blätter erscheinen im April, und die länglichen, glänzenden Früchte, die auch von Vögeln geschätzt werden, im Sommer. Die Art wird durch Bienen und andere Insekten bestäubt. Wenn diese aufgrund schlechten Wetters zur Blütezeit nicht fliegen, ist die Ernte im nächsten Sommer sehr gering.

Man kann Kornelkirschen durch Stecklinge im Winter oder durch Samen vermehren, beides ist jedoch nicht einfach. Besser ist es, Pflanzen mit Wurzelballen im Gartencenter zu kaufen.

Im Garten kann die Kornelkirsche als Solitärstrauch, als Hecke oder Windschutz angepflanzt werden. Ältere Exemplare besitzen eine sehr schöne, schuppige Rinde.

STECKBRIEF

- *Essbare Früchte*
- *Lockt Vögel an*
- *Höhe bis zu 3,50 m*
- *Volle Sonne bis Halbschatten*
- *Mäßig*

Kriechendes Schleierkraut (*Gypsophila repens*, links), Zimbelkraut (*Cymbalaria muralis*, rechts)

Weitere Arten

STAUDEN

Name	Blütenfarbe	Höhe	Blütezeit / Besonderheiten
Felsen-Steinkraut *Alyssum saxatile*	gelb	20 cm	April–Mai / reiche Blüte lockt Schmetterlinge an
Gemeines Katzenpfötchen *Antennaria dioica*	rosafarben	15 cm	Mai–Juli / für sehr trockene Standorte
Gewöhnliche Grasnelke *Armeria maritima*	purpurrosa	15 cm	Mai–Juli / grasähnliches Blatt, lockt Bienen an
Brauner Streifenfarn *Asplenium trichomanes*	-	5 cm	für felsige, etwas geschützte Standorte
Zimbelkraut *Cymbalaria muralis*	blassblau oder weiß	5 cm	Juni–Sept. / wuchert, für Ritzen
Kriechendes Schleierkraut *Gypsophila repens*	weiß	20 cm	Juni–Aug. / Bodendecker
Deutscher Ziest *Stachys germanica*	purpurrosa	60 cm	Juni–Sept. / behaartes Laub auch außerhalb der Blütezeit attraktiv
Alpen-Ehrenpreis *Veronica alpina*	blau	15 cm	Juni–Juli / Blütenfarbe sehr ungewöhnlich
Echte Bergminze *Calamintha nepeta*	lila bis weiß	60 cm	Juni–Okt. / Laub duftend
Gewöhnlicher Wundklee *Anthyllis vulneraria*	gelb	30 cm	Mai–Aug. / ein- bis zweijährig; zum Verwildern geeignet; lockt Bienen an
Filziges Hornkraut *Cerastium tomentosum*	weiß	15 cm	Mai–Juni / für sehr trockene Plätze geeignet; schönes graues Laub

ANHANG

Weitere Literatur

Die nachfolgend empfohlenen Bücher sind unterteilt in solche, die praktische Informationen zum naturgemäßen Gärtnern enthalten, und solche zur Bestimmung der einheimischen Flora sowie der Tierwelt. Die Liste erhebt keinen Anspruch auf Vollständigkeit, aber sie eröffnet eine solide Grundlage an Wissen und Anregungen, um Ihnen bei der Verwirklichung Ihrer Ideen zu helfen.

Gestaltung

Naturoase Wildgarten – Planung, Praxis, Pflege – Überlebensraum für unsere Pflanzen und Tiere, von Reinhard Witt, BLV, München
Viele Infos über die gegenseitige Abhängigkeit von Pflanzen- und Tierwelt

Das Naturgarten-Handbuch für Praktiker, von Andreas Winkler und Hans C. Salzmann, AT Verlag, Aarau/CH
Vielfältige Anregungen und einfühlsame Beobachtungen

Arbeitsbuch Naturgarten, von Adalbert Niemeyer-Lüllwitz, Otto Mayer Verlag, Ravensburg

Wilde Schönheit gestalten – Ein Garten nach der Natur, von Constantia Spühler, Parey Buchverlag, Berlin

Blumenwiesen – Anlage, Pflege, Praxisbeispiele, von Reinhard Witt und Bernd Dittrich, BLV, München
Ausführliches Werk über die standortgerechte Anlage naturnaher Wiesen

Gärten naturnah gestalten, von Dorothea Haag, Callwey Verlag, München

Naturnahe Pflanzungen, von Alfred Fessler, Verlag Eugen Ulmer, Stuttgart
Fachlich anspruchsvolles Buch über die vielen Pflanzengesellschaften in ihren Lebensräumen

Wildblumen für Töpfe und Schalen – Naturschönheit auf kleinem Raum, von Reinhard Witt, BLV, München

Pflanzen in ihren Lebensbereichen, von Penelope Hobhouse, Verlag Eugen Ulmer, Stuttgart
Ein neues Buch der englischen Gartengestalterin, mit Beispielen aus 60 weltberühmten Gärten

Der große Gartenplaner für Beete und Rabatten – über 1 Million Kombinationen, von John Walker und Graham Strong, Könemann Verlagsgesellschaft, Köln

Der schattige Garten – Anlegen, Gestalten, Bepflanzen, von Joachim Mayer, Falken Verlag, Niedernhausen

Das große Handbuch Waldgarten, von Patrick Whitefield, OLV, Xanten

Begrünte Architektur – Bauen und Gestalten mit Kletterpflanzen, von Rudi Baumann, Callwey Verlag, München

Gartenteich und Bachlauf – Planung, Anlage, Pflege, von Ruth Kohle und Robert Sulzberger, Bechtermünz Verlag, Augsburg

Der Traum vom eigenen Schwimmteich – Planung, Anlage, Technik, Bepflanzung, Pflege, von Wolfram Franke, BLV, München

Traumhafte Wassergärten, von Peter Robinson, Naturbuch Verlag, Augsburg

Naturgemäßes Gärtnern

Naturschutz im Garten, von M. Bläute und F.-K. Schmebecker, Verlag Eugen Ulmer, Stuttgart

Der Biogarten, von Marie-Luise Kreuter, BLV, München
Standardwerk für den naturgemäßen Anbau von Gemüse, Obst und Blumen, auch gut zu lesen.

Das biologische Gartenbuch, von Krafft von Heynitz und Georg Merckens, Verlag Eugen Ulmer, Stuttgart
Standardwerk für den biologisch-dynamischen Anbau.

Garten-Handbuch – Alles über Gestaltung, Anpflanzung und Pflege, herausgegeben von Susan Berry, Könemann Verlagsgesellschaft, Köln

Kompost, Erde, Düngung – Gärtnern leicht und richtig, von Robert Sulzberger, BLV, München

Gehölze und Stauden pflegen, herausgegeben von Karlheinz Rücker, Verlag Eugen Ulmer, Stuttgart

Obst- und Ziergehölze richtig schneiden, von Peter Himmelhuber, Naturbuch Verlag, Augsburg

Pflanzenschutz im Biogarten, von Marie-Luise Kreuter, BLV, München

Biologischer Pflanzenschutz im Garten, von O. Schmid / S. Henggeler, Verlag Eugen Ulmer, Stuttgart

Das große Buch der Gartengeräte, von Smith & Hawken, Könemann Verlagsgesellschaft, Köln

Gartenrecht für jedermann – Rechtsprobleme rund um Garten und Grundstück, von Reinhold Kaub, BLV, München

Gartenpflanzen

Wildpflanzen für jeden Garten – Anzucht, Pflanzung, Pflege, 1000 heimische Blumen, Stauden und Sträucher, von Reinhard Witt, BLV, München

Das große Buch der Stauden und Sommerblumen, von Fritz Köhlein und Peter Menzel, Verlag Eugen Ulmer, Stuttgart

Botanica – Das ABC der Pflanzen; 10.000 Arten in Text und Bild, Könemann Verlagsgesellschaft, Köln

Einzug der Gräser und Farne in den Garten, von Karl Foerster, Verlag Eugen Ulmer, Stuttgart Standardwerk des großen deutschen Gartenschriftstellers.

Kleine Gartenschule – Küchenkräuter, von Vlaerie Duncan, Könemann Verlagsgesellschaft, Köln

Gartenkräuter – Gärtnern leicht und richtig, von Robert Sulzberger, BLV, München

Das Blumenzwiebelbuch, von Christian Grunert, Verlag Eugen Ulmer, Stuttgart

Wildstauden für Wiesen und andere Freiflächen, herausgegeben vom Bund deutscher Baumschulen, Pinneberg

Wildsträucher und Wildrosen, von Reinhard Witt, Franckh-Kosmos Verlag, Stuttgart

Die 200 schönsten Strauch- und Kletterrosen, von Patrick Taylor, Verlag Eugen Ulmer, Stuttgart

Rosen-Enzyklopädie – Die wichtigsten Wildrosen und über 4.000 Gartenrosen, Könemann Verlagsgesellschaft, Köln

Gehölze für den Garten – Bäume und Sträucher für mitteleuropäische und mediterrane Gärten, von Andreas Bärtels, Verlag Eugen Ulmer, Stuttgart

Schöne Gärten mit Kletterpflanzen, von Helga und Adolf Bohlmann, Augustus Verlag, München

Kletterpflanzen, von Karl Ludwig, BLV, München

Pflanzenführer

Was blüht denn da? von D. Aichele und M. Golte-Bechtle, Franckh-Kosmos Verlag, Stuttgart

Der große BLV Pflanzenführer, von Thomas Schauer und Claus Caspari, BLV, München

Der Kosmos-Heilpflanzenführer, von Peter und Ingrid Schönfelder, Franckh-Kosmos Verlag, Stuttgart

Handbuch Bäume und Sträucher, von Ulrich Hecker, BLV, München

Die Bäume Mitteleuropas, von Bruno P. Kremer, Franckh-Kosmos Verlag, Stuttgart

Bäume und Sträucher – Sonderteil Früchte, Knospen, Rinden, von Ulrich Hecker, BLV, München

Die Orchideen Europas, von Baumann/Künkele, Franckh-Kosmos Verlag, Stuttgart

Farne, Moose, Flechten, von Hans Martin Jahns, BLV, München

Unsere Moos- und Farnpflanzen, von Aichele/Schwegler, Franckh-Kosmos Verlag, Stuttgart

Pilze, von Ewald Gerhard, BLV, München

Tiere bestimmen und beobachten

Vogelparadies Garten, Das Praxisbuch für die ganze Familie, von Michael Lohmann, BLV, München

Vögel in Wald, Park und Garten, von Eckard Pott, Franckh-Kosmos Verlag, Stuttgart

Handbuch Vögel, von Einhard Bezzel, BLV, München

Treffpunkt Futterhaus, von Detlef Singer, Franckh-Kosmos Verlag, Stuttgart

Vögel am Futterhaus, von Michael Lohmann, BLV, München

Unsere Gartenvögel und ihre Gesänge, von Specht/Rochém, Franckh-Kosmos Verlag, Stuttgart, mit Cassette

Die Stimmen der Vögel Mitteleuropas auf CD, von Jean C. Roché, 2 CDs, Franckh-Kosmos Verlag, Stuttgart

Schmetterlinge im Garten – ansiedeln, beobachten, bestimmen, von Ute Evers, Verlag Eugen Ulmer, Stuttgart

Mikroskopieren leichtgemacht, von Bruno P. Kremer, Franckh-Kosmos Verlag, Stuttgart

Der neue Kosmos-Insektenführer, von Heiko Bellmann, Franckh-Kosmos Verlag, Stuttgart

Käfer, Libellen und andere Insekten, von Michael Lohmann, BLV, München

Der Kosmos-Käferführer, von Harde/Severa, Franckh-Kosmos Verlag, Stuttgart

Bienen, Wespen, Ameisen, von Heiko Bellmann, Franckh-Kosmos Verlag, Stuttgart

Tagfalter von Weidemann/Köhler

Nachtfalter von H.J. Weidemann

Bienen von Müller/Krebs/Amiet

Wespen von Rolf Witt

Ameisen von Bernhard Seifert

Libellen von Heiko Bellmann

Spinnen von Heiko Bellmann

Heuschrecken von H. Bellmann und weitere Insektenführer, alle im Naturbuch Verlag, Augsburg

Erlebnis Gartenteich – Tiere beobachten und kennenlernen, von Herbert Ludwig u.a., BLV, München

Was lebt in Tümpel, Bach und Weiher, von Wolfgang Engelhardt, Franckh-Kosmos Verlag, Stuttgart

Tierstimmen am Teich, von Roché/Dreyer, CD, Franckh-Kosmos Verlag, Stuttgart

Amphibien und Reptilien erkennen und schützen, von Josef Blab und Hannelore Vogel, BLV, München

Die Amphibien Europas, von Andreas und Christel Nöllert, Franckh-Kosmos Verlag, Stuttgart

Säugetiere, von Schilling/Singer/Diller, BLV, München

Die Fledermäuse Europas, von Schober/Grimmberger, Franckh-Kosmos Verlag, Stuttgart

Kosmos Tierführer, von Stichmann/Kretzschmar, Franckh-Kosmos Verlag, Stuttgart

Spuren und Fährten unserer Tiere, von Angelika Lang, BLV, München

Der Wald und seine Stimmen, von Dreyer/Pott/Roché, 2 CDs, Franckh-Kosmos Verlag, Stuttgart

Nützlinge und Schädlinge im Garten, von Rainer Berling, BLV, München

Zeitschriften

Kraut & Rüben – Biologisches Gärtnern und naturgemäßes Leben, monatlich im BLV, München

Natürlich Gärtnern – Biogarten & Landleben, zweimonatlich in OLV, Xanten

Bezugsquellen *und* Organisationen

Diese Liste enthält Samenzüchter, Staudengärtnereien und Baumschulen, Pflanzen- und Naturgarten-Gesellschaften sowie einige Naturschutz-Verbände. Ein Teil dieser Organisationen unterhält Fachgruppen.

Naturgarten-Gesellschaften

Naturgarten e.V.
Görresstr. 33
80798 München
(Bundesgeschäftsstelle, Landesverbände auch in NRW und Berlin)

Wolfgang-Philipp-Gesellschaft
Ausschuß für naturnahen Gartenbau
Postfach 43 66
55033 Mainz

Permaculture Bayern
Herrmannsdorf 11
85625 Glonn

Permakultur-Institut
Heide Micah
Witzfeldstr. 21
40667 Meerbusch

Wildblumenfreunde e.V.
Kreuth
85391 Allershausen

Österreich

Naturgarten e.V.
c/o Karin Böhmer
A–3623 Voitsau 8

Schweiz

Verein für naturnahe Garten- und Landschaftsgestaltung (VNG)
Postfach
CH–4805 Brittnau

Niederlande

Landelijke Werkgroep voor Heem- en Natuurtuinen
Stiftung Oase
Klosterstraat 3
NL–6641 KW Beuningen

England

The Royal Horticultural Society
Wild Flower Society
80 Vincent Square,
London SW1 2PE

Gartenbau-Verbände und Pflanzenliebhaber-Gesellschaften

Bund Deutscher Landschafts-Architekten e. V. (BDLA)
Köpenicker Straße 48/49
10179 Berlin

Deutsche Gesellschaft für Gartenkunst und Landschaftskultur e. V. (DGGL)
Wartburgstr. 42
10823 Berlin

Gesellschaft der Staudenfreunde
c/o Brigitte Wörfel
Meisenweg 1
65795 Hattersheim

Deutsche Dendrologische Gesellschaft
c/o Andreas Bärtels
Hünstollenstr. 32
37136 Bösinghausen-Waake

Gesellschaft der Wassergartenfreunde in der Intern. Water Lily Society
c/o Herbert Bollerhey
Eichenberger Str. 19
34233 Fuldatal-Rothwesten

Gesellschaft der Heidefreunde
c/o Jürgen Schröder
Lütjenmoor 66
22850 Norderstedt

Naturschutz-Verbände

Bund für Umwelt und Naturschutz Deutschland (BUND)
Im Rheingarten 7
53225 Bonn

Naturschutzbund Deutschland
Herbert-Rabius-Straße 26
53225 Bonn

Umweltstiftung WWF-Deutschland
Hedderichstr. 110
60591 Frankfurt

Deutscher Verband für Landschaftspflege e. V.
Eyber Str. 2
91522 Ansbach

Stiftung Naturschutz Hamburg und Stiftung zum Schutze gefährdeter Pflanzen
Steintorweg 8 III
20099 Hamburg

Arbeitsgemeinschaft Natur- und Umwelterziehung
Biologie-Zentrum-Bustedt
Gutsweg 35
32120 Hiddenhausen

Floristisch-soziologische Arbeitsgemeinschaft
Wilhelm-Weber-Str. 2
37073 Göttingen

Bergischer Naturschutzverein
Schmitzbüchel 8
51491 Overath

Gesellschaft für Naturschutz und Ornithologie Rheinland-Pfalz
Bachgasse 4
56377 Nassau/Lahn

Hessische Gesellschaft für Ornithologie und Naturschutz
Lindenstr. 5
61209 Echzell

Gesellschaft für Naturkunde in Württemberg
Rosenstein 1
70191 Stuttgart

Aktionsgemeinschaft Artenschutz
Tubizer Str. 1
70825 Korntal-Münchingen

Badischer Landesverein für Naturkunde und Naturschutz
Gerberau 32
79098 Freiburg

Förderkreis "Aktion Lebensraum"
Rittgasse 5
79291 Merdingen

Bayerische Botanische Gesellschaft zur Erforschung der heimischen Flora
Menzinger Str. 67
80638 München

Schutzgemeinschaft Alpen
Altersheimerstraße 16
81545 München

Deutscher Tierschutzbund
Baumschulallee 15
53115 Bonn

Deutsche Ornithologen-Gesellschaft
Institut für Vogelforschung
Postfach 12 20
27498 Helgoland

Komitee für Vogelschutz
Parkallee 4
20144 Hamburg

Faunistisch-Ökologische Arbeitsgemeinschaft Zoologisches Institut der Universität, Haus N 41a
Olshausenstr. 40 - 60
24098 Kiel

Landesbund für Vogelschutz in Bayern e. V.
Dieselstr. 2
91161 Hilpoltstein

Gesellschaft Deutscher Tierfotografen e. V. (GDT)
Im Sonnenberg
56729 Monreal

Staudengärtnereien und Baumschulen

Foerster-Stauden
Am Raubfang 6
14469 Potsdam-Bornim
Großes Staudensortiment

Gerhard Flathmann
Kunhardstr. 6
20249 Hamburg
Wildstauden

re-natur
Charles-Roß-Weg 24
24601 Ruhwinkel
Wildstauden, Wasserpflanzen, Spezialist für Dachbegrünung und Swimmingteiche

Ökologischer Gartenbau
Dorfstr. 59
24625 Negenharrie
Wildstauden

Karl Wachter
25482 Appen-Etz
Seerosen u.a. Wasserpflanzen

Staudenkulturen Hagemann
Walsroder Str. 324
30855 Langenhagen
Großes Staudensortiment

Willi Tangermann
Rauhe Wiese 17
31171 Nordstemmen
Wildstauden

Naturgarten-Centrum Niedersachsen
Burkhard Brabant
Stuttgarter Str. 26
31582 Nienburg
Wildstauden

Naturwuchs
Bardenhorst 15
33739 Bielefeld
Wildpflanzen, mit Schaugarten

Baumschule Upmann
Mönchsweg 3
33803 Steinhagen
Heimische Stauden, Gehölze und Kletterpflanzen in biologischem Anbau; kein Versand

Heinz Klose
Rosenstr. 10
34253 Lohfelden
Großes Staudensortiment

Botanische Raritäten
Oberkohlfurth
42349 Wuppertal-Cronenberg
Stauden, Zwiebelblumen, Steingartenpflanzen, Orchideen

Georg Arends
Monschaustr. 76
42351 Wuppertal
Großes Staudensortiment

Ahornblatt
Postfach 4366
55033 Mainz
Wildgehölze

Kräuterey Lützel
Im stillen Winkel 5
57271 Hilchenbach-Lützel
Kräuter

Gärtnerei Strickler
Lochgasse 1
55232 Alzey-Heimersheim
Wildstauden und -gehölze, auch Versand

Odenwälder Staudenklulturen
Kayser & Seibert
Wilhelm-Leuschner-Str. 85
64373 Rossdorf

Ökologische Baumschulen
Conrad Appel
Brandschneise 1
64293 Darmstadt

Gartenbau Werling
Ziegelhütte 14
66399 Mandelbachtal
Heimische Stauden

Werner Schöllkopf
Postfach 7113
72760 Reutlingen
Großes Staudensortiment

Tausendschön
Hauptstr. 9
74541 Vellberg-Großaltdorf
Stauden, Kräuter und Gehölze für den ländlichen Garten

Alpengarten Joachim Carl
Auf dem Berg 6
75181 Pforzheim-Würm
Alpine Stauden und Gehölze

Hans Götz
Schramberger Str. 65
77761 Schiltach
Großes Staudensortiment

Syringa
Bernd Dittrich
Bachstr. 7
78247 Hilzingen-Binningen
Wiesenblumen, Duftpflanzen, heimische Stauden

Gräfin von Zeppelin
79295 Sulzburg-Laufen/Baden
Großes Staudensortiment

Hof Berggarten
Lindenweg 17
79737 Großherrischried
Wildblumen

Naturgarten e.V.
Görresstr. 33
80798 München
Wildpflanzen und -sträucher, Samenmischungen

Naturwuchs
Am Römerstein 48
82205 Gilching
Wildstauden, Blumenzwiebeln und Gehölze

Joe Engelhardt
Dörfl 20
84140 Gangkofen
Heimsche Stauden und Gehölze

Michael Plogstedt
Am Anger 6
85356 Freising-Attaching
Wildstauden

Alpengarten Suendermann
Aeschacher Ufer 48
88131 Lindau
Alpine Stauden

Dieter Gaissmayer
Jungviehweide 3
89257 Illertissen
Seltene Arten und Sorten

Raritätengärtnerei Treml
Eckerstr. 32
93471 Arnbruck
Raritäten, Kräuter

Staudengärtnerei Probst
Gutendorf 9
93471 Arnbruck
Großes Staudensortiment

Seerosen Oldehoff
Sieglmühle 2
94051 Hauzenberg

Sortimentsgärtnerei Simon
Staudenweg 2
97828 Marktheidenfeld
Riesiges Staudensortiment

Österreich

Biotop
Hauptstr. 285
A–3411 Weidling
Wildstauden und -sträucher, Wasserpflanzen

Utti's Wildgehölze
Rupert Uttenthaler
Piesing 17
A–4682 Geboltskirchen
Wildgehölze, Kletterpflanzen

Schweiz

Plantago
Jungstr 11
CH–4056 Basel
Heimische Stauden, v.a. für Trockenstandorte

Karl Egger
Postfach 332
H-4502 Solothurn
Wildstauden aus dem Mittelland

Wildstaudengärtnerei Neumühle
Waldibrücke
CH–6274 Eschenbach

Winkler und Richard
Zur Schmiede
CH–9506 Lommis
Wildstauden, Samenmischungen, Naturgarten-Gestaltung

Niederlande

De Schutsboom
Bredestraat 52
NL–6542 SW Nijmegen
Heimische Arten, mit Versand

De Heliant
Oude Willem 2
NL–8426 SM Appelscha
Heimische Arten, mit Versand

De Beemd
Oudendijk 25
NL–9989 EM Warffum
Heimische Arten, mit Versand

Belgien

Cruydenhof
Wetterse-steenweg 194
B–9520 Bavegem
Heimische Arten, mit Versand

Grossbritannien

British Wild Flower Plants
23 Yarmouth Road, Ormesby St Margaret, Great Yarmouth, Norfolk NR29 3QE, GB
Wildblumen, mit Katalog

HDRA Sales Ltd
Ryton Gardens, Natural Centre for Organic Gardening, Ryton on Dunsmore, Coventry CV 3LE, GB
Wildblumen-Samen und Stauden

The Herb Garden & Plant Hunters
Pentre Berw, Gaerwen, Anglesey, Gwynedd LL60 6LF GB/Wales
Kräuter und Wildblumen, per Katalog

Saatgut

Kräuterzauber
Auf dem Berg 166
27367 Horstedt
Kräuter und Duftpflanzen

Thysanothus Samenversand
Uwe Siebers
Bockhorster Dorfstr. 39 a
28876 Oyten
U.a. Züchtungen aus Großbritannien

Magic Garden Seeds
Philosophenweg 54
34121 Kassel
Raritäten, Heil- und Zauberpflanzen

Conrad Appel
Bismarckstr. 59
64293 Darmstadt
Wildblumen

Blauetikett Bornträger
Postfach 30
67591 Offstein
Kräuter und Stauden

Syringa
Bernd Dittrich
Bachstr. 7
78247 Hilzingen-Binningen
Wiesenblumen

Hof Berggarten
Lindenweg 17
79737 Großherrischried
Wildblumen

Dieter Köhler
Leonhardistr. 28
83104 Tuntenhausen-Biberg
Wildblumen

Erwin Bauereiß
Markgrafenstr. 21
91438 Bad Windsheim
Wildblumen

Österreich

Voitsauer Wildblumensamen
Karin Böhmer
A–3623 Voitsau 8

Schweiz

Ruth Steffen
Finkenweg 16
CH–3652 Hilterfingen
Heimisches Saatgut

Niederlande

Cruydt-hoek
Postbus 1414
NL–9701 BK Groningen
Saatgut heimischer Wildpflanzen

Gartenbedarf

Naturagart
Riesenbecker Str. 63
49479 Ibbenbüren
Gartenzubehör aller Art

Naturschutzbedarf Grunwald
Wallstr. 15
52538 Gangelt
Nisthilfen u.a.

Praskac Baumschulen
Praskacstr. 101-108
A–3430 Tulln
Katalogversand

Samen Mauser
Postfach 67
CH–8404 Winterthur
Katalogversand

Fa. Neudorff
Abt. Nutzorganismen
Postfach 12 09
31857 Emmerthal
Pflanzenschutz, Nützlinge u.a.

Conrad Appel
Bismarckstr. 59
64293 Darmstadt
Nützlinge

Sauter und Stepper
Rosenstr. 19
72119 Ammerbuch
Nützlinge

Österreich

Biohelp
Kapleigasse 16
A–1110 Wien
Pflanzenschutz, Nützlinge u.a.

Schweiz

Stoeckler Bio Agrar
Neuhofstr. 5
CH–8630 Rüti
Pflanzenschutz, Nützlinge u.a.

SCHAUGÄRTEN

Öffentliche Anlagen und Schaugärten machen nicht nur Freude, weil man durch kultivierte Natur wandern kann. Sie können auch eine wunderbare Quelle von Anregungen sein, insbesondere wenn sie vornehmlich heimische Pflanzen zur Schau stellen. Die nachfolgende Liste weist teilweise auf die Schwerpunkte der genannten Anlagen hin.

Botanische Gärten – in vielen größeren Städten Deutschlands

BERLIN, BRANDENBURG, MECKLENBURG-VORPOMMERN

Späth'sches Arboretum
Museum für Naturkunde
Späthstr./Königsheideweg
12437 Berlin-Treptow

Senkgarten
Am Raubfang 6
14469 Potsdam-Bornim

Freundschaftsinsel
14469 Potsdam

Permakultur Projekt
Friedhofsweg 4
15306
Altlangsow

Forstbotanischer Garten
Schwappbachweg
16225 Eberswalde

Naturlehrgarten Lenzen
Am Bahndamm 11
19309 Lenzen

Ökoburg Lenzen
Burgstr. 3
19309 Lenzen

HAMBURG, BREMEN, SCHLESWIG-HOLSTEIN

Privatgarten Ellen Kruse
Wietreie 61
22359 Hamburg
(nach Voranmeldung)

Duft- und Kräuterterrassen
re-natur
Plöner Str. 10
24619 Bornhöved

NIEDERSACHSEN

Arboretum
Thiensen 17
25373 Ellerhoop

Sichtungsgarten der Lehr- und Versuchsanstalt Hogen
Kamp 35
26160 Bad Zwischenahn

Permakulturzentrum Prinzhöfte
Simmerhauser Str. 1
27243 Prinzhöfte

NABU Altes Forsthaus
Huddelberg 14
27432 Bremervörde

Naturnaher Schau- und Lehrgarten
Ziegelkampstraße
31582 Nienburg

Berggarten
Herrenhäuser Str. 4
30419 Hannover-Herrenhausen

Staudengarten Tangermann
Rauhe Wiese 17
311171 Nordstemmen

NORDRHEIN-WESTFALEN

Stedefreunder Staudengarten
Steiglitzweg 18
32051 Herford

Naturwuchs
Bardenhorst 15
33739 Bielefeld

Arboretum der Räume und Sinne
Forsthaus Triesch
36214 Bauhaus

Wildstaudengarten
Hauptstraße
41747 Viersen

NatUR-WALDgarten
Echoer Str. 57
42369 Wuppertal

Naturagart
Riesenbecker Str. 63
49479 Ibbenbüren

SACHSEN, SACHSEN-ANHALT, THÜRINGEN

Lehr- und Sichtungsgarten
August-Böcksteigel-Str. 1
01326 Dresden-Pillnitz

Arktisch-alpiner Pflanzengarten
Gorschmitz 14
04703 Leisnig

Europa-Rosarium
Steinberger Weg 3
06526 Sangerhausen (Sachsen-Anhalt)

Arktisch-alpiner Garten
Schmitt-Rottluff-Str. 90
09114 Chemnitz

Rennsteigggarten
Am Pfanntalskopf PSF 12-18
98557 Oberhof/Thüringen

HESSEN, RHEINLAND, SAARLAND

Forschungsanstalt Geisenheim
Von-Lade-Str. 1
65336 Geisenheim
(Park mit Arboretum)

Wildrosengarten
Fasanerie
66482 Zweibrücken

Tier- und Pflanzenpark Fasanerie
Aarstraße
65029 Wiesbaden

BADEN-WÜRTTEMBERG, BAYERN

Schau- und Sichtungsgarten
Hermannshof
Babo-Str. 5
69469 Weinheim a.d. Bergstraße

Alpengarten Pforzheim
Auf dem Berg 6
75181 Pforzheim-Würm

Alpiner Staudengarten Schachen
82467 Garmisch-Parttenkirchen

Staudengarten der Staatlichen
Versuchsanstalt Weihenstephan
Am Staudengarten 7
85350 Freising

Natur-Schau-Garten Witt
Quellenweg 20
85570 Ottenhofen
(nach Voranmeldung)

Natur-Schau-Garten
Jugendherberge Tannenlohe 45
92670 Windischeschenbach.

Staudengarten Urban
Obere Kirchgasse 3
96271 Grub am Forst

REGISTER *und* GLOSSAR

In diesem kombinierten Register und Glossar bezeichnen fette Seitenzahlen den Hauptverweis, kursive weisen auf Abbildungen hin. Die Pflanzen sind unter ihrem deutschen wie auch unter ihrem botanischen Namen aufgeführt.

F

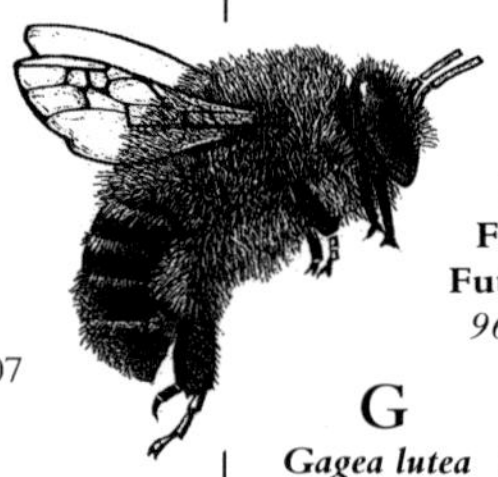

G

H

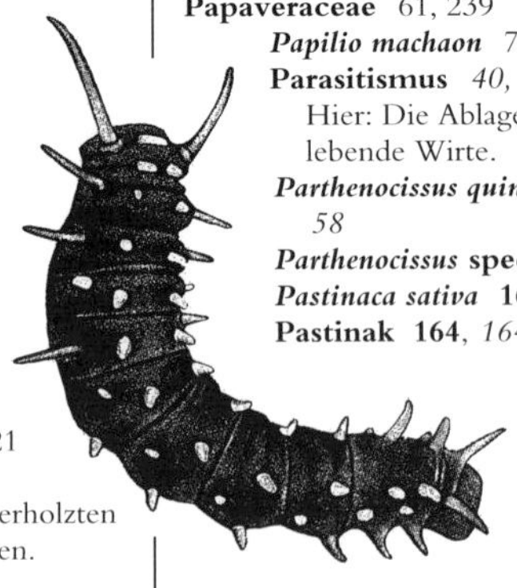

BILDLEGENDEN

Seite 1: Vom heimischen Mädesüß *(Filipendula ulmaria)* wurden schon vor langer Zeit Sorten wie 'Plena' gezüchtet.
Seite 2: Ein Garten mit einheimischen Wildblumen lockt eine vielfältige Tierwelt an, insbesondere Schmetterlinge.
Seite 3: Sonnenröschen *(Helianthemum* spec.) blühen von Mai bis weit in den September.
Seite 4/5: Zitterpappeln *(Populus tremuloides)* bilden besonders im Herbst hübsche Wäldchen.
Seite 6/7: Baumhöhlen bieten hervorragende Nistgelegenheiten für Eulen.
Seite 10/11: Wiesen-Wucherblumen oder Margeriten *(Leucanthemum vulgare)* sind bekannte, weit verbreitete Pflanzen an Wegrändern und ein Symbol des Frühsommers.
Seite 12/13: Auch Gräser bringen Farbe in den Garten – Silber, Purpur, Bronze, Orange und Rot, vor allem im Herbst.
Seite 44/45: Kleinsäugetiere wie Eichhörnchen sind gern gesehene Besucher in Waldgärten, besonders wenn sie im Herbst Nüsse sammeln.
Seite 66/67: Die grasähnlichen Seggen bilden bequeme Landeplätze für Insekten wie diese Laubheuschrecke.
Seite 103: Manche einheimische Pflanzen brauchen für ihr Gedeihen eine dauerhafte Wasserquelle wie einen Teich oder Bach.
Seite 129: In einem Garten mit saurem, feuchtem Boden lässt sich leicht ein Torfmoor nachahmen.
Seite 151: Dieser trockene Südhang in Ostböhmen liefert Anregungen zur Gartengestaltung.
Seite 177: Im Sommer zeigen sich gezielt angesäte Blumenwiesen in ihrer schönsten Farbenpracht.
Seite 201: Der Rippenfarn *(Blechnum spicant)* eignet sich gut für Waldränder.
Seite 223: Die meisten Wildblumen locken zahlreiche Tiere an und sind daher äußerst wertvolle Gartenpflanzen.
Seite 249: In einem Alpengarten kann man sich hervorragend heimische Pflanzen ansehen (und manchmal auch kaufen).
Seite 273: Die leuchtend roten Marienkäfer zählen in ganz Europa zu den häufigen Gartenbesuchern.

BILDNACHWEIS

(o. = oben, u. = unten, l. = links, r. = rechts, M. = Mitte, Hgr. = Hintergrund. AA/ES – Animals Animals/Earth Scenes; A = Auscape International Pty Ltd; APL = Australian Picture Library; BCI = Bruce Coleman Inc, NY; BCL = Bruce Coleman Limited, UK; BPS = Biological Photo Service; DJC = DJC & Associates; DRK = DRK Photo; FN = Foto Natura; GH = Grant Heilman Photography, GPL = Garden Picture Library; Inc.; NHPA = Natural History Photographic Agency; NS = Natural Selection; OSF = Oxford Scientific Films; PA = Peter Arnould, Inc.; PE = Planet Earth Pictures; PI = Positive Images; PN = Photo/Nats, Inc.; PR = Photo Researchers; TS = Tom Stack & Associates; V = Vireo; VU = Visuals Unlimited.)

1 Didier Willery/GPL. **2** Gary Rogers/GPL. **3** Wiert Nieuman. **4-5** Rod Planck/NHPA. **6-7** Ernst Kremers/FN. **8-9** John Shaw/NHPA. **10-11** Robert Estall/GPL. **12-13** Marijke Heuff/GPL. **14**o. Stedelijk Museum Alkmaar; u. Clay Perry/GPL. **15**r Jane Legate/GPL; o. Danny Ellinger/FN, u. Michelle Lamontagne/GPL. **16**u. Steven Wooster/GPL. **17**ol. John Gerlach/DRK; or. Oene Moedt/FN; u. Brigitte Thomas/GPL. **18**o. Courtesy of Hunt Institute for Botanical Documentation, Carnegie Mellon University, Pittsburgh, PA. **18-19**M. Vaughan Fleming/GPL. **19**o. Pamela J. Harper; u. D Cavagnaro/VU. **20**o. John Shaw/ NHPA; ul. Sonja Bullaty and Angelo Lomeo; ur. N Schwirtz/BCL. **21**ol. Jerry Howard/PI; or. Saxon Holt; u. Archive Photos/APL. **22**o. R & D Aitkenhead. **23** Sonja Bullaty & Angelo Lomeo. **24** Robert Perron. **24-25** Robert Perron. **25** Mills Tandy/OSF. **26**o. Sonja Bullaty & Angelo Lomeo; ul. Steven Wooster/GPL; ur. Ron Sutherland/GPL. **28** Harry Haralambou/PI; or. Jerry Howard/PI. **29**o. Jerry Howard/PI; ur. & Hgr. Robert Perron. **30**o. John Neubauer; u. Sonja Bullaty & Angelo Lomeo. **30-31** Gay Bumgarner/PN. **31**o. John Neubauer; u. Jerry Howard/ PI. **32**r Charles Mann; u. D & I MacDonald-NMR/Envision. **33**or. Robert W Ginn/Envision; u. Jerry Howard/PI. **34**o. Michael Habicht/AA/ES; ul. Saxon Holt; ur. Dan Suzio/PR. **35**ol. Margaret Hensel/PI; or. Carole Ottesen; u. D Cavagnaro/VU. **36**o. Sonja Bullaty & Angelo Lomeo; r. J A L Cooke, OSF/ AA/ES. **37**o. Karen Bussolini/PI; r. Jerry Howard/PI; u. Bruce M Herman/PR. **38**o. Lee Lockwood/PI; u. Michael Howes/GPL. **39**l. Robert A Lubeck/AA/ES; or. Margaret Hensel/PI; M. & u. Jerry Howard/PI. **40**o. Scala/ Art Resource, NY; u. Brian Kenney/Natural Selection. **41**r Margaret Hensel/PI; o. Rino Burgio/FN; u. Michael Howes/GPL. **42** Petra Wegner/FN; Wiert Nieuman, M. George Burggraaff. **42-43** Wil Meinderts/FN. **43** Wiert Nieuman; Wiert Nieuman; r George Burggraaff. **44-45** Do van Dijck/FN. **43** Wil Meinderts/FN; Petra Wegener/FN. **46-47**o. Jos Korenromp/FN; u. Jerry Howard/PI. **47** Saxon Holt. **48**o. Patti Murray/AA/ES; u. David Askham/GPL. **49**o. Geoff Dann/GPL; M. G. Saltini/FN; u. Vaughan Fleming/GPL. **50**r. Dick Canby/PI; u. Jan Sleurink/FN; o. Delpho/FN. **51**u. John Gerlach/DRK; o. Mayer/Le Scanff/GPL; u. Ben v.d. Brink/FN. **52**o. Ger Jan de Zoete/FN; u. E.J.S. Sira/GPL. **53**u. Daniel J Cox/DJC; o. Brigitte Thomas/GPL; M. Eric Wanders/FN. **54** Pamela J Harper. **55**ul. S Nielsen; ol. Flip de Nooyer/FN; or. Frits van Daalen/FN; M. Wim Weenink/FN; u. René Krekels/FN. **56**o. Wim Klomp/FN; M. Steven Wooster/GPL. **57**ol. Mary Clay/PE; ur. Frits van Daalen/FN; ul. L. Burgess/GPL; or. John Glover/GPL. **58** ol. & or. Wiert Nieuman; u. Geoff Dann/GPL. **59** M. John Glover/GPL; o. Wiert Nieuman; u. Neil Holmes/GPL. **60**u. Dennis Frates/PI; r Gary Rogers/GPL. **61**M. Densey Clyne/GPL; o. Geoff Dann/GPL; u. B. Carter/GPL. **62**ul. John Neubauer; Mayer/Le Scanff/GPL. **62-63** Marijke Heuff/GPL **63** John Shaw/NHPA. **64**o. The Granger Collection; r. John Glover/GPL. **64-65** Ron Evans/GPL. **65**o. Gary Rogers/GPL; or. Frits van Daalen/FN; ou. Wiert Nieuman. **66-67** René Krekels/FN. **68**o. S Dalton/NHPA; Brian Carter/GPL. **69**o. Margaret Hensel/PI; M. Frits van Daalen/FN; u. Eric Wanders/FN. **70** Frits van Daalen/FN; Frans Hodzelmans/FN. **70-71** Harold v.d. Oetelaar/FN. **71** Frits van Daalen/FN. **72** o. & u. René Krekels/FN. **73** o. René Krekels/FN; M. Chris Burrows/GPL; ru. Frans Hodzelmans/FN. **74**ur. A Carrara/Jacana/A; ol. Ronald Bosma/FN; ul. René Krekels/FN. **75** Frans Hodzelmans/FN. **76**o. E R Degginger/ PR; u. David M Dennis/TS. **77**ol. Frans Hodzelmans/FN; or. E. Wanders/FN; ul. Jan van Arkel/FN; **78**o. Danny Ellinger/FN; l. & u. René Krekels/FN. **79**o. René krekels/FN; u. Danny Ellinger/FN. **80**ol. René Krekels/FN; Wil Meinderts/FN. **81**o. F. Kovacs/FN; u. René Krekels/FN. **82**r C. Jongman/FN; u. R. Tramper/FN. **83** Jan van Arkel/FN. **84**ol. Ad van Lokeren/FN; u. Rino Burgio/FN. **85**ol. Ben v.d. Brink/FN; or. Fred Hazelhoff/FN; ul. Otto Faulhaber/FN; ur. Jos Korenromp/FN. **86**o. Dogwood and Mockingbird by Mark Catesby from the National History of Carolina (1730-48)/Lindley Library, RHS, London/The Bridgeman Art Library, London; ul. Guy Robbrecht/FN; ur. Wil meinderts/FN. **87**o. Frits van Daalen/FN; M. Chris Jongman/FN; u. Flip de Nooyer/FN. **88**u. Norman R Lightfoot/PR; ol. Fred Hazelhoff/FN. **88-89** u. Arnoud B. v.d. Berg/FN; o. H. Ruitenbeek/FN. **89** Eric Wanders/FN. **90**ol. & r. John Serrao/PR; M. & u. Fred Hazelhoff/FN. **91**M. Jeff Foott/ DRK; o. Bob de Lange/FN. **92**ol. Harold van den Oetelaar/FN; M. Frans Hodzelmans/FN; ul. Wim Klomp/FN. **93**o. Djetmar Nill/FN; r Harry Fiolet/FN. **94**o. Bob Gurr/DRK; u. Delpho/FN; **94-95** H. Brandl/FN. **95**o. Jerry Howard/PI; u. Christo Baars/FN. **96**Hgr. Les Campbell/PI; or. Colin McRae; ur. John Gerlach/DRK; ul. Oliver Strewe. **97**o. Archive Photos/APL; r Reproduced by permission of the American Museum in Britain, Bath. **98-99** Piet Munsterman/FN. **100**o. Courtesy of Hunt Institute for Botanical Documentation, Carnegie Mellon University, Pittsburgh, PA; u. D Cavagnaro/DRK. **101-102** Didier Willery/GPL. **103** Wiert Nieuman. **106** Frits Houtkamp/FN. **107** Brian Carter/GPL. **108** Steven Wooster/GPL. **109** Brigitte Thomas/GPL. **110** Brian Carter/GPL. **111** Geoff Dann/GPL. **112** Daan Smit/FN. **113** Wiert Nieuman. **114** Brian Carter/GPL. **115** Didier Willery/GPL. **116-117** Wiert Nieuman. **118** Brian Carter/GPL. **119** Clive Boursnall/GPL. **120** Wiert Nieuman. **121** J.S. Sira/GPL. **122** Howard Rice/GPL. **123** Ken Druse, The Natural Garden. **124** David Askham/GPL. **125** Neil Holmes/GPL. **126** Geoff Dann/GPL. **127** David Russell/GPL. **128** Wiert Nieuman. **129** Wiert Nieuman. **132** John Glover/GPL. **133** David Askham/GPL. **134** Frits Houtkamp/FN. **135-137** Wiert Nieuman. **138** Charles Mann. **139** Brian Carter/GPL.**140-141** Wiert Nieuman. **142** David Russell/GPL. **143** Brian Carter/GPL. **144** Brigitte Thomas/GPl. **145** John Glover/GPL. **146** Wiert Nieuman. **147** Brian Carter/GPL. **148** Wiert Nieuman. **149** Brian Carter/GPL. **150** Bert de Vette/FN. **151**. Wiert Nieuman. **154** Robert Estall/GPL. **155** Dennis Davis/GPL. **156-157** Marijke Heuff/GPL. **158** George F Godfrey/AA/ES. **159** Didier Willery/GPL. **160-161** Brian Carter/GPL. **162** Wiert Nieuman. **163** Erika Craddock/GPL. **164** Wiert Nieuman. **165** Brigitte Thomas/GPL. **166** Didier Willery/GPL. **167** Chris Jongman/FN. **168** Geoff Dann/GPL. **169** Daan Smit/FN. **170** Juliette Wade/GPL. **171** Brian Carter/GPL. **172** David Russell/GPL. **173** Neil Holmes/GPL. **174** Didier Willery/GPL. **175** Michelle Lamontagne/GPL. **176-177** Wiert Nieuman. **180** Henk Dijkman/GPL. **181** Nigel Francis/GPL. **182** Wiert Nieuman. **183** Brian Carter/GPL. **184** Howard Rice/GPL. **185** Wiert Nieuman. **186** Henk Tromp/GPL. **187** Didier Willery/GPL. **188** Stephen J Krasemann/DRK. **189** Brian Carter/GPL. **190** Mel Watson/GPL. **191** Wiert Nieuman. **192** Juliette Wade/GPL. **193** Clive Nichols/GPL. **194** Doug Wechsler/AA/ES. **195** Brian Carter/GPL. **196** Clive Boursnell/GPL. **197** J.S. Sira/GPL. **198** Wiert Nieuman. **199** Brian Carter/GPL. **200-201** Wiert Nieuman. **204** John Glover/GPL. **205** Wiert Nieuman. **206** Neil Holmes/GPL. **207** David Russell/GPL. **208** Brigitte Thomas/GPL. **209-210** Wil Meinderts/GPL. **211** Brian Carter/GPL. **212** Steven Wooster/GPL. **213-214** John Glover/GPL. **215** David Stone/PN. **216** Howard Rice/GPL. **217** Daan Smit/GPL. **218** Wiert Nieuman. **219** Michael P Gadomski/AA/ES. **220** David Russell/GPL. **221** Morley Reed/GPL. **222-224** Wiert Nieuman. **225 226** John Glover/GPL. **227** Wiert Nieuman. **228** John Glover/GPL. **229** Chris Gallagher/GPL. **230** Michelle Lamontagne/GPL. **231** John Glover/GPL. **232** Clive Nichols/GPL. **233** Bob Challinor/GPL. **234** Clive Nichols/GPL. **235** Brigitte Thomas/GPL. **236** John Weaver/GPL. **237** Wiert Nieuman. **238-239** Brigitte Thomas/GPL. **240-242** Wiert Nieuman. **243** David Russell/GPL. **244** Roger Hyam/GPL. **245** Brian Carter/GPL. **246** Jerry Pavia/GPL. **247** Steven Wooster/GPL. **248-249** Wiert Nieuman. **252** Wiert Nieuman. **253** Howard Rice/GPL. **254** Marijke Heuff/GPL. **255** John Glover/GPL. **256** Linda Burgess/GPL. **257-258** Didier Willery/GPL. **259-260** Wiert Nieuman. **261** Brian Carter/GPL. **262** Didier Willery/GPL. **263** Christopher Gallangher/GPL. **264** Erika Craddock. **265** John Glover/GPL. **266** Bert de Vette/FN. **267** Wiert Nieuman. **268** Sunniva Harte/GPL. **269** Brigitte Thomas/GPL. **270** John Glover/GPL. **271** Juliette Wade/GPL. **272** Wiert Nieuman. **273** S. Neilsen/DRK.

ILLUSTRATIONEN

Simon Darby 16u.
Gerald Driessens 109, 126-127, 161, 195, 220-221, 268-269.
Frits-Jan Maas 122, 137, 144-145, 154-157, 165, 174-175, 238-239, 247.
Rob Mancini 62, 71.
Karel Mauer 124-125, 139,148, 166, 196-199, 207, 244-245, 270-271.
Erik van Ommen 173, 219.
Danker Jan Oreel 16t, 32, 46, 60, 82, 83, 90, 100, 104-105, 106-108, 110-121, 123, 130-131, 132-136, 138, 140-143, 146, 152-153, 158-160, 162-164, 167-172, 178-179, 180-187, 189-194, 202-203, 204-206, 208-218, 226-237, 240-243, 250-251, 252-267.
Ngaire Sales 55.
Erik Sok 23, 103.
David Wood 24, 27.